3.11

東日本大震災シンポジウム

社会と人間に問われるもの

佛教大学総合研究所 編

ナカニシヤ出版

はじめに

佛教大学長　山　極　伸　之

　2011年3月11日。私たちのこの国に、未曾有の大災害である東日本大震災が発生しました。この災害がどれだけ甚大な被害を私たちにもたらしたかについては、あらためて述べるまでもないと思います。震災の発生と同時に世界中が衝撃を受けましたが、直後から支援と対応が少しずつ進行し、災害発生当時の混乱も次第に収束方向に向かっていきました。このような状況のもと、私たち佛教大学も、高等教育機関の一つとして、また仏教を校名に冠する大学として、様々な取り組みを通じてこの未曾有の災害への対応や支援を行ってきました。その中の一つが佛教大学総合研究所における公開シンポジウム「東日本大震災シンポジウム」の連続開催であります。

　このシンポジウムは、先の大震災を受け、それ以後のさまざまな状況を踏まえながら、佛教大学ならびに総合研究所が本学の使命を踏まえ、学内の教育研究資源、とりわけ七つの学部それぞれの特殊性を活かして何を行うことができるのか、また、何を行わなければならないのかを広く市民の方々と一緒に考え、その内容を社会へ発信しながら、震災支援や震災復興に向けた具体的な取り組みへと結びつけるために開催するものでありました。

　現時点で、2011年3月11日の東日本大震災から既に2年の年月が過ぎました。時の経過とともに私たちの意識自体が、発生当初とは大きく変わってきていますが、その一方で、いま現在も関係者にとっては過酷な状況が続いています。現時点で震災による死者は約1万6千人。負傷者が約6千人。行方不明者が2,600人を数え、原発問題も含めた震災の影響等により、避難生活を送られている方々は全国で未だに約31万人以上に上ります。

　未曾有の災害の影響はいまも続いていて、被災地や被災者への支援、ならび

に復興に向けた取り組みを速やかに進めなければならない状況は、いまだ変わらず存在しています。また、東日本大震災以後も各地で自然災害や人災などが続発しており、私たちは今こそ危機に対応できる力や減災に向けての取り組みをしっかりと進めなければなりません。

あらためて、お亡くなりになったすべての方々に哀悼の意をささげるとともに、被災された全ての方々にお見舞いを申し上げます。そして、いまなお被災地で困難な状況下にある方々に対し、佛教大学として可能な支援を、総力を結集し、関係する多くの方々と力を合わせ行っていきたいと考えます。

本学は、校名に仏教を冠し仏教精神を建学の理念とする大学であります。本学の使命は、仏教精神を基礎とし、自分自身をしっかりと見つめ、自己の役割を正しく自覚しつつ、社会のさまざまな場面で悩み苦しむ人々に寄り添い、社会の一員として人と人とを結びつける橋渡しとなりながら社会に貢献することのできる佛教大学人を送り出すことに集約されます。従って、社会がこのように混迷の様相を呈する時代であるからこそ、本学がこれまでに培ってきた教育、研究、あるいは社会貢献に関わる多面的な蓄積を活用して、未曾有の震災への対応をさまざまな角度から検討していかなければなりません。

このような趣旨のもと、私たち自身が大震災に対してどのような課題を持ち、またいかなる活動や提言が可能となるのかについて、七つの学部を主体として定期的にシンポジウムを開催し、それらを通じて大学全体としての取り組みを進める一助にすることを目指して、2011年の秋から東日本大震災シンポジウムがスタートしました。

2011年10月の第1回が仏教学部の企画、同年12月の第2回が歴史学部、2012年3月の第3回が教育学部、同年6月の第4回が社会福祉学部、同年10月の第5回が保健医療技術学部、そして同年11月の最終回である第6回が文学部と社会学部の共同企画として、都合6回のシンポジウムを開催することができました。

それぞれの内容や成果については本書を通じて理解いただけるものと考えますが、いずれの場合にも、私たちが東日本大震災と向き合いながら、未来に向

けてどのように進むべきかについて、基調報告やパネルディスカッションを通じ、参加者の方々と一緒に考える貴重な機会となったと考えます。また、2012年は佛教大学にとって開学100周年という大きな節目を迎える時期でもありました。従って、本学にとっての次なる新たな100年に向けた歩みは、同時に今回の震災後のこの国のありようと向き合い、そのなかで人材養成や社会貢献を進めていく取り組みにほかなりません。

　このような観点で企画された6回にわたるシンポジウムの記録が本書であります。この記録が、本書を手にされたすべての方々にとって有意義なものとなることを、そして何よりも震災で今なお苦しむ多くの方々への対応を進めるための一助となることを心から念願いたします。

　最後になりましたが、今回の企画にご理解をいただき、基調報告者、ならびにコーディネーター、パネリストとしてご参加いただいた先生方に、この場をお借りしてあらためて御礼を申し上げます。

東日本大震災連続シンポジウム記録集の刊行にあたって

佛教大学研究推進機構長　浜　岡　政　好

なぜ、連続シンポジウムなのか

　2011年3月11日、私たちは東日本を中心に歴史的な巨大地震と巨大津波に見舞われた。その被害が東日本全域に及んだだけでなく、原子力発電が制御不能になったことにより、深刻な放射能被害がもたらされた。地震や津波の規模が大きなこともあって被害の規模もまた大きなものとなった。しかし、震災や津波は止められないにしても、それによる被害の巨大化は避けられなかったのだろうか。過去の震災の経験が防災や減災にどのように生かされたのか。私たちのライフスタイルやまちづくりのあり方に問題はなかったのか。大震災以後、被災地の状況や継続する原発災害の状況を目の当たりにして、あれこれと思い悩み、またわれわれに何が出来るかを真剣に考えた。

　学生たちは、3月14日の卒業式を前に、募金活動や被災地支援に動き出した。こうした被災地域の復旧支援に教職員、学生が一体となって取り組むだけでなく、知の拠点としての大学にふさわしい被災地支援の形として、また大震災以後の人間や社会のあり方を研究し、被災地や世界に発信する機会として総合研究所による連続シンポジウムが企画されたのである。1995年の阪神・淡路大震災の時点で、すでに総合研究所は発足していたが、その当時は、総合研究所をあげて大震災の課題に取り組むということにはならなかった。身近で起こった大震災であるにもかかわらず、まだ総合研究所が取組むべき課題としては受け止めきれていなかったのである。その意味では、阪神・淡路大震災から20年近くを経て、大震災のような大災害の突き付ける社会的課題にやっと正面から向き合うことができるようになったのである。

とはいえわれわれにそうした課題に対して取り組む準備と力量が十分にあるとは決して思っていない。しかし、千年に一度と言われる自然災害が突き付ける社会的・文化的課題に、大学として誠実に向き合う必要があると考え、ある意味では力不足を承知で第一歩を踏み出したのである。われわれは今回の連続シンポジウムを、大学としての東日本大震災への集団的・組織的な研究のはじまりとして位置付けたいと思っている。

今回の連続シンポジウムの意義

　上述のような思いもあって、今回の連続シンポジウムは大学のすべての学部をあげての取り組みとなった。7つの学部と総合研究所がコラボレーションして6回の連続シンポジウムを約1年にわたって実施した。7学部はそれぞれの学部の教育研究の特色を生かして、東日本大震災が突き付ける課題を受け止め、シンポジウムのテーマを設定していただいた。もちろん6回の連続シンポジウムで取り上げたテーマは大震災のもたらした諸課題のほんの一部分ではあるが、このシンポジウムを通して、大学全体として、本学の学部学科の構成の特色を反映させた、多面的な研究発信を行うことができたのではないかと思っている。

　「総合研究」所の名前を冠しながら、総合研究所がこのような共通テーマをもとに全学部を総合的にコーディネートする経験も初めてのことであった。今後、大震災のように大学の総合力を発揮しなければ迫ることのできない研究課題も増えてくると思われ、総合研究所が本学の7学部のもつ研究ポテンシャルをクロスオーバーさせ、相乗効果を発揮させる役割を果たすことがいよいよ重要となってくる。したがって連続シンポジウムにおいて果たした総合研究所の役割、7学部を軸とする研究総合力の推進に、さらに磨きをかけて進化させてもらいたいと願っている。また総合研究所がこうした役割を発揮することで、大学における研究を通じての社会貢献もいっそう集団的・組織的に進展することになると思われる。

　総合研究所と各学部のコラボレーションによる今回の連続シンポジウムは、

改めて学部という教育研究の単位における共同研究機能をどのように考えるかという課題を投げかけることとなった。教育組織としての学部は、FD 活動のように、この間ずいぶん、その共同性の強化について論議され、実践されるようになってきた。しかし、学部においてその学部特性を生かして、学部としての共同研究の強化について、論議され、実践されることはまだ非常に少ない。これではせっかく学部というユニットに個性あふれる研究者集団を集めているのにもったいない話である。学部という単位を共同研究のユニットとしても力を発揮させたい、これが連続シンポジウムをファシリテートした総合研究所の思いでもあり、このことは新たにスタートした総合研究所のプロジェクト研究のねらいでもあった。

　東日本大震災が刻んだ日本社会への巨大な衝撃は、今後長期にわたって社会のさまざまな場面で変化をもたらすことになるだろう。大震災後、半年あまりを経過した時点から始めた今回の連続シンポジウムは、初期の段階における社会の反応を捉えたものである。千年に一度の大災害の社会への影響の研究は、この研究が長期にわたって追究しつづける覚悟を問われる研究であることを示している。本書の刊行は、われわれのその覚悟の証ともいえるものである。

東日本大震災シンポジウムを振り返って

佛教大学総合研究所長 榎 本 福 寿

　ここに本書を刊行するに当たり、「東日本大震災シンポジウム」に講師を勤めていただいた方々をはじめ、シンポジウムの企画から開催まで惜しみなく御尽力・御協力下さった関係各位に、主催者を代表してまずもって深甚なる謝意を申し述べたいと思う。講師の方々の、御自身の被災体験さらには支援活動などをめぐる貴重なお話、またあるいは御専門の学問研究や実績にもとづく示唆に富むお話などに、来聴した誰もが大きな感動や感銘を受け、心に深く重くそれらを刻んだであろう。東日本大震災のもたらした甚大な被害や影響などに苦しむ幾万、幾十万ともしれぬ人々に対して、このシンポジウムが力強い激励や支援につながるとの思いを共有し得たことが、参加者・来聴者全てを1つに結びつけ、そうしてシンポジウムを成功に導いたに違いない。本書は、このシンポジウムの記録である。

　シンポジウムの開催に至る経緯を振り返れば、関係者の情熱に負うところが大きい。まず総合研究所に「東日本大震災シンポジウム」の構想が立ち上がって間もなく、本学の衝に当たる機関が開催に向け積極的に議論を重ね、この議論を通して構想の固まったところで、学部長による「本学の全ての学部が持ち回りのかたちで隔月に順次開催する」との合意が成る。統一テーマを「今問われる人間」と定めた上で、これにそくしてシンポジウムを明確に規定する「主旨」をまとめている。シンポジウムのめざす基本的方向を明示してもいるので、ここにその全文を引用する。

　東日本大震災のもたらした甚大な被害、また人間や社会に与えた深刻な影響などは、史上かつて類を見ない。これまでの人々の暮らしや生き方さ

らに社会の在り方などの全ての根本が問われる事態に立ち至っている。なん人も、この圏外には立ち得ない。

　一方では、復興に向けた力強い動きも始まっている。災害を乗り越え、豊かで持続可能な社会の実現をめざした取り組みが、今まさに喫緊の課題として求められている。

　本学は、法然上人の「智者のふるまひをせずして、ただ一向に念佛すべし」（一枚起請文）という教えを建学の精神として掲げる。この根底には、時代とそこに生きる人（機）の在り方への深い洞察があり、それはまた状況の闇に光を与えるしるべでもある。

　このしるべを一つの手懸りとし、東日本大震災をいかに受けとめ、そこに何を学び、教訓としてどのように活かすべきなのかといった点を主なテーマとするシンポジウムを、総合研究所を主体に開催する。このシンポジウムは、本学の全ての学部が企画・実施する。全学を挙げて取り組むこのシンポジウムを通して、地域の知の拠点としての本学の、とりわけ研究に軸足を置き、東日本大震災に関連した特色ある各学部の取り組みを広く社会に発信することを目的とする。

　シンポジウムは、大震災発生から7カ月余り後の10月、本学の創立記念日（10月23日）に合わせ、その前日に本学のミッションを担う仏教学部が第1回目を開催し、これを皮切りに歴史学部、教育学部、社会福祉学部、保健医療技術学部と続き、最後に3・11後の人間と社会のありかたを考えるという共通テーマを掲げた文学部と社会学部とが合同により開催して締め括った。どのシンポジウムでも、開会に当たっては、大震災による犠牲者に黙祷を捧げ、山極伸之学長が挨拶のなかで東日本大震災に向き合い支援につなげる本学の取り組みをメッセージとして伝えている。この学長メッセージをはじめ、1年余にわたりシリーズとして開催を続けたシンポジウムの取り組み全てが、もとより本学のミッションに基づく。

　さて、このシンポジウムについて、主催した側の立場から成果などにコメン

トするまでもないであろう。批評あるいは評価はお読みいただく方々の裁量に委ねるほかなく、だからシンポジウムそれ自体よりむしろ東日本大震災に焦点を当てて、そのもつ意味に関連した寸感を最後に記しておきたい。というのも、大震災を指す呼称として3・11が定着するにつれ、2011年9月11日にアメリカで発生したあの同時多発テロを指す9・11に対置し、対比的に取り扱う論調が目立つ。それはそれで、たとえば山中仁美氏の「3・11と9・11と」（石堂典秀編『パラダイムは変わったのか』創泉堂出版）のように3・11についても新たな視点から分析を加えた興味深い論考もあるが、しかしたとえ9・11を「文明の衝突」とみたところで、その内実はどこまでもカッコ付きでしかない。

　3・11の本質とは何か。ピュリッツアー賞作家のダニエル・ヤーギン氏が福島第1原発の事故をめぐって「今回の事故で信頼が損なわれたのは、原子力エネルギーだけでなく、日本の統治システムそのものだった。それまでなんとなくおかしいと感じられていた問題が、津波と大地震をきっかけに一気に表面化した印象を受けた」（朝日新聞朝刊「限界にっぽん」インタビュー。2012年11月19日）と述べているが、こうした「それまで何となくおかしいと感じられていた問題」を、原発やあの要塞のような岩手県宮古市田老地区の防潮堤に限らず、それこそ現代の文明のあらゆる領域にわたって顕現させてしまったといっても過言ではないであろう。3・11は、いわばこの「文明自体の危機」に警鐘を鳴らしている。余りにも大きい犠牲を人々に強いながら。

　これを、しかし「安全神話の崩壊」などの文脈で語るには、安易にすぎる。そもそも「安全」に神話など成り立ちえない。まして文明となれば、「安全」と両立するどころか、それ自体が危険極まりないものであることを、つとに夏目漱石が明確に語っている。

　　文明は個人に自由を与えて虎の如く猛からしめたる後、これを陥穽の内に投げ込んで、天下の平和を維持しつつある。この平和は真の平和ではない。動物園の虎が見物人を睨めて、寝転んでいると同様な平和である。檻

> の鉄棒が一本でも抜けたら——世は目茶目茶になる。(中略) 余は汽車の猛烈に、見境なく、凡ての人を貨物同様に心得て走る様を見る度に、客車のうちに閉じ籠められたる個人と、個人の個性に寸毫の注意をだにはらわざるこの鉄車とを比較して、——あぶない、あぶない。気を付けねばあぶないと思う。現代の文明はこのあぶないで鼻を衝かれる位充満している。おさき真闇に盲動する汽車はあぶない標本の一つである。(『草枕』13節)

　原発がこの「汽車」に当たることは自明である。いやしくも文明の名のつくものである以上、「個人の個性」など一顧だにせず「おさき真闇に盲動する」、この「文明のパラドックス」とでもいうべき特質をもって、人々の暮らしを豊かにし、あるいは利便や快適をもたらすことは間違いない。それだけに、また一方ではそれらを過度に追い求めたり、往往にして進化それじたいを自己目的化したりしかねない。漱石の言葉を借りれば、限りなく進化し続けることをおのが身上とするであろう。

　今回、この文明の本性を地震と津波という自然がつきつけたことはいかにも象徴的である。自然は、どんなに猛威を振っても、その摂理を逸脱することがない。「盲動」などとは無縁である。さればこそ、自然を文明に従わせるのではなく、その逆に文明こそ自然に従わせるのが道理である。自然に学べ、自然を学べという声なき声を、大地震の爪跡を刻むそこかしこに愀々たる鬼哭に混じって聴く思いを禁じ得ない。

目　　次

はじめに ………………………………… 佛教大学長　山極　伸之… i

東日本大震災連続シンポジウム記録集の刊行にあたって
　　　　　　………………… 佛教大学研究推進機構長　浜岡　政好… iv

東日本大震災シンポジウムを振り返って
　　　　　　………………… 佛教大学総合研究所長　榎本　福寿… vii

第1部　今問われる人間－智者のふるまいをせずして－

趣旨説明（仏教学部企画）………………………………… 藤堂　俊英… 3

基調報告
Ⅰ〈東日本大震災〉
　　被災地での支援活動と私の心 ………………… 東海林良昌… 6

Ⅱ〈阪神・淡路大震災〉
　　ボランティアに出来ること、出来ないこと ………… 吉水　幸也… 18

パネルディスカッション ………………… コーディネーター・吉澤　健吉… 31
　　パネリスト：東海林良昌、吉水　幸也、山極　伸之、藤堂　俊英

第2部　歴史学が語る日本人の災害観と地震災害

趣旨説明（歴史学部企画）………………………………………渡邊　忠司…57

基調講演

Ⅰ〈日本中世史・宗教史〉
　　古代・中世の災害観と信仰………………………………今堀　太逸…60

Ⅱ〈近世近代災害史〉
　　災害と社会－幕末・明治・大正－……………………………北原　糸子…77

Ⅲ〈自然地理学〉
　　1927年北丹後地震の被害実態と復興……………………植村　善博…101

パネルディスカッション………………コーディネーター・渡邊　忠司…131
　　パネリスト：今堀　太逸、北原　糸子、植村　善博

第3部　被災地における特別支援教育の役割

趣旨説明（教育学部企画）………………………………………原　　清治…153

基調講演

Ⅰ　阪神・淡路大震災から東日本大震災へ……………………村上　球男…156

Ⅱ　震災等被災地における障害児支援の課題
　　－2つの大震災から考えること－………………………後上　鐵夫…174

パネルディスカッション………………コーディネーター・谷川　至孝…192
　　パネリスト：村上　球男、後上　鐵夫、免田　　賢、菅原　伸康

第4部　在宅避難世帯とコミュニティづくり

趣旨説明（社会福祉学部企画） ………………………………… 植田　　章…211

基調報告
Ⅰ　ボランティア活動を通して思うこと
　　　－被災地で健康と生活を守る活動－ …………………… 井口加代子…213
Ⅱ　在宅避難世帯を支える－〈チーム王冠〉の活動－ ……… 伊藤　健哉…223

鼎談・質疑応答 ………………………… コーディネーター・武内　　一…239
　　　井口加代子、伊藤　健哉、武内　　一

第5部　大規模災害時における保健・医療支援のありかた

趣旨説明（保健医療技術学部企画） ……………………………… 藤川　孝満…249

基調講演
大規模災害時における医療支援のありかた
　　－中越地震の経験を踏まえて－ ………………………………… 庭山　昌明…252

パネルディスカッション ……………… コーディネーター・藤川　孝満…270
　　　パネリスト：庭山　昌明、坪田　朋子、石本　　馨、柴田　洋美

第6部　3.11以後を考える「新しい社会の構想力」

趣旨説明（社会学部企画） ……………………………………… 的場　信樹…315
問題提起 ………………………………………………………… 辰巳　伸知…317
第1報告　エネルギー政策と日本社会 ………………………… 植田　和弘…323
第2報告　これからの社会のあり方
　　　　　－中国古典文学研究者の視点から－ …………… 中原　健二…335
第3報告　新しい社会の姿をどう描き、どう実現するか
　　　　　－大震災が示唆する文明の転換－ ……………… 内藤　正明…348
パネルディスカッション ………………… コーディネーター・辰巳　伸知…363
　　パネリスト：植田　和弘、中原　健二、内藤　正明

発表者紹介 ……………………………………………………………………381
あとがき ………………………………………………………………………385

第 1 部

今問われる人間－智者のふるまいをせずして－

2011 年 10 月 22 日（土）

● 趣旨説明 ●

藤堂　俊英（佛教大学仏教学部長）

● 基調報告 ●

Ⅰ〈東日本大震災〉被災地での支援活動と私の心
東海林良昌（塩竈市　雲上寺副住職）

Ⅱ〈阪神・淡路大震災〉ボランティアに出来ること、出来ないこと
吉水　幸也（神戸市　徳本寺住職）

● パネルディスカッション ●

コーディネーター：吉澤　健吉（京都新聞総合研究所特別理事）

パネリスト
東海林良昌（塩竈市　雲上寺副住職）
吉水　幸也（神戸市　徳本寺住職）
山極　伸之（佛教大学長）
藤堂　俊英（佛教大学仏教学部長）

●趣旨説明●

佛教大学仏教学部長
藤 堂 俊 英

　人間という生物を心身の複合的統一体と捉える仏教の五蘊説（色・受・想・行・識）によれば、外なる世界との接触によって生ずる苦楽などを感受する「受」というはたらき、また苦楽などを心の中に思い浮かべる「想」というはたらきが、私たちの生存を構成する五大支柱の中に数えられています。そこを踏まえていえば、自分の体験のみならず、他者の悲喜苦楽などにも心を添わせるおもいが涌出するのは、特に私たち人間に備わる「想」という特有のはたらきに由来するものであるといえます。

　苦者に想いをはせるということで言えば、仏教の三宝という価値意識の表明を取り上げることができます。東洋文化の中にはジャイナ教や老子や孟子、道家の所説の中にも三宝が語られていますが、いうまでもなく仏教では仏・法・僧のことであり、それらは伝統的に良医・良薬・看護人という譬喩でそのはたらきが説明されてきました。つまり仏教は苦しみを癒すはたらきを備えたもの、それを時と人に応じて適切に発揮することのできるものを最高の価値あるものと見なしているのです。その中の「看護人」の原語は「ウパスターヤカ」で、苦者などの「傍らに立つ人」を意味します。

　ところで共住・共語・共食を重視する大乗仏教では、出家在家の者がたもつべき戒めとして次の三種（三聚浄戒）が説かれています。すなわち仏教者としてのわが身を防護するための戒めである摂律儀戒、仏教者として自他の上に積極的に積み重ねるべき善行に関する戒めである摂善法戒と摂衆生戒が、行為の規範として示されています。その中の摂衆生戒のところでは、病苦にある者、水火などの恐怖に遭遇した者、財産や親族を喪失した者に救いの手を差しのべることが、同じ道を行く者（サハーヤ）が遵守すべき規範として説かれていま

す。

　日本の地震史については、各種の文献にもとづき、これまでに三度にわたってまとめられています。いま参考までにその最初のものである明治37年に出た震災豫防調査會編纂『大日本地震史料』上下二巻をもとに、浄土宗祖法然上人が体験されたと推測しうる地震（京都周辺で起ったもの）を年齢に即してみてみると次のようになります。なお本書の下巻末に付されている「附録、大日本地震史料地震目録」には、震度の強弱の基準について「人畜死傷シ、家屋傾顚シタルモノヲ大トシ、否ラザルヲ小トセリ、而シテ舊記ノ單ニ大地震ト記シシモノハ、其損傷ヲ詳ニセザレドモ、普通ノ小震ニ区別センガ為メニ、假ニ強震ト見做シテ強ト記セリ」と示されています。

　　20歳（仁平三年西暦1153年10月17日）強
　　21歳（久寿元年西暦1154年4月14日）小
　　22歳（久寿二年西暦1155年9月10日）強
　　32歳（永満元年西暦1165年7月20、21日）強
　　44歳（治承元年西暦1177年11月26日）大
　　45歳（治承二年西暦1178年6月24日）小
　　46歳（治承三年西暦1179年7月11・14・30日）小
　　　　　　　　　　（同12月14日）強
　　47歳（治承四年西暦1180年4月26日）小
　　48歳（治承五年西暦1181年12月14日）強
　　　　　　　　　（同4月26日）小
　　50歳（寿永二年西暦1183年11月7日）強
　　52歳（元暦二年西暦1185年7月9日）大
　　66歳（正治元年西暦1199年2月4日）小
　　72歳（元久元年西暦1205年1月25日）強
　　　　　　　　　（同1月27日）小
　　74歳（承元元年西暦1207年5月14日）強

この整理によれば法然上人は20歳から74歳までの54年間に、少なくとも大震を2回、強震を8回、小震を11回、体験されたと思われます。中でも元暦2年の大地震は、『平家物語』巻第十二や『方丈記』などの文学作品にも言及されていることはよく知られています。法然上人もまた天災地変、横災横死を目のあたりにされながら法輪を転じておられたに相違ないのです。

　仏教が苦しみを癒すはたらきに至上の宝を認めていたということは、苦海にこそ苦者を沈めることのない浮力を生み出して行くところに人として尊厳を認めていたということでもあります。阪神・淡路大震災と東日本大震災をそれぞれ体験された二師の貴重な体験談を、苦海に備わるべき浮力のセンスを練磨する機会として傾聴したいと思います。

● 基調報告Ⅰ 〈東日本大震災〉●

被災地での支援活動と私の心

東海林良昌

　ただいまご紹介いただきました、宮城県塩竈市浄土宗雲上寺副住職の東海林良昌と申します。

　塩竈市は、宮城県の沿岸部に位置する町です。魚介類の水揚げも多い港と、奥州一ノ宮塩竈神社もあり、社とお魚の町として知られています。また、現在私は、東北ブロック浄土宗青年会という東北地区の浄土宗僧侶の青年会の理事長（当時）を兼任しております。

はじめに

　皆さんご存じのように、本年（2011）は、法然上人の八〇〇年大遠忌で、3月に大法要が執り行われる予定でした。檀信徒の皆様をお連れして知恩院へお参りしたいと思っていた矢先だったのですが、その3月11日午後2時46分に東日本大震災が発生しました。

　そのとき私は、自坊にいたのですが、かなり強い揺れが長く続きました。今回ばかりは建物が崩れてくるのではないかと感じたほどでした。

　その揺れが収まった後、市の放送で、「高さ6メートルの津波が来ます」という放送がありました。この1年前にチリ地震の津波警報が出て、皆避難したのですけれども、そのときは数十センチで、まさか何メートルもの津波が来るとは予測しておりませんでした。

　地震の揺れが収まった後、境内にお参りされている方はいないかとか見回りをしました。本堂内はガラスが散乱していましたので、この中には入れないな

と確認をしました。その後、お寺の門前に出て、坂の下にある商店街を眺めると水が引いておらず、やはり津波がここまで来たのだと知りました。

そのときはテレビもなく、大きな被害が出ていることは分かりません。あとから考えれば、車のカーナビのテレビは見ることができたと気づきましたが、そのときはラジオを聞いていました。

ラジオでは、被害情報は住民がパニックになる恐れがあるということからほとんど報道しなかったようです。私も、後から友人の電話があり、「えらいことになっているな」と言われましたが、何がえらいことになっているのかが分かりません。

その時は、自坊の檀信徒の中で、津波で15名以上の方がお亡くなりになり、半数近くのお宅で、流出、全壊、大規模半壊などの被害が出ていることなど、知る由もありませんでした。

1日、2日は、津波の心配から、外には出られませんでした。3日目ぐらいに初めて町内を見に行くことができました。

1番始めにお見せしたい写真があります（写真①）。

これは岩手県の陸前高田市の町です。3月30日に、浄土宗の報恩明照会の先生方と一緒にお見舞いに行ったときの街の様子です。

陸前高田市には浄土寺さまという浄土宗のお寺があります。そちらも大きな被害を受けていますが、お寺から眼窩に見える市街地が、壊滅的な被害を受

写真①

け、無残な姿となっていました。

　5月に同地を再び訪れた時に、お墓参りに来ていた高齢の男性の方とお話をしました。僧侶の衣を着けていたので、「和尚さん、どこから来たの」と声をかけられ、宮城県の塩竈から来たと伝えました。

　するとその男性が、「ああ、塩竈も大変だったでしょう。陸前高田はね、金持ちも貧乏人もみんな流されたんだ。もう私も何にもなくなって、いまは仮設の避難所にいるんだけど、もうそこもいろんな人がいて窮屈だから、山にある作業小屋にいて昼寝しているんだ」とおっしゃっていました。その方の「金持ちも貧乏人のところもみんな流されたんだ」という言葉は、私にとって自然の脅威と力をあらためて知らされた一言だったのです。

　ここからしばらくは、実際に私が撮影した写真をお見せしながら話を進めます。

　これは震災直後ですが、多賀城市という隣町に住む私の兄弟子の消息を尋ねる途中に撮った写真です（写真②）。

　その地域は、津波のため水浸しになり、安否確認がどうしても取れないものですから、車で近づけるところまで行き、その先は歩いて探しに行ったのです。幸い兄弟子もご家族も無事でした。

　皆さまも映像などでご覧になったかと思うのですが、実際目の当たりにした衝撃は大きく、どうして自動車が壁におもちゃのように突っ込んでいるのか信じられませんでした。

　地元の塩竈市では、商店や住宅、工場などの被害も大きく、水産加工工場では、何千万円もする機械が、1階に置いてあり、津波を受けて、壊れてしまいました。

　この津波の後で、日本人はみんなが支

写真②

え合ったのだという報道がありました。もちろんそういった側面は多々あったのですが、それとは異なった面もありました。私の見た範囲、聞いた範囲のなかでお伝えいたします。

私の友人で自営業を営んでいる方がおります。その事務所では、津波があった翌日に避難先から、事務所に駆けつけると、すでに窓ガラスが割られ、金庫が持って行かれたそうです。

また、私がホームセンターの前を通り掛かると、店内から若い男性が作業着や軍手などをたくさん抱えて出てくるところを目撃しました。

当初はガソリン不足でした。道端に流されてきて放置された車の横で屈んでいる人が居て、何をやっているのだろうと見たら、給油口をこじ開けて、石油ポンプで、ガソリンを抜いているところでした。

そういった略奪は、そのほかにも実際あったと聞いております。

最近私が聞いた、津波の被害を受けた地域の寺院の方のお話ですが、その方はお寺自体に住めないのでアパートで生活をされていますが、そこへ帰ろうと思ったら、暗闇の中から指笛のぴっという音がして、また別な所からもぴっと鳴ったのだそうです。照明が無い地域ですから、あまり夜遅くまでとどまるのは、気味が悪いとおっしゃっていました。

誰かが住居に侵入した様子などは、実際に今もあるようです。

こちらが宮城県の石巻市の3月後半の様子です（写真③）。この地域も、住

写真③

写真④

宅と商店だったのですが、土台だけを残して全て流失している状況です。現在インターネット上で、石巻市の津波の被災後の航空写真と震災前の通りの様子を同時に見られるサイトがあります。それを見比べると、その違いにあぜんとしてしまいます。ずっと瓦礫に覆われた光景が広がっていたわけです。

これは、宮城県石巻市の西光寺の墓地にあった墓石です（写真④）。南無阿弥陀仏と彫られてある墓石が横倒しになっている姿は、私の印象に強く残っています。

震災の後、こういった寺院や地域で、瓦礫の撤去作業をしていました。どこも海から近く、建物も全部流されていますし、初めて行く時はやはり怖かったです。何かあったらどうしようと思いました。しかし、2、3回行くと慣れてくる。

作業をしながら、もし今津波が来たらどうしようかと、最初はすぐ逃げようと思っていましたが、ある時「ああ、このままもう死んでもいいかな」というような気になりました。

資料のなかにもありますが、結局、自分が何で成り立っているのか。自分の世界とか、自分というものは何なのか。

例えば、私を取り巻く世界とは、家族、友達、知人、地域、社会、そして自然があって、宗教的な世界がある。そして私というものは、自己、家族の一員、僧侶、社会人、人間、宗教的には浄土宗で言うところの凡夫です。

しかし、そういった状況が毎日続いていますと、私と世界を見失ってしまう。見失ってしまうとなかなか生きていくのは難しいのだと、自分の限界を見させていただいたのです。
　毎日そういった光景を見たり、そういう作業をしていますと、心の危機的状況に陥ったことがあります。
　こういった圧倒的な自然の力の前で、私はなす術もありませんでした。しかし、それでも私たちは生きていく。なぜ生きていくのか。
　このシンポジウムの依頼を受けて、何をお話すればよいのか迷っていた時、所長の榎本先生が私たちの町を訪ねてくださいまして、仮設住宅にお菓子と水を届けてくださったのです。
　そのときに先生から、宗教者としてどう思ったのか、あなた自身の心のなかはどうだったのだと問い掛けられました。8月3日に訪ねてくださったのですけれど、そのときにそれまでの自分を振り返るきっかけをいただき、今日、その整理したお話をさせていただいています。

1　あたたかさのバトン

　先ほど申し上げましたように、1週間ほどでしたが、私どものお寺に20名ほどのご近所の方が避難されました。すぐ近くに小学校がありまして、そこが公的な避難所になっていたのですが、当時は雪も降っていて寒かったですし、体育館の床は板張りで、ちょっと寝るのが大変だということで、避難をしていただいたのです。
　でも、ほとんど備えをしておりませんでした。すぐ食べられる物は、みんなで分けて食べましたが、水もガスも何もありませんでしたので、炊き出しなども、なかなか難しかったのですが、町内会の方が「和尚さん、何も心配しなくていいよ。私たちで何とかする。近所だからご飯のときはちょっと家に帰ってある物を食べるから。津波がまた来たら怖いから、寝るときにだけ、どうぞちょっとしばらくここにいさせてよ」と、言ってくださいました。やはり、人の

温かさを感じたわけです。

　また、中越地震のときに、私どものお寺で支援物資を送った小千谷のお寺のご住職から、そちらからすぐ支援物資が届きました。皮手袋、マスク、食料など、一番必要なものを送ってくださいました。それがとてもうれしかったです。震災時にはこのような人の温かさのバトンの受け渡しがありました。

　特に、普段あまり意識しない地域の方、ご高齢の方が、いろいろな悩みを受け止めてくれたり、また、水の出る井戸のある場所をご存じだったり、ご活躍を目の当たりにしました。

　普段忘れられてしまっているような、地域でありますとか、ご高齢の方、われわれ宗教者含めて、社会から忘れかけられている方たちが力を発揮しました。そこには温かさのつながりがあったと思います。

2　「見送る」ということ

　津波でお亡くなりになった方を斎場で火葬にするときに、菩提寺の和尚さんが来てくれればいいのですけれども、遠地だったりガソリン不足だったりの理由で、来られない場合がある。そのときに、地域の僧侶たち皆で、読経のボランティアをいたしました。斎場に霊柩車が入ってくると、「お経をボランティアであげさせていただいております、もしよろしければ」と、ご遺族にお声掛けをしました。

　火葬前の読経は、ほんの10分、15分のことなので、私もご遺族のどちらも、十分なことはできないわけです。本当はきちんとお葬儀を出してあげたいけれど、われわれも、短時間ですから十分なことができない。でも、終わった後に、「ありがとうございました」と手を合わせて互いに拝み合います。いつか良かったと思える日が来るだろうと信じて取り組みました。このボランティアは火葬場の操業が通常状態に戻る、1カ月半ほど続きました。

　このボランティアを通じて感じたのは、手を合わせたいということ。この震災を受ける前は、葬式はいらない等、仏教界に対する批判がありまして、私た

ち若手の僧侶はそれぞれ自分の直面している問題として、考えていたと思います。自虐的に捉える部分もあったかもしれません。

でも、今回この震災のボランティアを通じて、やはり手を合わせたい、様々なかたちはあるでしょうけれども、宗教的な営みのなかで大切な方を送ってあげたいのだという要望は強く感じたわけです。

3 新たなコミュニティー

今回、浄土宗の寺院も、北は岩手県から宮城県まで津波の被害があり、福島県は原発の問題で、ご住職もお檀家さんも避難されて、今もバラバラの状況です。震災直後、まず被災寺院を青年会でお手伝いをさせていただこうと活動しておりました。

これは石巻市の西光寺さまですが（写真⑤）、当初本堂の前まで瓦礫が押し寄せ、墓地も全てなぎ倒されている状況でした。私たちは、被災された寺院の境内や墓地の園路の道路の砂やがれきなどを取り除くお手伝いを致しました。

そこで目にしましたのが、この墓前に供えられたお花です（写真⑥）。お墓に墓石は建っていませんけれども、地域の皆さんからすれば、やはりご先祖さまに失礼があってはいけないと、お花を供えていらっしゃるわけです。地域の

写真⑤

写真⑥

写真⑦

みなさんのご先祖への思いを考えると、寺院の復興が地域の方々の復興の支援になるんだと信じて、この事業に取り組んでいます。

　石巻市の西光寺は、今はお参りができるような状況になっております（写真⑦）。

　また、現在仮設住宅の支援も行っています。浄土宗だけではなくて、私どもの地域では臨済宗や曹洞宗の寺院が多いです。特に松島の瑞巌寺という臨済宗の専門道場のあるお寺が近くにあるので、臨済宗の寺院が多いです。

　そこで近隣の臨済宗のご住職が、夏だからかき氷を配ろうと、仮設住宅への訪問を実施いたしました。配りながら、そこで人と人との交流、やりとりが生まれる。傾聴となると、なかなか難しそうだなと思ってしまうのですが、かき

氷を配りながら、いただきながら、互いの今を語り合う。そういった活動を行っています。
　特に私たちはいま、徐々にですが地域や宗派を越えて支援に当たろうとしています。普段、私たちは無意識に、何かやはり自分たちを守ろうとしているのかもしれませんが、垣根をつくっている。でも、垣根を取り払うと実はつながりが見えてくる。普段私たちが気づいていなかった、地域、宗教者同士、同じ業界の人、いろいろな友達同士で、見えなかったつながりが見えてきます。

おわりに

　今回のテーマである、「智者のふるまいをせずして」というのは、もちろん法然上人の『一枚起請文』のなかのお言葉です。いろいろな解釈もあるでしょうけれども。私たちは智者になりきれない、私たちの人間としての至らなさ。仏教的には凡夫という言い方をしますけれども、私たちは至らないのである。今回の震災で、私がこれまで気づけなかった私に気づかさせていただいたと感じています。
　また、800年前に法然上人がお感じになっていたことも想像しました。
　今回、津波の被害のあった地域と、なかった地域で、大きな格差が出てしまったのです。片や、津波で大きな被害が出て、もうこれから未来が見えないという方がいて、でも、ほんとうに1本道路を隔てた所では、普段の生活を送っている方がいる。
　法然上人は800年前に、当時の社会にあった格差というものをしっかり見据えられて、このお念仏のおしえを説かれたと思います。社会には、できる人がいるだろう、できない人がいるだろう。持っている方がいるだろう、持っていない方がいるだろう。
　もちろん、人間同士で見るとその「違い」のことばかりです。でも、そうじゃない。仏さまのまなざしからいうと、人は誰もが同じなのだという目線。仏さまの目線があるのだとお示しくださいました。大きな格差が生まれた今だから

らこそ、仏さまのまなざしを感じられる場面が多くあってほしいと願っています。

「いま一人一人が意識を変えるきっかけをいただいている」とレジュメの最後に書きました。西光寺さまの墓地で活動している時のことです。墓地の奥に津波の被害を逃れたテニスコートがあり、テニスを楽しまれている方がいました。ボランティアに来られた方が、何で私たちがお墓の瓦礫の撤去作業をしているのに、あの人たちはテニスをやっているのですかと言われました。

また、石巻市のパチンコ屋さん。実は毎日大盛況なのです。やはり、義援金などを送ったのに、何でパチンコなどをやっている人がいるのですかと。

でも、普通に考えれば、京都でもテニスやっている方がいるでしょうし、パチンコをされている方もいるでしょう。被災地だからということではなく、普段の生活に戻りつつあるのだという目で、見ていただきたいとお願いいたします。

外国の方からすれば、「プレイ・フォー・ジャパン」と、日本のためにやろう、日本は１つだと思っているわけなのに、私たちのなかで、何か１つでも違いを見つけては、批判をし合うというのは、未来のためにいいことではないと感じております。

何が私たちにできるのか、直接的にできることはないのですけれども、やはり、亡くなられた方のことを思う、被災地の苦しい生活をされている方のことを思うことから始めたいのです。

次に、直接のつながりをどこかで持っていただく。今回の震災で遺児になった子が多くいます。そういった遺児の支援をする。または、皆さんそれぞれご縁のある支援の方法を何か取り組んでいただいて、つながりを持っていれば、忘れないと思うのです。

だんだん被災地のニュースは少なくなっているけれども、あの子のためだったら、あの方のためだったら、私はこのことを続けていきたいなと。どうぞこれからも皆さん、そのように被災地へのご支援をお願いしたいと思います。

本日このような機会を与えていただきまして、ほんとうにありがとうござい

ました。私の報告は以上とさせていただきます。ご静聴ありがとうございました。

　　　　　　　　（しょうじ　りょうしょう　宮城県塩竈市　雲上寺副住職）

● 基調報告Ⅱ〈阪神・淡路大震災〉●
ボランティアに出来ること、出来ないこと

吉水幸也

阪神・淡路大震災の経験

　平成7年（1995）1月17日午前5時46分、阪神・淡路大震災でした。少し前に目覚めていた私は、地鳴りを聞きました。ゴーという延々と続いて終わらない音でした。いままでに味わったことがないような恐怖を感じたことを覚えています。たぶん忘れることはないと思います。その地鳴りが終わったとたんに揺れました。ものすごい揺れでした。
　ご存じの方も多いと思いますが、震度というのは、それまでには6までしかなかったのですね。阪神・淡路大震災のときに震度7を記録しました。地域によっては、高速道路の高架橋が溶けたあめのように倒れていました。震度7を超える揺れということで超震度7ともいわれました。近年に起こった、いわゆる未曾有の都市型災害であったかと思います。

【全壊した自坊】

　神戸市東灘区住吉山手にある自坊、うちは徳本寺といいます。徳本上人のゆかりのお寺なのですが、本堂が全壊、棟続きの庫裏は半壊、離れは一部損壊でした。家のなかの壊れ方もすごいものだったのですが、なにぶん真っ暗でした。電気が全て消えてしまって停電状態。外は真っ暗。
　未明のことで、手探りで明かりを探し、探すにも階段を手探りで降りなくてはならない状況で、とにかく、たぶんこの辺に懐中電灯があったであろうと探し出して、その懐中電灯を頼りに、まず本堂に行きました。ゆがんで、傾い

て、開きにくくなっている入り口を無理やり開けたのですが、言葉をなくしました。

そのときにとっさに思ったのが、私が慌てたり怖がったりすることで、家族をおびえさせてはいけないということでした。そのときに息子はまだ小学校の低学年、娘は就学前でした。ただ、実のところ、非常にいま大変なことが起こっているに違いないことだけは分かっていたのですが。

ようやく空が白んで、夜が少し明けたときに、本当は車で出たらいけなかったのかもしれません。道路の舗装があめのようにゆがんで、至る所で壊れて、倒壊し、電信柱なども倒れておりましたが、とにかく車で、自分の目で確かめられるだけ確かめてみようと思って、30分、1時間、夢中でしたから、もう時間は覚えていません。できるだけ車で回ったのですが、あんなにひどい被害を自分自身が被ったと思っていた自分がまだましだったのだと思いました。

少し高台にあります自坊は、山の中腹にございます。そこから見える風景というのは、至る所で煙が上がって、火が見えて、多くの建物が壊れて、緊急自動車、消防車、パトカー、そういうサイレンが一切聞こえない。1日たっても2日たっても聞こえない。煙は煙が出たまま、燃えたところは燃えたまま、倒れたところは倒れたまま。

言葉に不適切があったらお許しいただきたいと思います。それで辞任された大臣もおられますので。ただ、本当に世界の終わりのような、荒涼とした町がそこにはありました。

だいたい、まず家のなかも靴で歩かないといけないような状態のなかで、自分の家のなかと外のがれきを片付けないといけない。本堂は全壊ではありましたが、辛うじて建っておりました。

寺の屋根というのは、小さい寺でも何トンという土と瓦が乗っています。ですから、放っておくとそのまま倒壊があるということで、それを下ろしたりしました。

うちは、幸い電気は早かったのですが、近所は電気がいつまでも来なくて、夜に暗い思いをされていました。うちは寺ですから、ろうそくがたくさんあり

ましたので、ろうそくを配り歩いたり。要は、自分が何をしていいか分からないのですよ。分からないまま目の前のできることを探して、いわゆる場当たり的に、とにかく何かをしないと自分の置き所がないということで動いていました。

　ただ、この間、子供や家族が亡くなったので本堂に安置してほしいと依頼があって、当然ですが、お断りをしないといけないようなつらい経験などがあります。菩提寺に連絡が取れないので、そのときに、せめて枕経だけでも、お経だけでも欲しいという病院のご遺族から依頼があって、伺う途中に、初めて法衣で歩くのがつらかったです。

【東日本大震災との違い】

　神戸の場合、被災状況は、先だっての東日本大震災と違って、全てがその場所にありました。ですから、倒れた家は倒れたまま、救助が来ない間、救助を待つ人、もしくはもう既にご遺体になっておられた方が、そのままそこにあったので、ですから、私が法衣を着て歩くということは、人から見て、たぶん人が亡くなった、人の死しか思われないだろう、連想されないだろうと、非常に無力感と、放置された感じがあって、人は無力だなあと思う日が続きました。

　テレビがようやくついて、初めて見た報道は、神戸の死者 5 人。そんなことあるわけないですよね。翌日に 50 人、その翌々日には 500 人、最終、阪神・淡路大震災では、小さな神戸という町で、関連死も含めて 5,500 人の方が亡くなられました。

　うちの徳本寺の檀家さんの分布図と激震地の地図が、だいたい同じように重なりました。それで、当然ですが、法務、お参りのまったく行えない状態で、雑務に追われていました。

【恩師の救援物資】

　仕事も、収入も、蓄えもなく、まず食べる物もないのですよね。ガスも来ない、水道も来ない、ライフラインが整わない、生活に必要なものを買う店がな

い、物も売っていない、不便で不自由。「家族を守って何とか生き延びる」という思いがあって途方にくれた私の立ち位置は、救助を待つ被災者側にあったと思います。

そのなかで、佛教大学の恩師であります岸和田の田中典彦先生が電話をかけてきてくださいました。2月1日、震災が起こって半月ぐらい後でした。「おまえの寺はどうやったんや」と。

本堂は全壊ながら、いまだに倒壊は免れております。屋根瓦を下ろしてビニールシートを敷いたので、雨が漏らない状態で、いま本堂は辛うじて建っていますという2点を報告いたしましたら、「じゃあ、救援物資を入れる」と岸和田からトラックで、随分と時間がかかったと思います。あの頃道路もまともに運転できない状態でしたから。

田中先生のところの壇信徒の方々、幼なじみの方々がトラックと乗用車でたくさん来てくださって、うちの寺は小さいのですけれど、小さい本堂があっという間に救援物資で山積み状態になった。

それで、この荷物、救援物資をこれからどうされるのですかと先生にお尋ねしたら、「被災者の気持ちは被災者でないと分からんやろ。おまえが何とかしろ」と言われて。想定外のお申し出だったと思います。

気持ち的には救援を待つ側でしたので、救援側に回るというのは思いも寄らなかったのですが、ただ、そんなことも言っていられないので、急きょ、こんなときに動いていそうな旧知に連絡をとりました。

【救援物資を運ぶ】

いわゆる荷物の搬出、分配先を手配する。私は小さな乗用車にしか乗っておりませんでした。もちろん後ろのトランク、後ろの席から隣の助手席まで、上まで荷物を積んで、横を向いても後ろを向いても何も見えない、前しか見えないような荷物の積み方をして、あの頃交通規制が随分かかって、渋滞し走れない道路がたくさんありましたが、普段の何倍もかけて兵庫区や長田区の避難所に救援物資を運ぶ生活が始まりました。

【個人としてできることの限界－ボランティアへの意識－】

　それまでボランティア団体には属していましたけれども、どちらかというと、ボランティアというのは、自分の時間とか余剰のお金の一部を、そちらに提供すればよいという程度の考えなり、活動しかしておりませんでしたので、どちらかというと、自分が前方支援、先頭を切って動くというのは思いもしなかったので。

　それと、いままでに、そういうその他の災害というのは、たぶん大昔にはあったのでしょうが、近年起こった都市型災害としてはたぶん未曾有であったので、活動モデルがありませんでした。ですから、たぶんほかの当時活動をしておいでになった方々も同じ思いではあったかと思いますが、モデルのないまま手探りでみんな活動しておりました。

【ボランティアの激減】

　そんななか、2か月後の3月20日に地下鉄サリン事件がありました。

　それまでコマーシャルはどちらかというと楽しいものばかりなので、一切コマーシャルも流さない。今回もそうでしたけれど、あのAC、「水出てるで、もって行ってや。だけどそのまま飲んだらあかんで。ぽんぽん痛くなるさかいな」という、コマーシャルに代わるものが流れて、ほとんどの番組は、阪神・淡路大震災のニュースであったり、特集であったりしたのですが、このとき一変しました。

　メディアが流したのは、地下鉄サリン事件以降、オウム真理教のあれこれですとか、上九一色村の大捕物であったりとか、それまでの震災に対する寄付を始めとする関心、ボランティアが激減した瞬間でした。

　それでも当事者であるわれわれは動いていくしかない。世間さまに対してこのようなことを言うのはいけないのでしょうが、失望のようなものがあったのと、あと、無理やりそれでも自分たちは動かなければならないのだという、無理に自分を鼓舞するような、使命感のようなもので活動を続けたのを覚えております。

【ボランティアの使命感と限界】

ですが、当然 NGO、NPO 活動というのは限界があって、行政でないとできない仕事もたくさんございます。インフラの整備、仮設、復興住宅の建設等々、とても資金に限りのある NGO、NPO にそういうものは手が出せません。

では、NGO、NPO は何をするのかというと、横につながる。NGO、NPO 活動をしている者同士がつながって、できるだけ漏れのないようにネットワーク、つながりを持って、被災されている多くの方々に、わずかではあるかもしれませんが、いかに少しでも多く、幾らかの恩恵を被っていただくように手をつなぐかということが使命ではないかと思っております。

そのときに、救援物資のニーズのリサーチを可能な限りしているところで、まず連絡を取ったのが、兵庫区のキリスト教系のちびくろ幼稚園で活動を始めていた村井雅清さん。今度の東日本大震災でも活動していらっしゃるのでテレビでご覧になった方もあるかと思います。被災地 NGO 協働センターの代表で、海外の災害復興支援、CODE（Citizens towards Overseas Disaster Emergency）の理事もされています。

この方は、それまでは靴屋さんでした。長田区のケミカルシューズ。特に彼はちょっと変わっていて、自分に合った靴を履いて歩くと健康になれるという、人の足に合わせてオーダーメードの靴をつくる仕事をしていて、うちの家内も靴をつくってもらっていたりしました。

【外国人の多さ】

兵庫・長田は、食生活が異なる人たちが多く住んでいるのです。例えばベトナムの人たちとか。外国人が多いところで、ご飯を食べるのにレタスに包んで食べるとか。例えば、炭などもたくさん送っていただいて、冬に炭がいるのは当たり前なのですが、夏にもテント村で物を置いている所の結露を取るのに炭がいるとか、いろいろ多岐にわたった注文を彼からもらったのを覚えています。

こだわりもあって、食器を洗うときに合成洗剤は一切使わず、ぐらぐらした熱湯のなかに付けて消毒をする。プラスチック容器なので食器がひん曲がったりしたり。あと、被災者の方々に提供する食事が、インスタント食品であるのは忍びないということで、インスタントラーメンとかお湯で温めるものはうちはいらないとか。ただ、兵庫区と長田区というのは隣同士なのですが、火事を起こした長田の方は、インスタント食品がとても大事だったのです。お湯を入れる、温めるだけで食べられる食品がすごく必要だった。

【とにかく動き始めたこと　繋がることの大切さ】
　当時はまだ、お互いの隣にいる NGO の活動をしている者同士が、十分に連絡を取れないという時代でもありました。だから先ほど申し上げましたが、手探りでした。それでも、16 年たっていまでも覚えているのが、賛同して村井氏の回りで一緒に動いている、不良じゃないのですけれど、いわゆるそれまで世間では、あまりよく言われないタイプの子どもたちが、本当にたくさん生き生きと動いていたことです。

阪神・淡路大震災から後

【東日本大震災の現地入り】
　今回、東日本大震災のときにも、いち早く現地入りされて、この前（2011 年 1 月）の霧島連山の新燃岳が噴火、爆発して、風評被害で、灰で野菜が売れなくなったのを覚えていらっしゃる方があると思います。そこの野菜を定価で買って、東日本の被災地に持って行って炊き出しをするなど、割ときめの細かいことを、いまでもちゃんと続けています。先ほどの CODE の村井さんとか。
　この後にも少し話に出てきます主立った方々のお名前等、URL を載せています。私の拙い説明よりは、本当にぜひそちらの方をご覧になってください。

【訪問支援プロジェクト 1–2】

　今度は、仮設に入居される方がちょっと増えてくるのですが、「訪問支援プロジェクト 1–2」の有光るみさんという方とも、つながり始めました。どうしても年配の方々がこもりがちなので、おばあちゃん連中をみんな引きこもらないように呼んできて、例えば、おじゃみ、お手玉をつくったり。

　かなりクオリティーの高いものとしては、大事な古着を預かって、それを裁断し直して小さなテディベアをつくる。これを、結婚式のときに新郎新婦に「子どもの頃にこれを着ていたのですよ」と言ってその人形をプレゼントする「メモリアルテディベア」。

　そういうかなりクオリティーの高いものから、タオルで前をきゅっと絞って、耳と鼻をつくって目をつける「がんばるぞう」、これも 16 年前にははやったのですが、年配者の方々に何かできることを探して、その方々も何か社会貢献なり、生産的な活動をしている意識を持ってもらうという気配りのようなものがありました。

【ふれあい喫茶】

　また、ふれあい喫茶という、そこに行ったら話し相手がいて、安い値段でお茶が飲めて、お茶菓子が食べられるという、そういうことも続けていらっしゃいました。

【バイク隊、足湯隊】

　阪神・淡路大震災の避難所で始まったこととして、冬の寒くなる頃には、バイク隊、足湯隊と呼ばれるものが結成されました。ポットにお湯を入れて、大きめの洗面器とタオルを持って行く、これだけでできる癒やしの訪問介護。洗面器にお湯をちょうどいいぐらいに張って、訪問した所で、それで冷たくなった足を温めてあげるのですね。それで、きれいに洗ってあげて、タオルできれいに拭いてあげて、軽いマッサージをしてあげる。

　なかなか寒いときに、そういうことをしてもらうとうれしいもので、ナイチ

ンゲールもやっていたそうですけれども、お湯に入れてあげる、拭いてあげる、ちょっと簡単なマッサージをしてあげる。そのときに話もできますし、当時、始まりかけていた、孤独死、自死、あとはアルコール依存症、こういうものにとても効果があったと思います。

　若いお兄ちゃん、お姉ちゃんたちが足を温めて、拭いて、もんでくれるというので、年配者の方々が、もったいないとか、ありがたいと、とても喜んでおられました。そのなかで、アルコール依存症というのは、ちょっと別の心の病で難しい問題でもありますので、今日はちょっと触れずにおきます。

【落語、ミニ演芸】
　私はその頃に、慰問とかをたくさん企画させていただいていました。6年前に亡くなった、桂米朝さんの8番目の弟子で、桂吉朝という男が私の非常に親しい友人で、震災の日、尼崎からわざわざ自転車で、がれきを乗り越えて、うちまで安否確認に来てくれた。

　彼のおかげで米朝事務所の方々ですとか。これとは別に、この方も亡くなられたのですが、中島らもさんという方が当時、大阪でリリパッドアーミーという劇団をしていらっしゃいました。いまはリリパッドアーミーⅡという、わかぎゑふ（当時・若木え芙）さんという方が主催してらっしゃるのですが、例えば、落語とかミニ演劇とか、あと昔NHKでアコーディオンを弾いていらした方が来てくださって、素人のど自慢大会をしたり。

　当時は、いまのように落語に脚光が当たっていなかったのですが、ビールケースを幾つか積んで、その上にコンクリートパネルを乗せて、座布団を1枚置くだけで、これでもう舞台、高座ができるのですよね。当時、笑い、娯楽のなかった仮設住宅、避難所の慰問としては、落語とかは、本当にもう最適ではなかったかと思います。

　あと、クリスタルボウルといって透明なアクリルでできたボールで、幻想的な音色のするものですが、演奏者やほかの多くの方々が、無償で避難所、被災地に来てくださいました。

【自坊の復旧】

　そんな状態が続いたなか、庫裏は住めると思って、まあいいかと思っていたのですが、そのときに住む所のない方がたくさんおいでになったんで、ついつい自分のなかでも後回しにしていたのですが、頼んでいた工務店から、住宅の依頼が急にキャンセルになったので、お宅に行けると言ってくれて。だんだん何カ月後には、法務も少しずつ戻ってくるようになって、自坊が直る、法務が戻るということで、いままでの活動に時間の制約ができてきた。

【人とかかわって出来ること　ユニットとパーツ】

　私の話なのですが、3年、5年で終わらない、まだまだニーズが多いなかで、自分が元の生活に戻れるのはありがたいことではあったのですが、落ち込みました。それまでちょっとペース配分を考えずに前方支援で頑張り過ぎた。当時言われたボランティアうつとか、燃え尽き症候群みたいな、自分でもちょっと情けない状態になって、ぼちぼちあった新聞とかメディアの取材を、全部そのとき断ってしまった。

　前方支援で動いているから自分がボランティアなのだという、自分では気づかなかった、どこか傲慢で間違った考えに自分自身がとらわれていたのだと思います。徳本寺の檀信徒があって、守るべき家族もあって、いつまでもこのままではいられないと自分のなかで分かっていたはずなのですが、自分に対する失望感は、いかんともしがたいものがあって、しばらくちょっと立ち直れなかったのを覚えています。

【シンクグローバリー、アクトローカリー】

　そのときに思い出したのが、シンクグローバリー、アクトローカリー（Think globally, act locally）という言葉です。かつて浄土宗青年会の頃に先輩に教えていただいた言葉です。視野は広く持ちなさい、だけど、活動は本当に自分の足元から地道にしなさいということなのだと思います。

　それまで、人にも散々この言葉を使ってきて、人がどういうボランティアで

きますかとお尋ねがあったときにも、コーディネーターとして、こういうやり方があるとか、いろいろ人にも言ったり、自分にも言ったりしていたのに、どこかで忘れていた言葉なのかもしれません。

　本当にちょっとその言葉がよみがえってきまして、あまり動き回れなくなった時期、私はここにいよう、今度は、自分がここで定点になることで人とつながろうと決めました。私がここにいて寺の住職をしている限りは、そうすることで人は必ず来てくれるに違いないと、そういうつながり方にシフトチェンジ致しました。

【知る者の責任　被災者の温度差】

　余談になるかもしれません。阪神・淡路大震災から何年かたって、たぶん皆さんが、町が少し落ち着いたなと思われた頃のことです。JRに乗ってつり革につかまって外を見ていました。ご婦人2人が、やはり隣に乗っておいでになって、「町、きれいになったね。神戸復興したんやね」。ほんとうに何気ない言葉です。

　私がいま聞いたら何も腹も立たないのですけれど、悪気がないと分かっているのですが、思わず反論しそうになった。もちろん大人ですから、隣の人に突然食って掛かるようなことはしませんでしたけれども。

　いや、そうじゃないんです。がれきがなくなったのは、空き地になっただけなんです。ここからは見えない所に仮設があって、仮設から慣れない復興住宅に移されたり、新しい家、新しい建物が建ったとしても、建てたくて建てたのではなくて、仕方なく借金をして建てたのだ。

　「復興したんやね」という一言が、たぶん私の何かの気に障ったのです。その人たちにはほんとうに何の責任もなく、ただ知らないというだけのことです。ただ、知らない人には責任はないのですが、知っている者には責任があります。そんななかで、アーユス関西の活動をダウンサイジングしながらもボランティアを続けていました。

東日本大震災で始めたこと

【阪神・淡路大震災の経験を活かして】

　いま、東海林先生がスライドを見せてくださって、皆さんもお感じになったことがあると思います。ダウンサイジングしていたそれまでの活動を、全部いま東北の方に向けています。私のいるアーユス仏教国際協力ネットワークは、通常は海外支援をしているのですが、その支部であるアーユス関西は東北に全てシフトを向けました。

　まずアーユスの職員に、とにかく行ってきてくれと。行って、もちろんがれきの撤去ですとか、炊き出しとか、いろんなそのときに必要なことがあるかもしれませんが、ちゃんと誰かと親しくなって帰ってきてほしい。

　その最初が、「チーム王冠」というところでした。そこは、自宅に避難したために、支援をまったく受けられないところですとか、学校給食、例えば牛乳とパンだけというようなことに対して、なるべく支援をしようと頑張っておられるところです。

　東日本は、これから長い冬が来て、先ほどもちょっと触れました孤独死、自死、アルコール依存症が残念ながら増えてくる頃かと思います。災害の質も規模も土地柄も決して同じではありませんけれども、先ほど紹介しましたグループ、私どもも含めて、若干ではありますがノウハウ、東日本を応援したい気持ちを持つものばかりです。

　3年とか5年では到底終わらない、つらい、長い道のりであろうと思います。それこそ、経験した、知っている者の責任において、必ず継続をして東日本の支援、応援をしていきたいと思います。たぶん、頑張れとかいう言葉はつらい、十分頑張っていらっしゃるところなのですが、われわれは、東日本の方々の忍耐強さや控えめな気質に甘えないように、努力をさせていただきたいと考えております。どうもありがとうございました。

【関係 NGO 及び個人・営業所】
・特定非営利活動法人　アーユス仏教国際協力ネットワーク　関西事務局
　　http : //www.jikeiji.com/ayus/kansai.htm
・被災地 NGO 協働センター
　　http : //www.pure.ne.jp/~ngo/
・特定非営利活動法人プロジェクト 1-2
　　http : //project12.web.fc2.com/index.html
・チーム王冠
　　http : //team-ohkan.net/
・㈱丸平かつおぶし
　　http : //www.ganbappe.biz/index.php
・楡木令子
　　http : //www.reiko-nireki.jp/
・立岡佐智央　花いちりん描く会
　　http : //www.k3.dion.ne.jp/~hanaiti/
・桂吉朝（故人）
・リリパットアーミー（劇団）

　　　　　　　　　（よしみず　ゆきや　神戸市　徳本寺住職・
　　　　　　NPO 法人アーユス仏教国際協力ネットワーク理事）

●パネルディスカッション●

●吉澤（コーディネーター・司会）　皆さんこんばんは。きょうは夕方、雨が土砂降りになりまして、もしかしたら来ていただけないのではないかと思ってやって来たんですが、こんなにたくさんの皆さんに来ていただいて、皆さんの東日本大震災への関心というのが、非常に高いんだなということを痛感いたしました。

　特に今回のシンポジウムの特色は、京都には50の大学、短大がありますけが、法然上人の教えを建学理念とする佛教大学がされるシンポジウムで、連続シンポジウムの第1回目ということで、今回は、初回を仏教学部がされるという、非常に独自性のあるシンポジウムなので、皆さまも楽しみにお聞きいただけたらと思います。

　先ほど東海林さんと吉水さんからそれぞれ、東日本大震災の取り組みと、阪神・淡路大震災の取り組みを聞かせていただきました。

　最近の日本政府やマスコミの報道を見ておりますと、この震災をどうやって防ぐのか、防災の見地からいろんな施策が出されたり、報道されるケースが多いようです。

　しかし、本日は佛教大学仏教学部のシンポジウムですから、それだけではなく、この震災から、われわれは仏教者の立場として何を学んだらいいのか。どういう支援をしていったらいいのかという話を、これから4人の皆さんと一緒に1時間ほどさせていただきたいと思います。

　さきほどどなたかがおっしゃいましたが、阪神大震災のときも、「頑張れ、神戸」というキャッチフレーズがありましたが、あれは私もすごく抵抗があるんですね。震災を受けて、家も流され、家族もなくした方々。もうへとへとになっている方々に「頑張れ、東北」はないだろうという気がして、すごく抵抗がありまして。

　浄土宗ではないのですが、別の宗派もこれはちょっと問題だと。「頑張れ、

東北」はよくない。その宗派は「助け合って、東北」というタイトルで救援活動を始めたと聞いております。

　先ほど、お二方からいろいろお話をお聞きして思ったのですが、東海林さんがお話しされた、とにかく地獄のような場面と、それから温かさの場面と両方に遭遇したというお話。

　なかでも大変だなと思ったのは、さっき東海林さんがおっしゃられた、お坊さんとして、宗派を越えてご遺体の供養をされたという話です。私の友人も、復興支援で宮城へ行って、遺体の収容をやって帰ってきましたら、とにかく涙が止まらなくなってしまって、もう精神状態が不安定になってしまったんです。自衛隊とか警察官の方も、支援に行ったんだけれども、精神状態が不安定になって帰ってこられた方が非常に多かったみたいです。東海林さんの場合、そういうご経験はありませんでしたか。

●東海林　実は私も、先ほどの報告の中で、一瞬死んでもいいかなと思ったと言いましたけれども。実際私もちょっと精神的にしんどいなという部分はあった。そうですね、1週間目ぐらいが大変だったと思います。

　毎日、その当時は電話も通じないので、火葬場に行き、葬儀社さんを回って、自坊のお檀家でお亡くなりになった方はいませんかと、情報を足で拾っていかないと、なかなか難しい状況で。

　当時、葬儀社さんが遺体の安置所になっておりましたので、そちらでまずご遺体安置所で、お念仏を称えさせていただいて、その後葬儀社の方の話を聞いて帰って来る。

　またお客さまもたくさん来られましたし、また避難されている方への対応もありました。また、お風呂も入れなかったので、ちょっと疲れたなと思っていて。

　ある夜、別の支援活動でNPO関係で一緒に活動させてもらっている尊敬する先輩に、震災時の心のケアにはどのような方法があるのでしょうかというようなことを聞こうと思って電話しました。

そのときに「大丈夫？東海林さん、そのままだとパンクしちゃうよ」と言われました。やはりセルフケアというか、自分のケアを少し考えた方がいいですよと。ゆっくりする時間とか、また仕事がいっぱいになったら、どなたかに仕事をお渡しをして、少しでも自分の時間というものを持つように心掛けた方がいいよと言われ、それを言っていただいてありがたかったです。
　震災の直後は、話し出すと、自分自身では止められない状況でした。でもそうやって話すことによって、特に私よりもベテランの方にお話をするということで、自分の気持ちがだいぶ軽減されました。
　必ず心の危機が訪れます。そのときにやはり宗教者とはいえ、特に私などはまだ若い宗教者なので、経験も浅いですし、ベテランのお方に、お話をさせてもらうというのは、とてもいい。その危機から回復していくきっかけになりました。

●吉澤　吉水さんどうですか。阪神大震災のときを思い出して、いかがでしたか。

●吉水　はい。そうですね、私もボランティア鬱にはなりました。ただ私の話ばかりしてもしようがないので、あれから実際もう16年たっているのですが、16年たって心の傷が癒えてないのだなという話があります。
　今年の春の彼岸に、久しぶりにお会いした方。ちょっと神戸からは離れている加古川というところでしたので、多分この方は被害を受けていらっしゃらないだろうという思いから、震災の、いわゆる、どうでしたかという安否確認は、いままでしておりませんでした。
　ところが東日本大震災でこのようなことになったので、あのとき大変だったよねということで、本当に恥ずかしいことながら、16年ぶりにその方に、あのときはどうだったのという話をしたときに、実はその方がお兄さんをなくされているということを初めて知りました。
　そのときにその方が、私が初めて聞いた、その方の身内のその話について、

話し始めて止まらなくなられました。自分ではもうこれ以上しゃべってはいけない、もちろん女の方ですので、見た目のことも気にされます。ただ口角に、泡をいっぱい吹きながら、それでも自分のなかで話を止められない。

　小一時間ぐらいだったと思います。その方が、思い出して、思い出して、自分のなかで、その方の話が尽きてしまうまで、ずっとただうなづいて聞いた。それも16年前の話を、やっとお聞きできた。そういう経験がございました。

●吉澤　うちの息子もボランティアで行っていて、彼から聞いたのですが、避難所が閉鎖されて、そこで生活されていた方々が仮設住宅に移られて。一番気の毒なのが、独り暮らしのお年寄りが、避難所にいたときの方が、まだ孤独じゃなくてよかったと。仮設に行ってからまったく1人の状態で暮らさせられるので孤独だということを嘆いてらっしゃったということです。

　いま東海林さんは仮設も行かれているわけですね。回られていかがですか。

●東海林　やはり仮設に移られて、通常昼間の状態だと、お若いご家族がいれば、お若い方は働きに出ていますので、日中残っているのは、ご高齢の方が多いのですが、そのなかでもお独り暮らしの方は、お部屋にこもっている方もいます。

　50戸以上ある仮設には一カ所の集会所ができますので、その集会所をお借りさせてもらって、かき氷を配ったりしています。また、集まってもらうということもあるのですが、われわれの方で、御用聞きじゃないですけども、いかがですかと言って声を掛けさせてもらうということを意識的にしている部分があります。

●吉澤　特に一般のボランティアと違って、東海林さんが回られるときは、僧侶ですよね。そのときは輪袈裟とか掛けて行かれるのですか。それともTシャツで乗り込んで行かれるのですか。

●東海林　この僧侶の衣姿では行きません。せいぜい作務衣ぐらい。あとは夏であればTシャツで。あと、一応名札で、私なんかは近所の寺ですので、何々寺の副住職の東海林ですということで、その名札だけはいたしますけども、そのほかは特に何もせずに。接するお方にしても、別にお檀家さまとは限らないので、私のことを知っている人もいれば知らない人もいるというところで、活動しています。

●吉澤　おそらく被災者の方からしてみたら、東海林さんがお坊さんだということで、やはり違うところもあるんじゃないですか。

●東海林　今回、先ほどご紹介できなかったのですが、愛知県岡崎市の仏壇屋さんの方なのですけども、位牌の修理を無料でさせてくださいというボランティアの申し入れがありました。津波で傷ついたり、金箔が取れてしまったお位牌を修復をしますと。

　昔から使っているものを使い続けたいというニーズがあり、そのボランティアを利用される方があって、その方たちと、供養の話や、仏教的なお話になるわけです。

　そういうなかで、いろいろ私も気付かされます。やはり、位牌が傷ついた、また仏具や神具が津波をかぶって塩が着いてしまって、いくら磨いてもきれいにならないんだと。「だから磨いてもらえませんか、和尚さん」と言われて、それできれいに仕上がった物を持っていくと、「ああ、これでまたご先祖さまや、神様にきちんとできる」と言って喜ばれる。

　その方は、被災する前はずっとそういう生活を送ってきたのが、それが本日からできませんとなったことで、自信をなくしてしまっていました。しかし、そういった器具や位牌などを修理されると、毎日のことができるようになってきた、また普段どおりの生活のリズムがだんだん戻ってきているなと、強く感じました。

　そのような場面で、私たちだからできるお手伝いの可能性を感じておりま

す。

●吉澤　吉水さんどうですか。仏教者ならではの支援ということで考えると、吉水さんはどういうふうにお考えですか。

●吉水　少し外れていてもお許しください。先ほど、私は動かないで定点になろうという話を最後に少しさせていただいたのですが、今月の 10 月 6 日が、うちの開山上人になります徳本上人のご命日で、開山忌にあたっております。いつも午前中にちょっと勤めをして、お斎といって、集まってきた方みんなでご飯を食べて。午後からは奉納落語を二席させていただく。うちのお参り先の方々のなかでは、結構人気のある法要日というか、イベント化しているのですが。

　それをうちが毎年この日にやっているということを思い出して、近所の立岡佐智央さんという、これも後ろにお名前が載っております、絵描きの方。普段は日本画で仏画を描いておられる方が、今度の東日本の震災で、いたく心を痛められて、自分に何かできることはないのかとお考えになったそうなんですが、やはり絵描きだから絵を描くことしか思い浮かばない。

　それで『般若心経』を唱えながら、はがき大の紙に、花の絵を一輪ずつ、亡くなった方にささげる献花として 100 枚描かれました。それを手づくりのお軸に 10 枚ずつ貼って、それを 10 本、100 枚の絵を本堂に飾らせてほしい。

　商業施設で見せるところは多分いくらでもあるだろうけれども、そうではなくて、人が祈ってくれる場所、また東北に対して祈りの気持ちを持ってくれる人たちに、できるだけたくさん見ていただいて、それから最後に向こうに届けて、ご遺族、家族をなくされた人たちに一枚ずつ手渡したいというふうにおっしゃった。これもやはり寺にいるからかなというふうに思いました。私が動かないからかなと。

　ごめんなさい。もうちょっとだけ話をさせていただいていいですか。うちの NPO が石巻市に行ったときに、3 階建てで 2 階まで被災された、丸平かつお

ぶしという水産加工業者があって、こういうかつお節をつくってはるんです。これだけで結構ぎっしり入っているんですけど、300円。これはとろろ昆布。これも結構ぎっしり入っています。これは400円。これを100ずつ、10月6日にうちに置いておいたんです。全部売れた。本当にありがたいことで、「寺でなんでかつお節やねん」というところがあるかと思うのですが。

　ただ檀信徒の方々の、何かのかたちで東日本に協力したいけど、どういうかたちでしていいか分からない。それを寺に来たときに、それで関わりを持てる。かつお節を買うことで、とろろ昆布を買うことで協力ができるのだというのは、寺にいるからかな、住職をやっているからかなと思います。

　それともう1つは、海外からのありがたい申し出なのですけれども、フィンランドから。キンダーガーデンの4歳から6歳までの小さな子どもたちが、エコバッグに絵を描いてくれて。ちょっといくつかお見せします。この間、私はちょっとマイクなしでしゃべります。

　見えますか。これは子どもがエコバッグに手描きで描いた絵なんですよ。例えばこんな絵とか、いろんな、これなんかデザイン学校の子が描いたものです。

　これなんかは、子どもたちを教えているプロのアーティストが描いた絵なんです。フィンランドから93枚送ってくれまして。フィンランドって、日本とすごく似ていて、それで親日家が多い、ムーミンの国です。

　親日家が多くて、向こうはフィヨルドで、今度リアス式の海岸ですごく被害があったので、関心が強いのです。それで日本に何かしたいと、向こうの人たちがみんな思っていて。私の友達、楡木令子が向こうに行ったときに、「令子、日本はどうなんだ。日本に何かしてあげることはないのか」と言ってくれたので、こういうことを思い付いたのだそうです。「ハンド・イン・ハンド」という活動です。

　中にはがき大のメッセージが全部添えられているんです。自分の名前と年齢と、それと日本を応援するメッセージ。なかには日本語で書いてくれる人もいますが、ほとんどの場合フィンランド語なので、私は読めません。英語もちょ

っと危ないのですが。

　それは、フィンランドだから結構輸送費がかかるので、せめて原価と輸送費だけ私がみるので、それ以外はそっちの方でいいようにしてくれたらいいという申し出があって、今回若干のお金を送ったら、次に美術学校の子たちが描いた140枚を、そちらの方に送らせてもらうというありがたい依頼がございました。

　楡木令子がフィンランドで展開してくれている「ハンド・イン・ハンド」という。これもやはり同じように、私がずっと寺にいて、寺の住職で、そこで活動しているということを覚えていてくれて、いただいたお話かなと思っております。

●吉澤　どこで手に入るのですか。

●吉水　近くは、大阪の国際交流センターで、「ワン・ワールド・フェスティバル」というのがたぶん2月に行われます。これは、いろんなNGO、NPOが100以上、200ぐらい集まります。先ほど東海林さんのお話にもあった、国連高等弁務官とか、あと個人でやっていらっしゃるNGOとか、こういうところもいろいろ来るのですが、アーユス関西は毎年ブースを出しております。

　そのときには、多分140枚が間に合うと思いますので、こういうエコバッグを皆さんにお見せできて。ごめんなさい。商売ではないですよ。いくらなら買っていただけるかな。例えば500円とか1,000円とかで出しているんです。おつりは要らないと言ってくださるありがたい方が多いので、もし皆さんご覧になったら、いくらかで買って「おつりは要らん」と言って渡してくださいね。お願いします。

●吉澤　先ほど、会場の皆さんから、ご質問を募ったのですが、そのなかで、東海林さんにお聞きしたいご質問がありまして、お坊さんなんですが。

　先日ある僧侶の方から、被災地へボランティアに行ったときに、仮設住宅や

避難所に、「心のケア、お断り」の張り紙が出されていたという話が出ました。宗教者として、現地へ行くときの留意点、本当にいま何が必要とされているのかを、もう少し詳しく聞かせてください。

●東海林　とても重要なご指摘だと思うんです。最近、寄り添うということが大事だと言われていますが、いま寄り添いすぎという状況が生まれているという話も聞くんです。

　これは今朝私が、ある方とメールのやりとりをしたなかの話なのですが、その方はずっと仮設の支援をやっている方なのですが、その方がこういうふうに言われたんだそうです。お坊さんだったら心のケアが専門ではないかと。何もそういった、ものを配ったり何か食べ物をお分けするということは、ほかのNPOさんに任せておけばいいのだから、お坊さんは心のケアをやっておきなさいというふうに言われたのだそうです。それを聞いてちょっとびっくりしたということだったのですが。

　彼は、心のケアということを何も考えていないわけではないのです。ただやっぱり、行って「心のケアに来ました」と言うのはなかなか難しいと思うんですね。彼はそういった仮設の方に、いま彼がやっているのは、チョコフォンデュです。チョコフォンデュとは、チョコレートを溶かして、それにフルーツをつけていただくものです。甘いものやフルーツが結構不足しているようなので、そういうものを配っています。それを通じて、いろいろ会話が生まれたりとか、そういう支援をやっている。

　心うんぬんというよりも、まず被災者の方の現実とか生活というものに私たちが関わっていく。つながりを持つということが大事です。それ自体がやはり大きな意味での心のケアというものにもつながっていくのではないかと、そのお話を聞いて感じたのです。

　ですから、心のケアと、大上段に構えない方がいいと思います。また、突然行くというのもなかなか難しくて。現在私たちも地元の和尚が、地元の仮設に、入らせてもらっております、そういうところとジョイントするかたちとい

うのもあると思うんですよ。地元の和尚さんたちがやっているところに。

この間も、奈良から浄土宗青年会の和尚たちが来てくれて、私たちの活動をお手伝いをして。そのなかに胡弓を演奏される和尚がおられまして、童謡とか沖縄の歌とか、いろんな演奏をしてくださって、非常にいい時間を持てました。

もし来たいという気持ちがおありになるお方は、地元のわれわれにご相談いただければと思います。そして一緒に活動してもらえれば、私たちもすごく励まされる思いがいたしますので、どうぞここでつながりましょう。

そしてやはり、友達になるということが大事だと思うんですよ。仮設のなかでおられる方と私たちとで、家族にはなれないかもしれないけど、友達ぐらいにはなれると思うんですよ。友達になって、そうやって食べ物を通じてのご縁かもしれないけれども、そこで何か交流が生まれる。友達になるのが最初かな。そこから大きな意味での心のケアというものにつながっていけばいいのかなと考えております。

●吉澤　このご質問をいただいて、心のケアだと言って入ってきて、突然手かざしでもする人がいるのかなと思いました。布教に利用するような人がいるから、紙を貼りだしているのかなという気もしたのですけど、そういうケースもありますか。

●東海林　ええ、実際いろいろあったようです。私も具体的なことはよく分からないのですけれども、特に避難所でそういうことがあったということは聞いています。避難所を布教の場にされた。

そうであれば、宗教的なものは一切排除しようという雰囲気があったようで、それも苦慮されての決断だったと思うんですけど。

●吉澤　それともう1つ、2人にお聞きしたいのは、さっき、非常に修羅場であり、地獄である現場だと。そしてそのなかで、いろいろ活動をされていくな

かで、非常に温かみのあるものも感じたという話をお聞きしました。

　実はうちの息子も、鍼灸師の卵なのですが、京都府鍼灸師会のボランティアに応募して、毎月1回、ボランティアで針を打ちに行っています。

　8月に行ったときにちょうど東松島の体育館の避難場所に行って、ほとんどもう仮設に移る途中で、最後1組だけ残っていた親子がいて、そこに行って、特におばあちゃんに針を打ってあげたら、そのおばあちゃんが、何もない体育館で、自分がもらった菓子パンを1つ「お兄ちゃん、ありがとう。これを持って帰ってくれ」と言われて、息子はそこで涙が出たといって帰って来ました。本当に力をもらったと。われわれが助けに行っているつもりが、逆に彼らから勇気と力をもらって帰ってきたという、非常に素晴らしい体験をして帰ってきました。

　いかかでしょうか。お2人もボランティアのなかで、そういう体験はされましたか。

●東海林　私が夏に石巻で作業をしていたら、80〜90歳ぐらいの女性が、つえをついて炎天下ずっと歩いていたんですね。「あのお方は大丈夫か。ちょっと声を掛けにいって来いよ」ということで、私と、同じ青年会の会員さんで神戸から来ている友人と、一緒に行って、お母さん、大丈夫ですかとお声を掛けたら、「食べ物が、食べ物が」とおっしゃるので、何をおっしゃっているのかなと思って。「どちらから来たの」と言われて、私は宮城県ですけど、彼は神戸ですと。「食べ物は口に合いますか。ここまで来てくれて申し訳ないね」というふうに声を掛けていただきました。

　彼は、女性の心配をして行ったのに、かえってこちらの心配をしてくれて、本当にうれしかったようです。

　それから、お墓とお墓の間の通路にたまっているがれきを取る作業をしていると、皆さんが御遺骨を探しに来られます。

　ご遺骨は、お墓に骨つぼのまま入れる場合もあるのですが、われわれの地域の場合、さらしの袋に一度あけて、それを中に入れます。ですから、今回津波

に遭った地域はお骨が散乱している状況になっております。

　それを皆さん捜しに来られるものですから、ありがとうと声をかけていただきます。墓地の撤去作業というのは、墓地のこと、仏さまのことだからということで結構業者さんだって嫌がるそうなんですよ。

　われわれからすれば、普段からしていること。それに対して言葉をかけていただき、こちらも温かい気持ちを受け取らせていただきました。

●吉澤　吉水さんはどうですか。さっき時間がなくて言い足りなかったことでも結構です。

●吉水　さっきもちょっとお話ししました、足湯隊、バイク隊。たらいにお湯を張って、そのなかに足を入れてもらう。そうすると冷たくなった足が温まると、すごく気分がいいと言ってくださる。

　仮設で1人でいて、1人でいると足が冷たくても冷たい足を温めようという意識に自分がなかなかいかないんですね。冷たいなら冷たいまま我慢をしてしまう。その我慢しているところに、彼ら、若いお兄ちゃん、お姉ちゃんが来て、わざわざ自分のために、たらいにお湯を張って、足を入れて、温めて、拭いてもんでくれる。

　そのときに、いろんな話をしながら、ありがとうと言うときに、ありがとうと言われた方が、すごくうれしいんですよ。それが、ありがとうと本当に言っていただくために、なんかみんなが頑張っていたような気がします。

　それが、だから一方的にこっちがしているというようなものでは決してなくて、そのときに返ってくる返事なり笑顔なりというのが、励みになっていたような気がします。

●吉澤　ありがとうございます。今回の震災から何を教訓として学び、後世に生かしていくのかという重たい課題は私どもの任ではない。山極学長と藤堂先生にお任せしたいと、最初に東海林さんと吉永さんに言われました。次に学長

と藤堂先生におたずねしたいと思います。

　いま、同じく会場からいただいている質問の１つに、東日本大震災があってから世の中に神や仏がいるのかと疑ってしまうようになった、僧侶としてどのようにお答えになるかという重たい質問がありました。おそらく一般の国民の方々は、こういうふうに思っていらっしゃる方は多いのではないか。神や仏がいるのなら、こんなひどい目に遭わせることはないだろうと思っている方も多いと思うのですが、藤堂先生、どういうふうにお答えされますか。

●藤堂　佛教大学は仏教精神を建学の精神に据えておりますので、佛教大学に入学しました新入生には、ゴータマ・ブッダの教えと、法然上人の教えを、必修科目として聞いてもらうことになっております。

　私は、毎年授業で、こういう数式を学生さんに紹介します。24×365×エージ（年齢）、つまりこれを掛け合わせますと、その人が、自分が生まれてから何時間生きたのかという数字が出てきます。

　それを、その人の心臓の連続運転の時間としますと、その数式では不十分でして、つまりお母さんのおなかので既に心臓は動き始めていますので、さらにプラスアルファをする必要があります。

　一度計算していただいたらよろしいのですが、そんなに連続運転をして働いてくれているのでは、さぞかし疲れるであろうから、心臓に日曜日をあげたいな、休日をあげたいなというふうに思うのですが、なかなか自分の勝手に心臓にお休みの日をあげるわけにはいきませんし、また勝手に休んでもらっても大変に困るわけです。つまり、自分にとって一番に大切なものが、自分のものでありながら、自分のものではないという面を本質的に持っている。

　これは仏教用語で置き換えれば、「無我」とか「空」とかという言葉に置き換えられるのではないかと思います。つまり無我の無という言葉には、この「我」、私を支えている、無量の数え切れない贈り物というのものがあるのだ。私は「無我」の無をそのように理解するのです。つまりわれわれは、数え切れない贈り物のなかに、一日一日を過ごしていく。生存というものを与えられて

いる。贈り物のなかでわれわれは生きているのだと。

　そうしますと、その贈り物のなかに、一日一日を過ごすことができているということを、本当に実感するには、やはり自分もまた他者に向かって贈り物をする、贈りものの心をふり向けるということが大事になってくると思うのです。

　そういうところから、大乗仏教の菩薩の修行の公式として、「六波羅蜜」というのがあるのですが、その「六波羅蜜」の冒頭には布施波羅蜜、贈り物波羅蜜というものが置かれているのだと私は理解をしています。

　その贈り物というと、何かものを自分が持っていないとできないように思うのですが、『雑宝蔵経』というお経には、ものを持っていなくてもできる施しがあると説かれています。

　1つはまなざし、眼施。温かいまなざしを施すという施し。2つ目は笑顔、ほほえみを施す、和顔悦色施。それから3つ目が、時にかなった言葉を施す、言辞施。それからいつくしみの心を施す心施。人から愛される行いを施す身施。それから座席を施す床座施。癒しの場を施す、房舎施。全部で7つのこうした施しが、ものがなくてもできる施しであると説かれています。

　そういう施しのなかにわれわれが生きているということを、本当の意味で実感するための実践、取り組みとして、仏教では布施波羅蜜ということを教えているように思うのですけれども、その布施波羅蜜を行ずるなかに、おのずから神とか仏とかいうものが、それぞれなりに実感されてくるように、私は思うのですが。お答えになりましたでしょうか。

●吉澤　神や仏がいるのに、どうしてこんなひどい目に遭わせるのかということの理解を、われわれはどう受け止めたらよろしいのでしょうか。今度は山極先生におたずねします。

●山極　難しい質問を振られたように思います。でも、私が考えているところで少しお答えさせてもらうとするならば、神様の方は一旦ちょっと横に置かせ

ていただいて、私たちの大学は佛教大学でありますし、仏の存在、仏の救済を信じるという立場からしますと、仏はいらっしゃいますし、仏は助けてくれる存在として、先ほど東海林さんの話の中にありましたように、われわれとまったく違ったところから私たちを見ていて下さっている。そういう存在ではあると思うのですが、でも私たちのこの世界、あるいはわれわれのこの生命というものは、必ず尽きるものでありますし、私たちは永遠に生きることもできません。この世界は、やはり時間とともに変化していって、形あるものは必ず壊れていくものであります。

　震災、あるいは災害は残念ながら起こるものです。これはこの世界から消えてなくなるものではないのです。3月11日の東日本大震災もそうですが、16年前の阪神・淡路大震災もあって、それ以前にもさまざまな幾多の災害がありました。あるいは地震ではなく台風が来ても、色々なところで災害が起きています。そういった災害などは、この世界、私たちが生きている世界に、いわば不可避のものであって、そういう世の中に私たちは生きている。その上で、仏も、あるいは神もいるのがこの世界であると捉えるべきなのではないかと思います。

　その世界の中で、残念ながら人間である私たちは一人ひとりそんなに強くはなくて、力も十分ではない。にもかかわらず、私たちには力があって、自然すらも支配できるかのような錯覚に陥って、まるで万能だというふうな思いを持つところに、今度は不可避である震災や災害が起きた時に、適切に対応できなくなるといった、私たち側の問題点が出てきてしまうのではないか。そのように考える必要があると思うのです。

　ですから、震災あるいは災害、あるいは苦しみ。仏教では苦しみというのはこの世界を構成する基本的な本質の一つだと考えますが、私たちはそういう世界に生きている。その世界の中で、どれだけよりよく生きていけるのか。よりよい世界や社会をどのように築いていくことができるのか。そのために、至らない自分に何ができるのか。何をどうすればいいのかを考えなければなりません。

誰でも、圧倒的な苦しみに襲われたときには誰かに助けてほしいのです。死んだ後どうなるか分からない。そういう状況の中で、何もかもなくなってしまうと考えたのでは、とても前へ進むことができない。でもそこに阿弥陀さまがいらっしゃる。こういった捉え方の中で、私たちがこの苦しみに満ちあふれた世界を生きていくために、やはりもう一度、自分たちの姿や、あるいは神や仏の在りようというものを、あらためて考え直す必要があると思います。ですから、神や仏がこれをしたというふうに捉えるのは、いささか違うと私は考えます。

●吉澤　よく分かりました。そうか。やっぱり神や仏のせいにしてはいけないんですよね。自然現象として地球上では必ず大災害というのは起こるわけで、そのなかでいま学長がおっしゃったように、ちょっと人間が傲慢になっていないかという反省はありますね。
　明治以降、西洋近代文明が入ってきて、戦後今度、先端科学がどんどん進歩してきて。人間は死ななくてもいけるのではないかみたいなところまで、いま来ていますよね。
　しかし、やはり人間というのは、生老病死、必ず限界があるわけで。そういうことに目覚めさせてもらうというのは大事なことなんでしょうね。
　本日、山極先生に来ていただいているのは、佛教大学として、どういう取り組みを具体的に震災支援に向けて、これまでやり、そしてこれからもやっていこうかというのを、ご紹介いただけませんか。

●山極　はい。これも大きな課題でありますし、私一人の力でどうこうなるものではなくて、皆さんの力、それこそ東海林さんですとか、吉水さんですとか、あるいは藤堂先生、吉澤先生、皆さんのお力を借りて進めていかなければならない取り組みだろうと思っておりますが、大きく２つ、大学として目指すべき道があると思います。
　１つは、いま３月以降の取り組みの中で、様々なボランティアの活動などが

行われており、本日もお二人、東海林さんは東北の地で、吉水さんは阪神・淡路を踏まえて、それぞれのお立場で、震災の支援というものを、ボランティア活動を通じて行っていただいております。本当に頭の下がる思いがしますが、例えば本学の学生がボランティアに参加して、実際に現地へ行って活動をしているというような側面もあります。あるいは佛教大学には、仏教学科もありますけども、教育学科があったり、臨床心理学科があったり、歴史学科があったり、あるいは保健医療に関わるような学科があったり、さまざまな学部や学科ごとに、それぞれの専門性というのがあります。

　先ほど、僧侶としてどうだ、というふうなお話がありましたけれども、僧侶だからできることと、僧侶であってもやっぱり通常と同じようなかたちでボランティアを続けていくところがあることの両面を、皆さんに感じ取っていただいたのではないかと思うのですが、それぞれが専門に持っている力を発揮して、これから、いわば直接的に復興に対して支援をしていく。現地へ行ってなすべきことがあって、ニーズがあって、求められているところで、それに寄り添って支えていくというような活動に関して、大学として何ができるだろうかと考えます。

　先ほど申しましたような、学部や学科、あるいは研究所、それぞれどんなことができるだろうか。例えば、本日のこのシンポジウムは、総合研究所というところで大学をひとまとめにしながら、これから何ができるかを一緒に考える機会として位置づけられています。

　こういった活動について、今後さまざまなかたちで取り組んでいかなければならない。現地の行政であるとか、あるいは向こうの大学とかと協力関係を築いて、例えば精神的に追い詰められているような高齢者とか、あるいは子どもたちとか、そういった方々のケアを、大学も協力して、学生と一緒になってできる点はないだろうか。そういったことを模索して行っていく必要があると思います。

　でも、もう一つ私たちの大学がやらなければならないことがあります。佛教大学の場合ですと、いま現在、通学課程だけで6,000名近い学生さんがいらっ

しゃいます。そういった大勢の学生さんたち、みんながみんな現地に行ってさまざまな活動ができるというわけではなかったりします。いろいろな意識の違いや個人差、温度差もあります。

　でも、今回のような大きな大きな震災があって、そこで私たちがいま、どういったことに直面していて、どんな問題があって、そのことは、いつか、明日かもしれない、あるいは10年後かもしれない、20年後かもしれない、そういう中で私たち自身のこととして、あるいはこの京都で起きるかもしれない。関西で再び起きるかもしれない。どんな災害が、どういうかたちで来るか分からない。そういった状況に適切に対応していくための、正しい学びの場にしなくてはいけないのではないか。そういうふうに考えます。

　大学で、阪神・淡路であったこと、それをきちんと受け継いで、例えば吉水さんのように、それを今回の東北に結びつけて活動している。そのように語り伝えたり、あるいは形に表して行動として伝えていく。そのことを、新たにいま学んでいる学生さんたちが、聞いて、知って、場合によって経験も積んで、そして社会に出て行く。その彼ら、彼女たちが、5年後、10年後、あるいは20年後、30年後の私たちのこの世界や社会を支えていくわけですから、そういった中で、今回起こったことをきちんと教訓として将来に結びつけられるようにしなければなりません。復興の支援も大切ですけれども、やがてまたやって来るかもしれない、そういったさまざまな危機や困難のときに、阪神・淡路の危機から回復してきたその歩み、あるいは、東北がいま抱えている苦しみから復興していく歩みがそこに生かされないと、これは本当に、私たちは何をしてきたのだということになってしまいます。

　ですから大学は、いま起きていることを、離れた場であっても、そこで集い学んでいる学生さんたちにしっかりと伝えなければならない。そういう使命を持っていると思いますし、私たち佛教大学は、そこに仏教の大学として、仏教精神を基盤とした考え方や取り組み方を伝えていく必要があると思います。先ほど藤堂先生がおっしゃいましたように、支えられ、与えられて生きていることや、あるいは与えられて生きているから、与え返すことができるというよう

な、そういう取り組みとかも、佛教大学であるからこそ、しっかり伝えられるのかもしれません。
　そういうことを通じて、佛教大学としての取り組み、あるいは人材育成や教育の支援というのを進めていかなければならないのではないかと思います。

●吉澤　あともう1つ、山極先生にお聞きしたかったのは、本日のテーマになっています「今問われる人間―智者のふるまいをせずして―」という『一枚起請文』からとったテーマです。今、いったい人間の何が問われているのでしょうか。

●山極　そうですね、難しい質問で、どうお答えできるか、あるいは何を求められているのか十分には分からないのですが、やっぱり私たちは、先ほども申しましたように、「智者のふるまいをせずして」というのは法然上人のお言葉ですけれども、もう一度、人としての至らなさであるとか、本当に自分たちの愚かさであるとか、そういう自分自身の真実の姿をあらためてしっかりと振り返るということが、実は前に向かって生きていくために、特にこういう大きな困難があったときに、そのなかでも前に進んでいくために必要であると思います。
　それも、がむしゃらに力を込めてではなくて、ちゃんと立ち止まって、自分の力も見極めて、時に休んで、心を休めて、それでもやっぱり前を向いて、顔を上げて、明日に向かって、未来に向かって進んでいくこと、そういうことが、人にはできるんだよと。愚かであって、智者ではないのだけれども、でも人は生きていける。それは一人だけで生きているわけではなくて、今日ここにも多くの人が集っていただいていますけれども、そういう結び付きがあって、ネットワークがあって、コミュニティーがあって、友人がいて、家族がいてというつながりのなかで、私たちは生きています。ですからその在りようを、もう一度しっかりと捉えることができれば、ちゃんと手をつないで、前を向いて進んでいけるのではないかと、そういうふうに考えます。まとめになっていま

すかね。まとめにはなっていないかもしれませんが、どうでしょう。

●吉澤　何となく分かりました。このタイトルが決まって、その後、アップルというアメリカのコンピュータ会社の CEO のジョブズさんという方が亡くなって、テレビが一斉に報道したときに、ジョブズさんの生前の講演のビデオが流れたのです。そのときに "Stay Hungry. Stay Foolish." という彼の言葉が出てきましてね。

　Stay Hungry の方は分かるのですが、Foolish という、いわゆる愚かであれという言葉。これを見たときに、この人は仏教徒でもないのに、法然上人の凡夫の愚のようなことを言うのだろうと思いましたら、アメリカで相当の禅を組んでいるらしいんですね。するとこの凡夫の愚というような考え方は、もっと通仏教的にも通用する大きな考え方なんだなというふうに思ってニュースを見ていました。藤堂先生はどうお考えですか。

●藤堂　いまの吉澤先生のお話、私もニュースを見ていまして、まったく同感でそういうふうに思いました。少し専門的な話になるのですが、仏教が生まれましたインドの言葉で、人間を意味する言葉として、マヌとかマヌシャという言葉があります。これは思考する、考えるという意味の言葉です。つまり人間というのは、よくよく物事を考えることのできる能力を持った生き物であるのだという人間観がインドの人たちにあったと思うのです。

　仏教ではさらにそれに加えて、一種の語呂合わせになっているように思うのですが、人間というものは、すぐにマーナ、おごりを起こす生き物であるのだとか。あるいはマナス、心という、使い方によっては、その人を尊くもする、使い方によってはその人を畜生以下にもしてしまう。そういう恐ろしい心というものを持った生き物が人間なのだという、そういう説明が仏典のなかに出てきます。

　そのおごりを持つのが人間なのだという、そこが法然上人の「智者のふるまいをせず」というところに引き継がれているように私は思います。この智者の

「智」という字は、普通の知識の「知」という字の下に「日」が付いています。
　日は暗闇を追放して、明るさをもたらす、冷たさを追放してぬくもりをもたらします。そういう日が知の下に付いているのです。この「智者のふるまいをせずして」という法然上人の言葉は、「智」と「知」を勘ちがいするそのおごりを戒めるのだ。そのように私は受け止めています。
　その、ぬくもりがある、冷たさを追放する、暗闇を追放する、その智は、やはりおごりを捨てるところから感じられてくるのだ、見えてくるのだ、聞こえてくるのだ、発揮されてくるのでということを、法然上人の仏教は、浄土教は教えていると思うのです。

●吉澤　ありがとうございました。もう予定の時間になってきました。最後に東海林さんと吉水さんに、会場からの質問で、一言だけお答えいただきたいのですが。
　今後冬を迎えるにあたり、どのような支援を希望されますか。現地での活動の要望についてお聞かせください。
　冬を迎えるにあたって、特にこれは仮設住宅にお住まいの方々のことを言っていると思うのですが、どういう支援をわれわれはしたらいいのでしょうか。

●東海林　私はお米もいいのではないかなと思うのです。もちろん米どころでもあるのですけれども、やはりお米を皆さん必要とされていますし、仮設に移られて、避難所から比べますと、やはり自分たちで全部しなければいけないので、特にお米というのは、やはり持っていくと非常に喜ばれるので、皆さん日常的に使いますし。
　本当に１合でも１升でも、集めればやはり皆さまから寄せていただければ、そういったものは生活に非常に役立つ。１年中役に立つ。もちろん冬だからというものもあるのでしょうけども、お米というのは非常に役立つと思いますし、私たちの青年会でも、いま集めさせていただいているというのもありますし、お米というのも一つ喜ばれる部分があるかと思います。

●吉澤　米はどこに送ったらいいんですか。

●東海林　そうですね。私たちの青年会の方でも大丈夫ですし、あとはフードバンクという組織がありますので、お米を集めて、それを食に困っていらっしゃる方にお届けするという団体があります。関西のフードバンクは今回活動されておりますので、そういった団体に預けられるのもいいかと思います。

●吉澤　吉水さん、さっきDVDのことを言いたいとおっしゃっていましたが。

●吉水　こちらにお配りした分なので、見ていただいたらいいのですが、これも先ほど少し出ました、訪問する支援、仮設なら仮設、復興住宅なら復興住宅に、実際に行って、顔を見て、「元気にしてる。出ておいで」と言って。

　出てきたら、例えば年配のおばあちゃん方なら、自分でできる手作業をそこでして、お手玉をつくったり、いろんなものをつくったり、それをお店に並べる。お店のものが売れると、ちょっとお小遣いになるという、そういう参加型のものであったり、ただごめんなさい、やっぱり気質が違うところがあると思いますし、寒さの度合いなんかもまったく違いますので、非常に厳しい。

　私は、ちょっと北海道に住んでいたことがあるので、まったくこちらが感じるような寒さと、東北地方の寒さというのは違うところがあって、だから関西ではこういうことをやりましたというようなことは申し上げられるとは思うのですが。

　とにかく、うるさいぐらい訪問しました。最初うるさく言っていても、先ほど東海林さんがおっしゃっていました、親しくなる。親しくなったら友達になる。友達になったらうるさいと思われないですよね。そうすることで、元気にしているかどうかというのが分かると、来なかったときに「なんで来なかったんや」と言ってもらえるぐらい親しくなれる。

　そうしたら、そこに輪のようなものが生まれます。ですから訪問支援という

のもすごく大事だと思うし、出てきてもらって何か一緒にする。それが、お茶を飲むのでも、お菓子を食べるのでも、話をするのでも何でもいいのだと思うのですけど、ただ、1人で閉じこもらない、部屋にずっといない。誰とも話さないというのが、やはりあまりよくないことではないかと。だからそれを解消するような支援を、こちらの方から応援させていただくように、いま準備をしております。

●吉澤　ありがとうございました。お話をしているうちに、お約束の時間がやってまいりました。本日は素晴らしい、東海林さんと吉水さんという浄土宗のすばらしいお坊さん2人と、佛教大学の、京都の大学で、1番若い学長さんの山極学長、そして藤堂先生とご一緒に、いろんなお話ができて、佛教大学仏教学部らしいシンポジウムになったのではないかという気がいたしております。

　本日は、土曜日の夜という、お出かけいただくのに困難な時間に、雨のなかをお出掛けいただきまして、本当にありがとうございました。佛教大学の震災シンポジウムはこれからも続きますので、ぜひ皆さんご来場のほど、よろしくお願いいたします。

（終了）

第2部

歴史学が語る日本人の災害観と地震災害

2011年12月3日（土）

● 趣旨説明 ●

渡邊　忠司（佛教大学歴史学部長）

● 基調講演 ●

Ⅰ〈日本中世史・宗教史〉古代・中世の災害観と信仰
　　今堀　太逸（佛教大学歴史学部教授）

Ⅱ〈近世近代災害史〉災害と社会－幕末・明治・大正－
　　北原　糸子（立命館大学特任教授）

Ⅲ〈自然地理学〉1927年北丹後地震の被害実態と復興
　　植村　善博（佛教大学歴史学部教授）

● パネルディスカッション ●

司会：渡邊　忠司（佛教大学歴史学部長）

パネリスト
　　今堀　太逸（佛教大学歴史学部教授）
　　北原　糸子（立命館大学特任教授）
　　植村　善博（佛教大学歴史学部教授）

●趣旨説明●

佛教大学歴史学部長
渡 邊 忠 司

　本学の歴史学部ができてからやっと2年を経過しまして、こういうかたちで歴史を専門とする学部として、ある意味では最初のシンポジウムとなります。「歴史学が語る日本人の災害観と地震災害」というテーマの趣旨を申し上げたいと思います。

　2011年3月11日の東日本大震災発生から、現在まで8カ月余を経過しております。この災害は、地震、津波、火災、それに加えて原発事故というものが重なって、これまでにない甚大な被災状況が出現しております。

　地球規模での温暖化、環境破壊が進行するなかでの地震、津波、火災、原発事故という災害のかたち、これは、21世紀が、自然災害と環境問題、また、それへの対処が人類の大きな課題となることを示しているといえます。

　東北・三陸地域は、明治期以降、地震、津波の被害（チリ津波も含めて）を三度経験しております。今回が四回目ということで、この地震、津波で、先ほども学長が申しましたように、多くの死者、行方不明者が出ております。

　一度目は明治29年（1896）6月15日の三陸地震・津波、二度目は昭和8年（1933）3月3日の昭和三陸地震・津波、三度目が78年後の東日本大震災の地震・津波で、死者、行方不明者25,800人以上、全壊・半壊だけで約30万個弱などの被害となっています。

　この間、1960年にチリ津波もありました。明治以降、わずか115年間に少なくとも3回の地震・津波による大災害があったということになります。

　地震の発生は避けられないなかで、過去の地震、津波災害の経験や教訓、そういうものが慰霊碑や災害碑、または、地域に残る伝承などで伝えられ、生かされていたともいえますけれども、それらを前提にした防災の考え方や、対策

に不十分さや欠陥があったのではないかと、これからまず検証されなければならないと考えています。

　いま、この大災害に対して、世界的な支援の広がりのなかで、復旧・復興、地域の再生が進められていますが、歴史学の立場から、また歴史と歴史を研究する者として何を語ることができるのであろうかが、このテーマの趣旨であります。

　阪神・淡路大震災以降、史料や歴史建造物、遺跡の保存に対して積極的な対応が採られ、一定の役割が果たされていると言えますが、それらも含めて、現在直面している地震・津波災害からの復旧と復興、支援に、新たな対応が求められています。

　確かに、これまで歴史研究者による、過去の地震、津波に関する研究成果が多く提示されています。災害記録だけではなくて、地震、火災、洪水など、災害時の自発的な施行（せぎょう）や施餓鬼（せがき）、あるいは炊き出しなど、個人、団体（組合）、これは、近世でありますと、仲間とか組合ということになりますが、地域の支援や救援の事実がこれまであったということが確かめられております。

　安政元年（1854）の11月4日の江戸・東海大地震、それから、11月5日には、大坂で地震・津波、また、同、安政2年（1855）10月2日の江戸での安政大地震では、それぞれに地域で炊き出しや生活物資の支援があったことが確認されております。

　こういう施行などの自発的な支援、救援の背景、基盤にあるものが何であるのかということが明らかにされる必要があるかと思います。それは、自然への畏怖であったり、「鯰繪（なまずえ）」に象徴されるような、災害を引き起こす何かがあるのではないかとみる日本人の災害観と関わっているのではないかと思います。

　そういう災害への対処の仕方、災害から教訓をいかに学び、役立ててきたか、それらがいかに変化してきたのかを検証する必要があるかと思います。また、歴史研究者はこれらに答える責務があるだろうと思います。

　本学歴史学部としては、この地震災害を災害観と災害史の観点から歴史学、および地理学による研究成果を提示して、地震災害の捉え方、および今後の災

害軽減策や、復興計画、支援に対して提言することを目的として、このシンポジウムを企画しました。

　これから後、3人の先生方、特に北原先生は、日本の近世、近代の災害史の第一人者です。そして、今堀先生、植村先生のお話を聴きながら、このシンポジウムで私たちも含めて、参加者の皆さんがこれから後、おそらくはまた起こるであろう災害に対して、どういうふうに対処するべきなのかを、歴史的なものの見方から考えて、新たな対処の方法、あるいはものの考え方、あるいは日本人にとっての災害はどういう意味合いを持っていたのかを、あらためて考えていただく契機になれば幸いかと思います。

　以上で趣旨説明を終わります。最後までご清聴のほどよろしくお願いいたします。

●基調講演Ⅰ〈日本中世史・宗教史〉●
古代・中世の災害観と信仰

今堀太逸

災害の歴史と信仰

　私は、日本の歴史のなかで、日本人の信仰と災害との関係について、学んでいます。東日本大地震で罹災されましたご家族、親族、友人をお持ちの皆様には、心からお見舞い申し上げます。

　天空や地上に起こる異常現象やそれによってもたらされる災害は「天変地異」と総称されています。火山の噴火・地震・津波、異常気象による旱魃・冷害・虫害・暴風雨・火事、それに流行病などをあげることができます。自然現象により起こることから自然災害とも称されますが、自然の脅威の前には予防対策は無力なものです。有効なのは被害をいかに最小限にくい止めるかという防災対策だけです。

　科学万能の現代とは違い、前近代、ことに古代・中世社会におきましては、自然災害は神仏や怨霊の怒りだと信じられていました。この怒りを鎮められるのは、神仏への祈祷以外にはなく、災害から国家や民衆を護るために、神社や寺院が建立されました。災害の歴史と神仏創出の歴史は密接につながっているのです。

国分寺と東大寺大仏

　奈良時代、連年の凶作や疫病の流行に対しまして、仏教の持つ鎮護国家の思想によって国家の安定をはかろうとしたのが聖武天皇です。天平9年（737）

に諸国に釈迦三尊像の造立と『大般若経』の書写を命じ、同 12 年には七重塔の建立と『法華経』の書写を命じました。同年に起こりました藤原広嗣の乱は、天皇に鎮護国家を実現する願望をさらに強めることになりました。

翌年の天平 13 年（741）3 月乙巳（24 日）、天皇発願の詔（「国分寺建立の詔」）が出され、護国の経典（国王が仏教を尊崇すれば諸仏が国を守ってくれることを説いた経典）である『金光明最勝王経』を諸国の「金光明四天王護国之寺（国分寺）」に、『法華経』を「法華滅罪之寺（国分尼寺）」に納めることになりました。ついで天平 15 年（743）10 月辛巳（15 日）、に大仏造立の詔を出し、盧舎那仏の金銅像造立を発願（ほつがん）されました。

二つの詔を読んでみましょう。

＊「国分寺・国分尼建立の詔」
　朕（われ）（聖武天皇）、薄徳を以て忝くも重き任を承けたまはる。未だ政化弘まらず。寤寐（ごび）に多く慙（は）ず。
　この頃年穀豊かならず、疫れい頻りに至る。慙懼（ざんくこもごも）交々集りて、唯り労して己を罪す。
　ここをもって、広く蒼生（そうせい）（人民）のために遍く（あまねく）景福（平和）を求む。

＊「大仏造立の詔」
　菩薩の大願を発（おこ）して盧舎那仏（るしゃなぶつ）の金銅像一軀を造り奉る。
　広く法界に及ぼして朕（聖武天皇）が知識（ちしき）（協力者、仏道の仲間）と為し、遂に同じく利益を蒙らしめ、共に菩提を致さしめむ。…人の一枝の草、一把の土を持ちて、像を助け造らむと情願する者あらば、恣にこれを聴（ゆる）せ。

二つの詔にあきらかにされていますように、聖武天皇は国土の平和とそこにくらす人々（国民）の幸せ願って国分寺を建立し、大仏造立を発願したのでした。

百済系の渡来人の子孫である行基は、出家して官寺に入り、のち郷里の河内

に帰り民衆に布教するため、出家の弟子には乞食行を、在家の弟子には布施行を勧め、仏教に奉仕しょうとする信者の集団である「知識（ちしき）」を結成しました。そして、畿内各地にため池などの灌漑施設や橋をかけるなどの社会事業を進めました。大仏造立事業が始まりますと、これに協力することになり、やがて大僧正に任じられました。

　日本国中の道俗貴賤の協力により造立された大仏の開眼（かいげん）供養会は、インド僧・中国僧など1万人が参列する盛儀なものでした。国家を守る鎮護仏教では、所定の寺院で国家の安泰と国民の安穏な暮らしを祈ることが僧尼の役目でした。

　大仏が造立されますと、戒師招請のため入唐していた僧栄叡と普照（ふしょう）は、鑑真に「仏法東流して日本国に至る。其の法有りと雖も、法を伝ふるに人なし」（『唐大和上東征伝』）と渡航を懇請します。天平勝宝5年（753）来朝をはたした鑑真には、吉備真備より「今より以後、授戒伝律一に和上にに任す」との勅が伝えられたといいます。東大寺に僧侶に戒を授け、僧尼となる資格を付与する式壇（戒壇）が設けられ、聖武太上天皇（上皇）以下多くの人たちが菩薩戒を受け、大仏殿の西に戒壇院が建てられ授戒の根本道場となりました。

　東大寺は総国分寺と称され、鎮護国家思想を実現するものだったのですが、これは天皇を頂点とする律令国家の災害の予防と対策の完成でもあったのです。

平安時代　貞観11年　陸奥国の津波と大地震

　遷都があり、平安時代になりますが天皇の親政の時代が続きます。桓武天皇は延暦寺を平安城の鎮守として建立します。延暦というのは年号です。王城の地を守る、日本国を守るということで、年号を寺名にしていることに注意しておきたいですね。

　清和天皇の時代、貞観11年（869）に陸奥の国で大地震、津波が起こり、死者が多数出ました。陸奥の地震を記載した『日本三代実録』をご覧下さい。地

第2部　歴史学が語る日本人の災害観と地震災害　　63

震と津波は5月26日に起こりました。5月の記事は、2日間しかありません。5月5日の端午の節会を停止したことと、この26日の地震だけです。ほかの記事がないので、後世、読む人には非常に印象づけられますね。

『日本三代実録』は、清和・陽成・光孝天皇の三代の編年体の正史、勅撰の歴史書として、藤原時平らにより延喜元年（901）に編纂されたのですが、撰者が大災害であったことを記録として、伝えたいことがよく理解できます。

その年の10月13日に清和天皇が詔を出されています。

　如聞（きくならく）、陸奥の国境は、地震尤も甚しく、或は海水暴（にわか）に溢（あふ）れて患（な）りと為り、或は城宇頻（しき）りに圧（つぶ）れて殃（わざわい）を致すと。百姓何の辜ありてか、この禍毒に罹（かか）ふ。憮然としてはぢ懼（おそ）れ、責め深く予（われ）に在り。

天皇は「責め深く予に在り」と語られています。これは、先ほど読みました国分寺・国分尼寺建立の詔と同様ですね。百姓には責任はないのだと。

　「いま使者をやりて、ゆきて恩煦（おんく）（めぐみ）を布（し）かしむ。使、国司とともに、民夷を論ぜず、勤めて自ら臨撫し、既に死にし者は、尽（ことごと）く収殯（しゅうひん）を加へ」よと。

　また、「其の存（い）（生存者）ける者には、詳に賑恤（しんじゅつ）（施し）を崇（かさ）ねよ。其の害を被（こうむ）ること太甚だしき者は、租調をいた輸（いた）さしむるなかれ。鰥寡孤独（かんかこどく）の、窮して自ら立つ能はざる者は、在所に斟量して厚く支え、済（たす）くべし。務めて矜恤（きんじゅつ）（あわれみ）の旨を尽くし、朕親ら観るがごとくならしめよ」と。

勅撰された6つの正史である「六国史」の伊勢の告文、幣帛を奉ったものを読んでいただいても、同じ文意（「朕の不徳（われ）」）が掲載されています。また、僧侶や陰陽師は自分自身で判断して、活動しているのではないことを理解してお

くことが重要ですね。

　この貞観 11 年の 3 月 3 日に、陰陽寮が今夏に疫病が起こると言上したので、清和天皇は、五畿七道の神社に奉幣し、『金剛般若経』『般若心経』を読誦せよと勅をしています。この記事により、たとえ疫病が流行しても、天皇は未然に対策をしていますので落ち度はなかったのだと、後世の読者は判断できます。そして、この年の歳末は、12 月 30 日の「朱雀門前の大祓（おおはらえ）・大儺（おにやらひ）、常の如くなりき」との記事で閉じられています。

　ところで、東日本大震災との関係でこの貞観の記録を紹介するのに、マスコミは、5 月 26 日の記事しか紹介しないのです。責任は天皇にあるとの当時の災害観が全く紹介されていません。それでは、当時の災害観との関係で、寺院や神社が建立され、僧侶や陰陽師が活動して、日本の伝統文化、宗教が形成されてきたことが理解できません。

　六国史は、天皇が統治する国の歴史が書かれています。ですので、災害が起こったとき、「百姓には罪はない、朕の不徳だ」との責任が記されているのです。このような災害観と僧侶・陰陽師の活動を論じる視点が大切ですね。

北野天満宮と災害

　京都には菅原道真（845〜903）を祀る北野天満宮があります。

　菅原道真は無実の罪で流罪となり、九州の太宰府で延喜 3 年（903）に亡くなりました。そのころ日本では疫病や地震、干ばつといった災害が頻発しました。陰陽寮は無実の罪でなくなった道真のたたりだと占い、道真の霊をなぐさめるための祈祷が僧侶により行われました。そして、道真の霊が京都の北野に廟堂を建立し祀ってほしいと望んでいるとの託宣（神のお告げ）が流布します。

　北野廟堂（びょうどう）の創建には、①火雷天神の託宣により天台僧最鎮による北野寺の創建、②多治比奇子（あやこ）が天慶 5 年（942）に西京七条に構えた「禿倉（ほくら）」（小さなお社）を天暦元年（947）に北野に遷したとの二説があります。その後、廟堂を

中心に堂舎が整備され、護国三部経（『金光明経』『仁王般若経』『法華経』）が安置され鎮護国家の法楽が盛んとなります。天神の託宣に「すでに天神の号をえて、鎮国の思いあり」と見えますように、王城鎮守の神さまとして天満宮が創建されたのです。菅原道真が「天満大自在天神」（以下、天満天神と略称）になりましたのも、死後、天界の梵天・帝釈天のところに参り衆生守護の神になりますと誓い、日本国にもどって天満天神となったのです。

ですから、天満天神はよくいわれますように、たたり神（怨霊の神）ではないのです。天満天神の信仰は、仏教経典に説かれている災害から国土を守護する神々の信仰から生まれたものなのです。

『大鏡』時平伝では、藤原時平（871〜909）やその子孫に怨霊として被害を与える北野天神の物語が登場します。この物語は北野社創建以後に語られる怨霊譚でありまして、京都において死亡直後より天神が怨霊として活躍する物語が展開しています。

道真の霊に対する信仰が世間に流布するなかから、北野廟堂におきましては天神信仰の新たな全国への展開を目指して『北野天神縁起絵巻』が制作されます。序文では、王城を鎮守する神々はたくさんおられるが、とりわけ鎮守の神としての霊験があらたかなのは北野に祀られている天満天神であると宣言されています。

道真の霊を祭神とします天神信仰とは、死後の生命の存続を前提として成立している災害に対する予防と対策だったのです。

日本におきまして、歴史上の人物が鎮守の神として祭祀されますのは、明治以前におきましては、菅原道真の天満大自在天神・豊臣秀吉の豊国大明神・徳川家康の東照大権現の三神です。道真と秀吉は亡くなってから神に祀られたのですが、家康だけは生前の遺言により神に祀られることになりましたので、元和２年（1616年）４月、駿河の久能山（静岡市東部）に神廟が建立されました。その葬祭を行ったのは豊国社の社僧であった吉田神道家の梵舜（1553〜1632）です。翌年下野日光に改葬、朝廷より東照大権現の神号があたえられました。

ところで、現在、菅原道真をまつる天満宮は全国に1万1千余社ありますが、水辺に多いのにお気づきになると思います。ことに江戸時代には水害のあった場所に天満宮が勧請されました。天満宮が道真が雷神であったためですが、鎮守として天満宮を祀ることにより、翌年より、年中行事、法要をつとめることで、記憶にとどめ、住民一同団結して、今後の水害に対応しようとしたためです。

元暦二年の京都大地震

　元暦2年（1185）7月9日、京都に大地震がありました。『平家物語』巻12（「大地震」）は次のように伝えています。

> 平家みな滅びはてて、西国もしづまりぬ。国は国司にしたがひ、庄は領家のまゝなり。上下安堵しておぼえし程に、同七月九日の午刻ばかりに、大地おびたゝしくうごいて良久し。赤県（都をいう）のうち、白河のほとり、六勝寺、皆やぶれくずる。九重の塔も、うへ六重ふり落す。得長寿院も、三十三間の御堂を、十七間までふりたうす。皇居をはじめて、人々の家々、すべて在々所々の神社・仏閣、あやしの民屋、さながらやぶれくづる。くづるゝ音はいかづちのごとく、あがる塵は、煙のごとし。

　六勝寺とは、院政期に白河の地（鴨川の東、左京区岡崎周辺）に造営された寺号に「勝」の字を付けた六つの御願寺のことです。九重塔というのは、国王の氏寺と称された白河上皇御願の法勝寺の八角九重の塔のことでして、院政の中心地にあり、東寺五重塔の57メートルをしのぐ82メートルの大塔でした。得長寿院（同地）とは、平清盛の父忠盛が鳥羽上皇の御願寺として造営したもので、清盛が後白河法皇のために創建した東山の三十三間堂（蓮華王院）と同じ規模で、千体の千手観音像が安置されていました。
　この年の3月24日、壇ノ浦で平家滅亡、安徳天皇（8歳）が入水、天皇と

ともに三種の神器の一つ草薙の剣が海中に没しました。5月に京都に疫病が流行し、六月に東大寺を焼いた平重衡が斬られていますので、都ではこの大地震は怨霊の仕業だとうわさされました。

　　慈円『愚管抄』五
　　元暦二年七月九日午時バカリ、ナノメナラヌ大地震アリキ。…事モナノメナラズ竜王動トゾ申シ、平相国（清盛）竜ニ成テフリタルト、世ニハ申キ。

　　『平家物語』巻12。
　　今度の事は、是より後もたぐひあるべしともおぼえず。十善帝王（安徳天皇のことで、前世　に十善を行った果報として、この世で天子の位につくことできたとする仏教思想による）都を出させ給て、御身を海底に沈め、大臣・公卿大路をわたして、その頸を獄門にかけらる。昔より今に至るまで、怨霊はおそろしき事なれば、世もいかゞあらんずらんとて、心ある人の嘆かなしまぬはなかりけり。

　院政を開始していました後白河法皇は、日本国からの災害の除去を願い、8月14日に年号を文治と改元し、東大寺大仏の開眼供養を急ぎ、8月28日に自らの手に筆をもち入眼されました。鎮護国家の象徴である東大寺の再建は、重源が「南無阿弥陀仏」と名乗り、念仏や『法華経』を勧進することにより達成することができました。
　この大事業に全国の道俗貴賤が賛成し、協力することができましたのは、法然上人の『選択本願念仏集』の万民平等に救済する念仏の教えが、東大寺の念仏勧進の教義として受容されたからであります（今堀「東大寺再興の念仏勧進と『選択集』」、『法然仏教とその可能性』所収、佛教大学総合研究所、2012年）。
　法然上人の伝記では、この半作の東大寺の大仏殿におきまして、上人が浄土

三部経を講義したとされます。法然上人は晩年、南都北嶺（延暦寺や興福寺）の僧侶達の批判により、門弟とともに流罪となりましたが、東大寺は法然上人を弾圧することに、一度も、賛成していません。

参考までに紹介しておきますと、近世の『圓光大師（法然）御遺跡廿五箇所案内記』では、東大寺龍松院は第11番の札所となっています。

第11番　奈良大仏影堂　龍松院
　此いんハもと大仏のくわんじんしよ（勧進所）。しゆんしやう（俊乗）房てうげん（重源）の開基にて、則影堂あり。ぜんどう（善導）大師の像、元祖大師りうそう（立像）の画像まします。大仏殿開眼供養御せつぽう（説法）もんだう（問答）のこと、語燈の録（法然の法語集）御伝本にくわしく書きいださる。御詠歌に、
　　さへられぬ　光りもあるをおしなへて　へだてかほなる朝霞かな
　此の御ゑいかハ、春の題にて、光明遍照のもんを詠給ふ。

日蓮の災害観－善神捨国と謗法－

国土の災害は自然災害であり、いくら神仏に祈願しても災害はうち続きます。日本国の災害の由来となる善神捨国が謗法によるとした日蓮の災害観を考察することにします。

①旅客と主人の災害観

日蓮の代表的著作である『立正安国論』は、文応元年（1260）39歳、当時、頻発した災害の原因を法然の念仏の流布にあるとして、その禁断と正法である『法華経』の弘通による安国実現を説いています。法然門下の念仏者である旅客と主人が対話を交わしながら、災難の由来や謗法の原因などを追及する10段の問答から構成されています。

第1段の冒頭は、主人のもとにやって来た旅客が、頻発する災害を嘆く問答

から始まります。

　近年より近日に至るまで、天変・地夭・飢饉・疫癘があまねく天下に満ち、広く地上にはびこっている。牛馬が巷にたおれ、骸骨は路に充ち、死を招く輩がすでに大半を超え、これを悲しまない族は一人もいない。これらの災害にたいして、さまざまな対策が実施されている。それなのに、飢饉や疫病といった災難は増すばかりである。

　このことに不信をいだいた旅客が主人に、「あれこれと思慮しても、天には太陽も月もかがやき、五星も珠のように連なり輝いている。世には仏法も在り、天子の御代も百王には至っていない。それなのに、この世が早く衰え、何故か仏法・王法が廃れてしまっている。これはどの様な禍（罪）によるのか、またどの様な誤りによるためなのか」と問いかけます。

　この問いかけに、主人が「世間の人々が皆正法に背いて、悪法を信じている。そのために、（国土を守護してくれる）善神たちが国を捨て（天に帰ってしまい）、（正しい教えを伝える）聖人も各地から辞任して帰ってくることがない。そのために、（日本の国土には）悪魔や悪鬼がやって来て、災難を起こしている」と答えます。

　主人（＝日蓮）は、災害にたいする対策が実施されていないのではなく、効力を発揮していないことを問題とするのです。

　第2段は、災害が起こる由来についての問答です。

　客は、天下の災い、国中の難を嘆いているのは自分一人だけではない、皆が悲しんでいる。「神聖去り辞し、災難並び起こる」とは何れの経に見えるのか、その証拠を聞かせてほしいと頼み込みます。

　主人は『金光明最勝王経』『大集経(だいじっきょう)』『仁王経』『薬師経』の経文をひき、「夫れ四経の文朗(あきら)かなり。…故に天上世上、諸仏衆経に於て、捨離の心を生じて、擁護の志なし。仍って、善神聖人、国を捨て所を去る。是を以て、悪鬼外道、災いを成し難を致す」と語り、世間の人々がことごとく正法に背き悪法にしたがったために、国土を守護する善神がこの国を捨てて天に帰り、正しい教えを伝える聖人も国土を去って日本に帰ってくることはない。そのために、日本の

国土には悪鬼・外道がやってきて満ちあふれている。だから災難がうち続いているのだと説き明かします。

　日蓮は、仏教経典に説かれていることは、すべて事実・真実であるとの信念のもと、国土の災害の原因と結果を、すべて仏法－仏教経典－により説明し解決するとの立場を強調します。そして、日本国の災難は、国土に悪魔や悪鬼が満ちあふれ、彼らが原因で引き起こされているのだとの災害観を提示するのです。

②災害と謗法の禁断

　日蓮は、仏典によると国土の災害を引き起こす悪魔や悪鬼がはびこるのは、謗法による善神捨国にあるとして、日本における謗法の禁断をもとめます。第7段の国土の災害への対処の問答では、現実の国土の災難への具体的な対処の方法を示しています。

　客は、災難の起ることが、法然の『選択本願念仏集』に因ることはようやく理解できてきた。天下泰平・国土安穏は君臣の楽（ねが）うところであり、土民の思うところである。国は法によって昌え、法は人により貴い。国が亡んで人が滅したなら仏を誰が崇めるのか、法を誰が信じるのか。先ず国家を祈って、すべからく仏法を立てるべきである。もし災を消し、難を止める術があるなら聞きたいものだと尋ねます。

　主人は、経文には顕然のことである。私の詞を加えたものではないと断ったうえで「仏道に入って、数（しばしば）愚案を廻らすに、謗法の人を禁じて、正道の侶を重んぜば、国中安穏にして天下泰平」となると語り、謗法の人の罪は重く死後は地獄に堕ちると説くのです。

　第8段では謗法禁止の問答を載せ、第9段では客に法然「聖人」の『選択集』の誤りをはっきりと理解させます。『選択集』に諸仏・諸経・諸菩薩・諸天等をもって「捨閉閣抛（しゃへいかくほう）」に載せていること、その文に明らかであるとして「茲に因つて聖人国を去り、善神所を捨て、天下飢渇し、世上疫病す」ということを了解した旨を主人に告げます。

第2部　歴史学が語る日本人の災害観と地震災害

主人は客に対して、当座には信じても、後には定めて永く忘れるものである。もし先づ国土を安んじて、現当を祈ることを欲すのであれば、すみやかに情慮を廻らし急ぎ対治を加へよ。また、自身の安穏を願うためにも、まず天下の静謐を願え。人々は後世を恐れて邪教を信じ、あるいは謗法を尊んでいる。邪義の詞を尊ぶことはないのであり、間違った教えに固執していたなら、かならず死後に無間地獄に堕ちることは経文に説くところである。早く信仰の寸心を改めて、すみやかに実乗の一善（『法華経』）に帰すべきことをすすめます。そして、最後の第10段は、謗法の対治を領解した客の詞で終わるのです。

③諸天善神と悪鬼－護国経典と悪鬼神－

日蓮の災害観の思想的基盤になっているのは『金光明最勝王経』であることは、『立正安国論』執筆の前年正元元年（1259）に著わした『守護国家論』の次の記載からも明らかです。

> 一向念仏者、法華経の結縁を作すをば往生の障と成ると云ふ。故に捨離の意を生ず。此の故に諸天、妙法を聞くことを得ず、法味を甞めざれば威光勢力有ること無く、四天王并に眷属此の国を捨て、日本国の守護の善神も捨離し已んぬ。故に正嘉元年に大地大いに震い、同二年春の大雨に苗を失ひ、夏の大旱魃に草木を枯らし、秋の大風に菓実を失ひ、飢渇忽ち起りて万民逃脱せしむること、金光明経の文の如し。豈選択集の失に非ずや。仏語虚しからざるが故に、悪法の流布有りて既に国に三災起れり。而るに此の悪義を対治せずんば、仏の所説の三悪を脱る可けんや。

日蓮が『立正安国論』において引用している経文のなかで、『金光明最勝王経』とともに注目したいのが『大集経』『仁王経』からの引用です。この三つの経文は彼の著述（『守護国家論』『災難興起由来』『災難対治鈔』等）において繰り返し引用しています。ことに『立正安国論』では、『大集経』「護法品」と『仁王経』「護国品」は第二段と第九段の問答の2度にわたり引用されてい

ます。

◇『大集経』「虚空目分中、護法品」（『大正蔵』第13巻、173上頁）
若し国王あって、無量世に於て、施・戒・恵を修すとも、我が法の滅せんを見て、捨てて擁護せずば、是の如く種うる所の無量の善根、悉く皆滅失して、其の国に当に三の不祥の事あるべし。一には穀貴、二には兵革、三には疫病なり。一切の善神悉くこれを捨離せば、其の王教令すとも、人随従せずして、常に隣国の為に侵嬈せられん。暴火横に起り、悪風雨多く、暴水増長して人民を吹漂し、内外の親戚咸く共に謀叛せん。其の王久しからずして、当に重病に遇ひ、寿終の後、大地獄の中に生ずべし。乃至、王の如く、夫人・太子・大臣・城主・柱師・郡守・宰官も亦復是の如くならん。

◇『仁王経』巻下「護国品」（『大正蔵』第8巻、830上頁）
国土乱れん時は先づ鬼神乱る。鬼神乱るるが故に万民乱る。賊来って国を劫し、百姓亡喪し、臣君太子、王子百官、共に是非を生ぜん。天地怪異し、二十八宿・星道日月、時を失い、度を失ひ、多く賊の起こることあらん。

◇『仁王経』巻下「嘱累品」（『大正蔵』第8巻、833下頁）
人、仏教を壊らば、復孝子なく、六親不和にして、天神も祐けず、疾疫・悪鬼、日に来つて侵害し、災怪首尾し、連禍縦横し、死して地獄・餓鬼・畜生に入らん。若し出でて人と為らば、兵奴の果報ならん。響の如く影の如く、人の夜書するに、火は滅すれども字は存するが如く、三界の果報も亦復是の如し。

『安国論御勘由来』には、正嘉元年（1257）の地震につづき、同2年8月1日の大風、同3年の大飢饉、正元元年（1259）の大疫病、同2年の四季を通じ

ての大疫病の蔓延など、この天変地夭・飢饉・疫病等に驚いた国主（幕府）が種々の祈祷を申しつけたにもかかわらず、何の効果もあらわれなかったと記載しています。

そして、法然と大日の二人の体内に悪鬼が侵入したために、念仏・禅宗という悪法をひろめたとし、諸神が『法華経』の法味を味わうことができず、国土を去ったことを指摘するのです。

　　後鳥羽院ノ御宇建仁年中、法然・大日トテ二人ノ増上慢ノ者有リ、悪鬼其身ニ入テ、国中ノ上下ヲ狂惑ス、代ヲ挙テ念仏者ト成リ、人毎ニ禅宗ニ趣ク、存ノ外ニ山門ノ御帰依浅薄ナリ、国中ノ法華・真言ノ学者棄置レ了、故ニ叡山守護ノ天照太神・正八幡宮・山王七社・国中守護ノ諸大善神、法味ヲ喰ハズ威光ヲ失ヒ、国土ヲ捨テ去リ了、悪鬼便ヲ得テ災難ヲ至シ、結句他国自リ此国ヲ破ル可キ先相勘ル所也、

さらに、「與北條時宗書」では、国家の安危は政道の直否にあり、仏法の邪正は経文の明鏡による。この国は神国であり神は非礼を禀けたまわない。天神七代・地神五代の神々、そのほか諸天善神等は一乗擁護の神明である。よって『法華経』をもって食となし、正直をもって力となしているとし、そのことを証すのに、

　　法華経云、諸仏救世者、住於大神通、為悦衆生故、現無量神力、於一乗棄捨之国、豈善神不成怒耶、仁王経云、一切聖人去時七難必起矣、…今日本国既ニ蒙古国ニ奪レントス、豈ニ歎カザラン乎、

と『法華経』『仁王経』の経文を引用しています。

④念仏の勧進と災害

　日蓮とその門下における布教手段としての文書伝道においては、鎌倉幕府に

よる種々の祈祷が何の効果もあらわれないことが盛んに強調されています。鎌倉幕府の日記体の記録であります『吾妻鏡』による限り、『立正安国論』に効力がなかったとして紹介されている祈祷とは一致するものもありますが、実施されていないもの、実施されていたにもかかわらず紹介されていないものもあります。

　また、『立正安国論』に指摘する法然の念仏は、当時の法然門流の布教活動の実態を述べたものではないと思います。当時の法然門流の布教活動は、関東における念仏信仰による国土の繁栄を願ったものでありまして、仏法による関東の安穏を願ったものでありました。

　嘉禎3年（1237）に鎌倉で制作された法然の最初の絵伝であります『伝法絵流通』（久留米善導寺蔵）においても、そのことは指摘できます。

　また、関東で法然の念仏を勧進していた親鸞の門流においても、念仏による国土の守護が説かれていました。そのよりどころとなった仏典は、やはり『金光明経』（曇無讖訳）であり『金光明最勝王経』でありました。親鸞は『現世利益和讃』において、

　　阿弥陀如来来化して　息災延命のためにとて
　　　　　　金光明の寿量品　ときおきたまへるみのりなり。

とうたい、来化を「きたりてあはれみたまふ」。息災延命を「しちなんをとゞめ、いのちをのへたまふなり」。寿量品を「このしゆりやうほむは、みたのときたまへるなり」と仮名で解説しています。

　念仏をとなえることにより、仏典にとく諸天善神の擁護をこうむることになることを、

　　南無阿弥陀仏をとなふれば　梵王帝釈帰敬す
　　　　　　諸天善神ことごとく　よるひるつねにまもるなり。
　　南無阿弥陀仏をとなふれば　四天大王もろともに

　　　　　よるひるつねにまもりつゝ　よろずの悪鬼をちかづけず。
　　南无阿弥陀仏をとなふれば　堅牢地祇は尊敬す
　　　　　かげとかたちのごとくにて　よるひるつねにまもるなり。
＊悪鬼を「あしきおになり」、堅牢を「このちにあるかみ」、地祇を「ちよりしたなるかみをけんらうちきといふ」、尊敬を「たうとみうやまふ」と解説。

とうたっています。
　親鸞門流において使用されていました談義本（布教のテキスト）である『神本地之事』『諸神本懐集』においても、国土に災害をもたらす悪鬼・悪神を「実社神」、彼らから守護する善神を「権社神」として、念仏信仰の人たちを、災害から善神が擁護してくれると説いています。
　日蓮は、上記のように、謗法の原因を念仏宗と禅宗にもとめました。とりわけ第一番に法然の『選択集』にもとめ『立正安国論』を執筆しました。しかし、日蓮の生きた時代には、法然の『選択集』の念仏思想を貞慶や明恵が批判したような布教活動は、法然の伝記『伝法絵流通』や親鸞の和讃においては展開されていませんでした。むしろ専修念仏による王法仏法の興隆を説く布教活動が国家的な危機ととらえられ、日蓮とその門下においては、専修念仏に対する批判活動が勢いづいたのではないでしょうか。

おわりに

　もう一度、最後に強調しておきたいのは、我々現代人と異なり、死後の生命の存続を前提として成立している災害に対する予防と対策のことです。
　災害の歴史は神仏にたいする信仰創出の歴史でもあったのです。地震・飢饉・疫病等の災害は死の恐怖を身近に感じさせましたが、死を超えた大きなひろがりをもつ生死観を確立させたことも確かなことではないでしょうか。
　マスコミに登場する僧侶・宗教学者は、明治期におこった神仏分離以後の神

仏観で宗教（信仰）を論じることが多く、日本史の展開するなかで、時代と社会が要求する神仏にたいする信仰が創り出されてきたことが看過され、一般人が日本の宗教文化（年中行事や習俗慣習）の思想基盤を理解することが困難なものとなってきています。

　本日報告しましたような、災害観と信仰を研究することも必要なのではないでしょうか。

参考文献
＊今回の報告は下記の今堀著述に基づいています。
　『神祇信仰の展開と仏教』（吉川弘文館、1990年）、『本地垂迹信仰と念仏』（法藏館、1999年）、『権者の化現』（思文閣出版、2006年）、「東大寺再興の念仏勧進と『選択集』」（『法然仏教とその可能性』、佛教大学総合研究所、2012年）、「念仏・法華経の信仰と孝経－鎌倉仏教研究の課題と検討－」（池見澄隆編『冥顕論』、法藏館、2012年）。

（いまほり　たいつ　佛教大学歴史学部教授）

● 基調講演 II 〈近世近代災害史〉●

災害と社会
―幕末・明治・大正―

北原糸子

　ただいまご紹介いただきました、北原と申します。これから40分ぐらい私の話にお付き合いいただきたいのですが。私は、立命館の歴史都市防災研究センターにいま所属しておりますが、住まいは横浜の方で、たびたび京都には来ているのですけれども、月に1、2回京都に来るだけなので、京都のことはほとんどよく分かっていません。

　だいたい関東圏で災害研究をしておりましたので、その方面のお話が中心になるかと思いますが、こちらの方からお話をせよということで受けました内容は、幕末から大正ぐらいまでの災害を具体的に取り上げ日本人の災害観についてもお話しをするようにとのことでしたので、このようなタイトルにさせていただきました。

　パワーポイントでお話をするのですが、お手元の方の配布資料の2枚目ぐらいに、何をお話しするかがちょっと簡単に書いてありますので、ご覧いただきたいと思います。

　さて、幕末と言いましても、10年ぐらいの幅を取りますと、長野の善光寺地震災害があります。1847年、弘化4年に起きるのですけれども、それ以降、その後7、8年して、先ほどちょっと渡邊先生よりご紹介がありましたように、安政東海、南海地震とか、その前に嘉永地震がありますし、連続して大きな災害が続きます。安政の江戸地震で、いわば打ち止めになります。その間、5、6回、大きな災害があるのですね。

下田を襲った安政東南海地震

　そのなかで、1つだけ幕末として取り上げさせていただくのは、これからお話を致します安政東海地震。下田という所はご存じかと思いますけれど、伊豆半島の突端にあります。そこは、いろいろな津波の災害を受けるところでもありますが、この1854年というのは、ちょうどペリーがこの前年に港に入るのですが、翌年にロシアのプチャーチンが軍艦でここに入ります。津波に遭ってその軍艦も難破する、いわく因縁の港なのですね。そこで、災害を受けた場合に、どんなふうに復興を図られるのかということを調べました。

　それから、安政江戸地震。それは、翌年に江戸で被害を受けます。いわば、江戸というのは、この時期の惣城下でありますので、国が本気になってやるのかなと思われるでしょうけれども、ちょっと財力がなくなっている、力がなくっているので、下田の港で復興をやったほどには力を入れていないのが分かりますので、その辺をお話しします。

　それから、明治になって大きな災害は、あまり起きておりません。地震災害で言えば、濃尾地震が、いまなお内陸最大級ですが、マグニチュード9の東北の東日本が起きましたが、それまでは内陸地震としても、最大規模の地震であったわけです。人的被害の最大は10万5千人が亡くなった関東大震災ですが。

　濃尾地震はちょうど、1891年、明治24年ですので、日本の国が近代化に向けていろいろな装備をしている途上で、地震によって瓦解するものが多かったので、国家は大変なショックを受けます。それから、関東地震。この4つを中心にお話をするつもりです。

　ちょっとたくさんお話の中身を用意してしまったので、少し省略しながら、40分のなかでお話をさせていただきます。

　先ほどお話ししましたように、安政の元年、1854年、旧暦では11月4日ですけれども、新暦、グレゴリオ暦に直しますと、12月24日で、かなり寒い時

期なのですね。駿河湾沖の海底が動きましたので、現在は推定マグニチュード8.4となっています。

　歴史地震といいますと、マグニチュードなどをどういうふうに決めるのかと思われるでしょう。当然、現在の地震学で、それを推定するわけですので、まず、どんな被害があったのかの資料で、地震学の先生が被害の地点を探っていきまして、地図に落としていきます。

　それで、被害が1番大きい所が震央となりますが、それだけでは地震のメカニズムは分かりませんので、これに対応するような、現在計測ができている、近代地震学で解剖可能なデータをそれに重ねますと、これはこういう規模だと推定できるということです。

　歴史地震というのは要するに計測ができない、古文書からいろいろなことを推測するわけですので、それを近代地震学の基盤に乗せて推定すると、こういうマグニチュードとか、幕末の地震は、ほとんどそういうかたちで、いろいろと考察がなされているということです。

　この時期、先ほどお話ししましたように、1853年にペリーが来たときは、春だったのですね。下田の港は春の時期は大変いい気候だそうです。それで、ペリーは「大変いい所だ」が、江戸まで行かせろといろいろ交渉があって、ともかく、ペリーは、来年もまた来るよと言い残して去ります。その間、日本は戦々恐々としていますけれども。

　翌年来たプチャーチンは、旧暦の10月15日、下田に入港するのですね。まず、長崎に来て、長崎から追い払われて大坂に行きますね。大坂から今度は、どうしても下田に行けというので、下田に停泊する。

　本当は、江戸湾に入りたいわけですけれども、取りあえず下田で交渉が始まる。11月の3日から、プチャーチンと当時の勘定奉行の川路聖謨（かわじとしあきら）が交渉します。その翌日に津波にやられるのですね。

　下田は、行ったことのある方はご存じだと思いますが、山がずっと回りにあるんですね。その麓に寺院があります。そういう所が日露交渉の場になりますので、川路聖謨などの、いろいろな幕府の使節が来ていて、津波が来ると、す

ぐ、そのお寺から山に上って逃げています。

あまりはっきりと書かれていないけれども、江戸の町奉行の与力、同心、これは警察権力なのですけれども、そういうものは江戸時代の社会にはないので、江戸からそういう人たちが来て、かなり津波でやられて死んでいるようです。ある数では、200人という数字がありますけれども、ちょっとそれほどまでではないだろうと思いますが、ともかく、そういう規模で津波が押し寄せます。

下田の町は、千軒ぐらい家があり、900軒以上流されても、人は99人ぐらいしか亡くならなかったのですけれども、下田の町は、高潮とか津波とかにしょっちゅうやられていますので、そういう訓練ができていた。

これは、ロシアのプチャーチンに付いてきたモジャイスキーという人が絵を描いているのですが、これは、停泊してすぐの、津波が起きる前ですね。これがロシアの軍艦です。こちらが下田の港。そして、ここに漁船がいっぱいある

図1　モジャイスキー絵　津波来襲前の下田港（ロシア中央海軍博物館蔵）

という光景です。

図2 モジャイスキー絵 津波来襲時の下田港（ロシア中央海軍博物館蔵）

図3 モジャイスキー絵 津波来襲後の下田港（ロシア中央海軍博物館蔵）

これはちょうど津波に襲われたところを描いたとされているのです。本当かどうかが疑問視されていましたけれども、今回の津波で、皆さん、津波がどういう波で押し寄せるのかというのをビデオ、テレビで見たと思うのですけれど、段波、これは、ずっと1列になってやってきますよね。それがよく描かれていると津波の専門家は言っていますので、実際にモジャイスキーが経験したものを見て、描いたものだろうと言われています。

これは、都司嘉宣（つじよしのぶ）という地震学者が、東海地震の場合、どの辺の震源で、どこにどのくらい津波が押し寄せたかという、高さをここで表しています。こういうふうに、下田の津波は結構高い。でも、下田の港はずっと奥に入っていますが、6メートルぐらいの津波であったと言われています。ロシアの司祭の方も船に乗ってきていますが、その人の記録では2回目の方が強かったと書いています。

幕府は、ここに非常に厚い救済策を与えます。それはどうしてかというと、

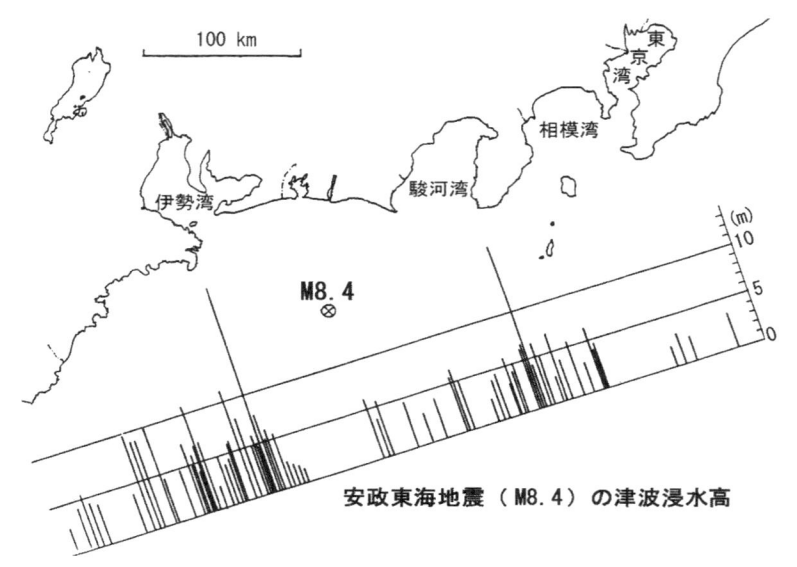

図4　安政東海地震（M 8.4）の津波浸水高（都司嘉宣作成）

第 2 部　歴史学が語る日本人の災害観と地震災害

要するに、ここで日露の国家間交渉が行われているわけですので、早く復旧しないことにはまずいわけですね。ここが駄目だから江戸へ行くと言われたときには、大変消耗なわけです。江戸湾には絶対に入れないという方針ですので。

　下田の港で交渉をして、幕府からの司令を受けるのは、下田の港から船ではなくて、飛脚で走っていくのですね。大変な距離で 1 週間かかります。そういうゆっくりした交渉ではあるのですが、ともかく津波にやられたということで、幕府はここに 1 万両のお金を投下します。そして、無利息 10 カ年賦というかたちで、返す義務はあるのですけれど、利息はなしです。この災害に限りませんけれども、だいたい幕府がやる江戸時代の、各藩に与える救済金は、貸付金、無利息で 10 カ年賦が基本ですね。

　それから、波除（なみよけ）堤をつくるお金。要するに、これは現在の失対事業と同じですので、現地の人を使って堤防をつくり直すというようなことです。いま行きますと、欠乏所というのがあった場所に説明版がありますけれども、ものが欠乏したときに、ロシアの人たちがものを買う場所、要するに商品交換所なのですね、ここで売買をやるわけです。そういうふうなものも流されてしまったので新たに作る。そして、奉行所も新しくつくるというようなことをやります。

　これが当時の下田の港（図 1 参照）。ここの所が犬走島といっていまもありますが、ペリーはこの辺に上陸した。先ほどの絵は、この辺からずっとこっちを見ている感じですね。これがいまかすかに残っています。

　こちらの方が駿河湾沖で、こちらの方から津波が来ますので、150 年前に宝永の大きな津波があったときも、ここもやられている。関東地震は、相模トラフという、神奈川県沿岸の海溝が震源ですので、下田にはあまり高い津波は来なかったと言われています。地図の専門家がいる前で恐縮ですけれども、江戸時代には、3 都以外の都市図で印刷されたものは残されていないと思います。

　ただ、港がこういうかたちで外国交渉の場になりましたので、いろんな人たちが入るので、江戸の山城屋という地図を発行する株を持っている本屋さんが、これをつくって売り出しているのですね。

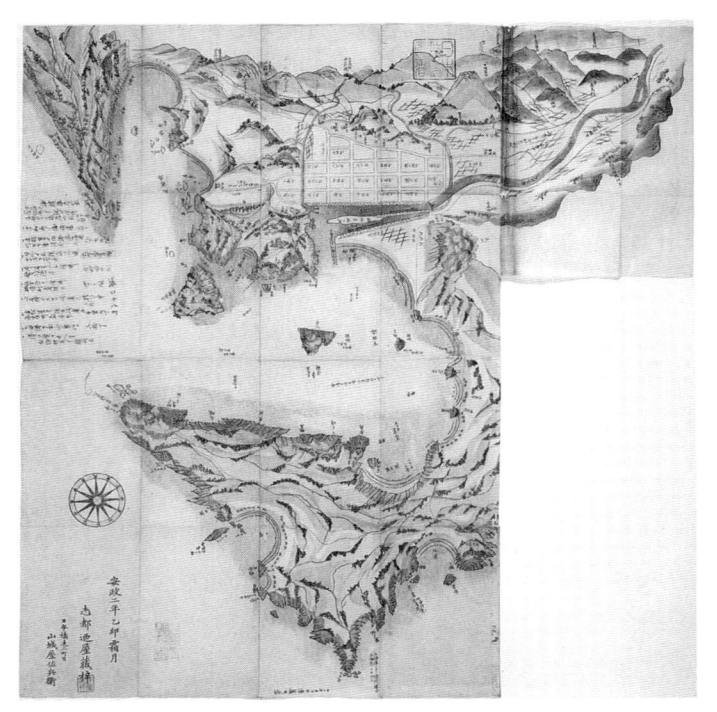

図5　駿河湾沖　安政二年志都廼屋蔵梓（国立公文書館蔵）

　復興の実態は、このように先ほどお話ししたとおりで、被害そのもの、人の死は少ないですけれども、家屋はほとんど流される。だから、復興に大変努力をするわけです。それと、いろんな人たちが来ていますので、旅館には手厚いお金を与える。与えるというか、返済の義務がありますが、先ほども申し上げましたように、大旅宿には1軒70両という大金を幕府から出して、それも10カ年賦で無利息というかたちです。

　ところが、安政6年（1859）に下田は閉鎖されて、神奈川開港が決まります。そうすると、借金だけが残り、下田はそこで極端に寂れていくわけです。津波災害などの災害と国家の力の入れ方で地域そのものがどうなるかというのは、国の判断によっていますから、非常に不安定な状況だった。

これは大災害ですから、そういうことではありますけども。お金がいったんは大変入るので、ウハウハするということもあるのでしょうが、しかしその後、大変な悲惨な状態が待ち受けている、つまり、多額の借金だけが残るということになります。

善光寺災害でもそうですが、江戸時代での場合は、領域を越えてお金が落ちるとかいうようなことはありません。関東震災のときにお話しするように、義援金が各地から集まるなんてことをほとんどありませんので、自力で自分たちで再興するのが基本ですけれども、下田の場合は特殊な意味を持っていましたので、こういう事態になります。

安政江戸地震について

では、江戸はどうなのかですが、江戸地震は、ご存じだと思いますけれども、安政2年10月2日夜、起きました。これは、グレゴリオ暦では11月11日、寒くなるときです。これはマグニチュード6.9とか7と言われていますが、あまり大きい揺れではなかったと言われているのですが、記述を見るとそうでもない。

どんっと来て、本当に歩けないぐらいの強さで、たくさんの人も亡くなるとありましたので、これは、都市特有の、密集した家屋に住んでいるという例もありますから、震度だけの問題で片付けるわけにはいかないのですけれど。

大名屋敷でもたくさんの人が死んでいます。だいたい、大名屋敷とか旗本屋敷の死者の数は分かりません。なぜ分からないかというと、江戸の場合は、大名屋敷に人がどれぐらいいるかは、治外法権で幕府の力が関与しない。

それから、旗本、御家人のお屋敷に関しては、分かるのだけれども、おそらく維新のときにほとんど焼かれただろうというのがあるのと、もう1つは、旗本の親玉はいるのですが、その陪臣、家来の家来ですね、そういう人たちに関しては、幕府が直接関与しませんので、そのなかで何人雇おうとも分からない。

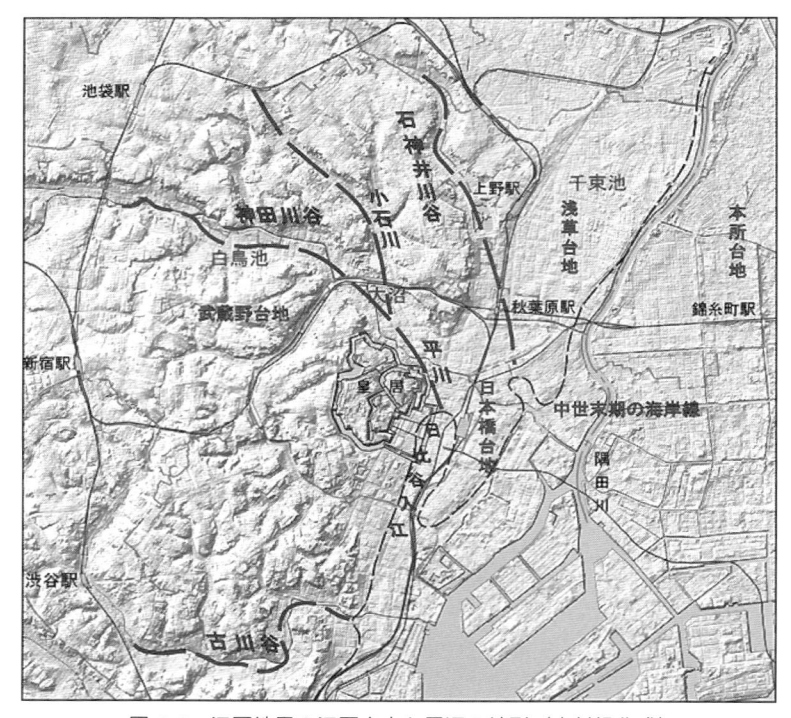

図 6-1 江戸地震の江戸市中と周辺の地形（中村操作成）

　ただ、もちろん規定がありまして、石高で規定されますので、何人の行列をつくらなくてはいけないとありますけれども、やはり、それほど膨大な人を抱えているわけではない。でも、その数は、はっきりしない。おそらく、旗本、御家人屋敷では、たくさんの被害が出ただろうと思いますけれども、数字は分かりません。
　地形だけで考えますと、江戸の地形は台地と低地から成り立っていますので、谷筋のところへ入るところは、だいぶやられております。こちらは地形。こちらは震度分布をそれに重ねたものです。そうしますと、地盤の悪い低地のところが結構やられています。
　だいたいこの辺が大名屋敷、それから、ここが江戸の本所、深川の辺です

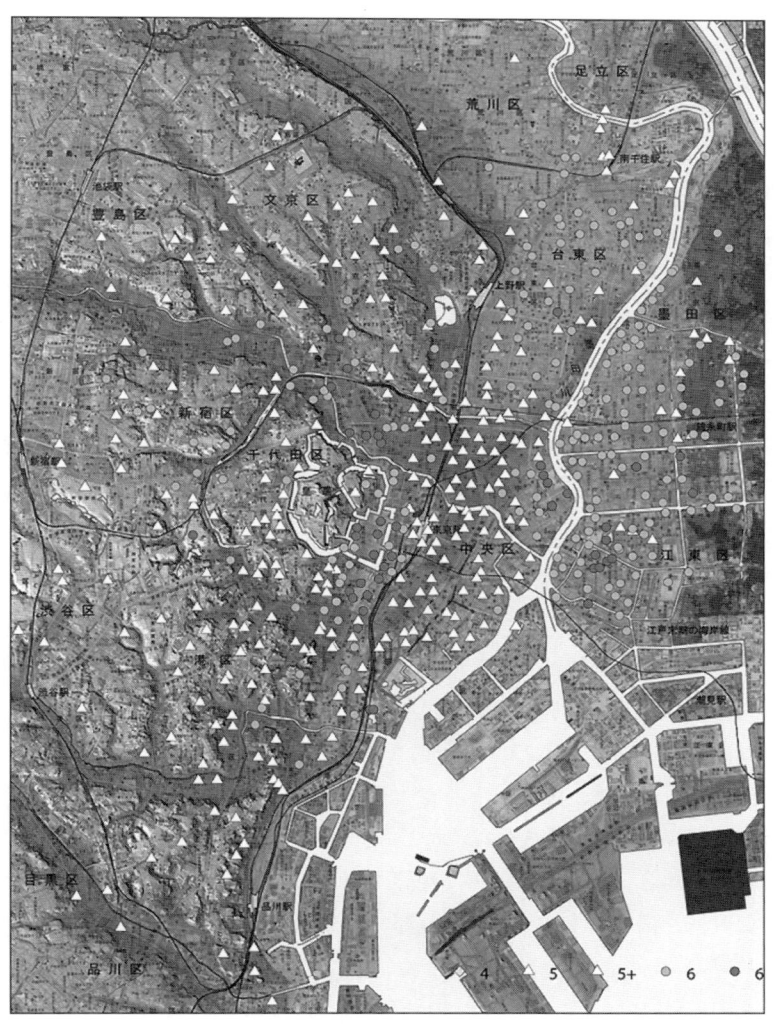

第 2 部　歴史学が語る日本人の災害観と地震災害　　　　　　　　　87

図 6-2　江戸地震　江戸市中の震度分布　中村操作成
（背景は国土地理院のデジタル標高地形図東京都区部）

ね。これが隅田川になります。こういうわけですので、地盤に反映された災害を受けています。大名屋敷の図を抜いてしまったので、ちょっと分からないのですが、旗本屋敷の分かるだけを見ます。被害のあった屋敷を地図に落としますと、こんなふうになります。

　幕府の方で、このぐらいの救済金が必要だろうなと計算したのが9万両なのですね。その基礎になる数値は、この時期の旗本数や御家人数は分からないので、寛政期の数値で計算して、だいたい旗本5千と御家人1万2千家ぐらいと考えていいのですけれども。

　そのうちの家屋の倒壊率は、平均すれば80パーセント。大破も半壊も入れてあるのですけれど、家屋が80パーセント以上倒壊していて、そうすると、誰も死ななかったわけではないわけですが、数字が出てこないのですね。大名屋敷については、各藩の数から考えると、おそらく2千人ぐらい、少なくとも大名屋敷のなかで死んでいるだろう。しかし、大名は誰も死んでいません。

　それから、意外なことに、藩邸のなかの百姓がだいぶ死んでいるのですね。つまり、地元から雑役に徴集する、そういう人たちが非常に条件の悪い所に住まわされたのだろうと思うのですが、また、慣れない場所だというのもありますよね、そういう人たちの死亡率は非常に多いです。

　津軽藩などは、全体で79人の死者を上げているのですけれども、そのうちの半分ぐらいが百姓、現地から来ている人ですね。武士身分ではないのです。各藩全部同じだとは言えませんけれども、とにかく、そういう数です。

　水戸藩の場合は、有名な戸田とか藤田東湖などが亡くなっていますけれども、これは、藩士の小屋というか長屋で、53人ぐらい死んでいますので、大変な数です。

　町家の場合には、はっきり分かります。町奉行の調査がありまして、家屋の倒壊、死者、負傷者の数は合わせてだいたい7千人ぐらいということになります。吉原は別の数字で、1千人ぐらいが焼け死んだということです。町家の分布は、この灰色のところなのですけれど、被害のあったところを赤く塗ったのがこの図になるわけです（図7）。

町人地被害図

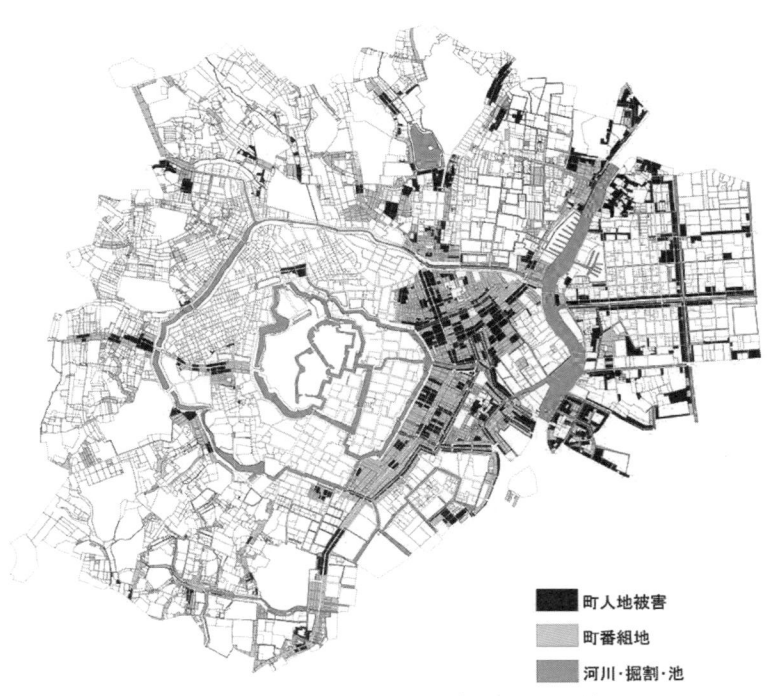

図7 江戸地震 町屋の被害（北原糸子作成）

　私はいま、文政京都地震を調べているのですけれども、京都は全然こういう数字が分からないのですね。やはり史料のありようが全然違うということをしみじみ感じました。そして、町そのものの結束が強い。でも、京都町奉行が調べようとしても、その生の数字が上がってこないのではないかなと思うのです。

　京都文政地震は、文政13年5月にあった地震ですけれども、町家で280人亡くなっているというのですね。でも、その基礎数値が全然分からないのです。そういうふうに、江戸などとは違うなあと調査をしながら感じているとこ

ろです。

　それはともかくとしまして、幕府の救済策は、この時期には、大名屋敷でも、被害を受けたところに全部貸し付ける余力はなくなっています。お台場を建設しなければならない海防問題がありますね。そちらの方にほとんど頭が行っています。

　役職のある大名の屋敷は江戸城の周辺にありまして、地盤の弱い所にあります。こういう若年寄たち、寺社奉行、町奉行、火の見のある所が倒れたり、焼けたりしますけれども、そういう大名、役宅に住んでいる人に限って、1万両から5千両の貸し付けをする。これも当然10カ年賦、無利息で返済ということです。

　旗本の場合は、先ほど言いましたようなかたちです。1番低いレベルの御家人層に関しては、これは被下金（くだされ金）といって、救済金を与えるというかたちです。町家の場合には、町会所という寛政の時期につくられましたものから、いろんな救済策が出されることになりますけれども、ほかに、1万5千両の施行金ですね。いまで言えば義援金ですけれど、各所から集まって、町の人たち、困っている人たちに配分される。

　お救い小屋も5カ所、あと1カ所を寛永寺がつくりますので、6カ所になりますけれども、それは、だいたい2千500人ぐらい収容して、翌年の1月の半ばぐらいで閉じられるということですので、いまのような避難所のイメージとは全然違います。

　それから、先ほどの幕末の救済で考えますと、国家的な危機を優先していることは言えると思います。江戸の町がやられても、国家的危機であることには違いないのですけれど、江戸城のなかは被害が分からないというか、見ても、書いてはいけないということで、ほとんど外へ漏れていません。

　江戸城の石垣は外から見えますね。石垣がだいぶ崩壊しているのですが、それに関しては、いままでは、お手伝い普請で大名に命じているのですけれど、この場合には、お台場を建設するのを各大名にやらせたりしていますので、できない。だから、幕府が2年ぐらいで3回に分けてやっています。

水道は、玉川上水とか、神田上水ですけれども、これは、だいたい木樋ですので、継ぎ目がずれてしまいますね。それで水が漏れますので、これは緊急にやります。玉川上水の本管は多摩川の羽村から引っ張ってきた水をいまの新宿御苑の入り口あたりから江戸市中へ配水されます。四谷通りの下には本管の石樋ですが、やはり石樋がずれてしまって、道に水が漏れている状態が続くので、すぐに対応しているという余力がなかったと考えられます。江戸城下の救済や復興策は民間任せと言えると思います。

　こういうかたちで災害を見る視点というのは、国がどうしたか、行政がどうしたかという側面と、別の視点に立てば、民間相互でどういう救済、どういうふうに助け合いをやったのかという視点で見ることができます。

明治以降の大災害について

　近代で国の救済がどうしたのかという話を致します。

　近代国家の場合、災害救済法と呼べるようなものは、明治13年（1880）に「備荒儲蓄法」ができます。これは、農民の救済を基本にしていて、地租を確保するために、凶作にあった農民の救済をする。そうしないと地租が安定的に取れない。そのためのものですので、最初、法律をつくるときに大都市を抱える府知事などから抵抗があったりするのですけれど、それは別途少し違ったかたちで適用することで収まって、明治13年後半からこの法律が施行されます。

　濃尾地震はこの救済法によるのですが、実は、それだけは、とてもじゃないけど濃尾地震でやられた建物の被害は間に合わない。予想外に被害が大きい。東海道線は長良川鉄橋がつぶれてしまって、非常に力を入れていた鉄道が、このときに崩壊します。

　イギリスの技術を持ってきていて、向こうではあまり鉄道が崩壊することはないので、日本の地震でこうなったと、イギリスのロンドンタイムズで非常に大きく取り上げられています。とにかく、そういうインフラがやられた、これは極めて衝撃的であったのですね。

濃尾地震の話を続けますと、根尾谷にこの地震の地表に現れた断層があります。その断層が天然記念物としてご覧になれます。2メートル横ずれ、6メートル隆起したという大変大きな断層で、写真もあります。この死者は、岐阜県が5千人、それから、愛知県が2千人ぐらい、そのほかにも福井県も若干ありますけれども、これだけの数の死者が出た大きな災害です。

先ほど、申しました濃尾地震の断層の写真（図8）ですけれど、別の写真を、いろんな写真家が入って撮っているのですね。そして、有名な小藤文次郎という地質学者がいるのですが、明治26年（1893）に『帝国大学理科紀要』に出した写真はこれとはちょっと違いますね。これは岐阜県立図書館にあった写真です。おそらく、岐阜の写真家が撮った写真です。県庁がこういう人に依頼して撮ります。この時期は、素人がどんどん撮る時代ではありませんで、やはり写真師という人たちが撮ります。

図8　濃尾地震で出現した根尾谷断層　（国立科学博物館蔵）

第2部 歴史学が語る日本人の災害観と地震災害

　これは、木綿工場の煙突がやられてしまった写真（図10）です。ものすごくこの時期から関東震災までも含めて、綿紡績工場は盛んです。これは、長良川鉄橋が崩れたところの写真（図9）です。先ほど申しましたように、被害者の救済金は備荒儲蓄で対応しますが、実は、社会的インフラはそういうわけにはいきませんので、土木費を2回の勅令で500万円出します。

　ちょうど明治23年に帝国議会が開かれ、第1回は明治24年から議論が始まるのだけれども、それにかける前に、予想される野党側の反対を押し切る形で急遽勅令で土木補助費を決めてしまうのです。

　勅令であっても議会の承認を受けなければいけないので、ずっともめるわけですが、それでも足りないということで、2回目の勅令も同じ年に出します。災害土木費としては、この濃尾地震は非常に異例です。100パーセント、予算で請求した額全部が下りた。

図9　濃尾地震　紡績工場の煙突（国立科学博物館蔵）

図10　濃尾地震　長良川鉄橋台の破壊（国立科学博物館蔵）

関東大震災について

　次に関東大震災の場合の話をします。
　関東大震災の場合は、ご存じのように10万5千人という方が亡くなった大災害です。これは、相模トラフが動いたプレート境界の地震なので、地震としては、東京はかなりゆったりとした揺れであったようですけれど、神奈川県の方は震源に近いので、横浜は大変な被害を受けます。
　関東大震災の場合は勅令がたくさん出ます。災害のときは、江戸地震の場合も、大名や町奉行所に対して、ものすごくいろいろなお触れがたくさん出ます。今回もそうですね。復興財源を獲得するとか、復興構想委員会をつくるとか、たくさんのいろいろなお触れが出ております。
　ああいうものと同じように、大きな災害のときには、既存の体系の法例では対応できないので、関東大震災の場合は勅令が出る。勅令というのは行政令で

すので、法律で決める国会の承認を経ているものとは別に出ます。そのうち緊急に出すのが、有名な「関東戒厳令」ですね。

　とにかく、9月2日には勅令で臨時震災救護事務局官制も出ますし、その前に勅令で非常徴発令が出されます。被災者の食糧、米ですね。東京が半分ぐらい焼けましたので、被災者が150万人はいます。そういう人たちの水はもちろんだけれど、米をどうするのかということで全国に指令を出して、集めることをやるわけですね。

　こんなふうに非常に異常な事態になるわけですが、1920年代の東京というのは現在と違いまして、現在は23区としますと、東京市は現在の6分の1以下の範囲です。東京市で、だいたい現在の山手線の内側と、本所、深川を入れた範囲と考えていいと思います。

　焼けた範囲は、東京市のだいたい43パーセント、ほとんど焦土と化したと言われています。焼失図の赤い（図11では黒丸印）のが発火点、白いのは消し止めたところと言われています。

　そうすると、消し止めたところが非常に少ない。焼死者と圧死者の比率からしますと、圧倒的に焼死者が多い。地震の災害は少ない。死者で地震の規模を決めていくことはありますので、こうした計算をされた結果の図です。圧倒的に焼死者が多いところは本所です。

　焼失した範囲の所が多いのですが、日本橋とか、そういうところは100パーセント、神田もだいたい95パーセント以上です。本所の方は、ちょっと少し先ほどの地図にありませんが、浅草でも、本所でも、死者の数は多いのですけれども、少し端っこは農村地帯で、全域が焼けたわけではありませんので、焼失率からみると100パーセントという数値にはなりません。

　横浜の被害は、被害率からすれば、圧倒的に東京よりも大きい。つまり、東京は250万人の当時の推定人口の規模ですけれど、横浜の場合は、被災率から見ると、圧倒的に死者の比率からすれば大きい。

　東京の焼失範囲です。

　発火点は黒いところですが、死者が発生した場所は、この発火点に近いとこ

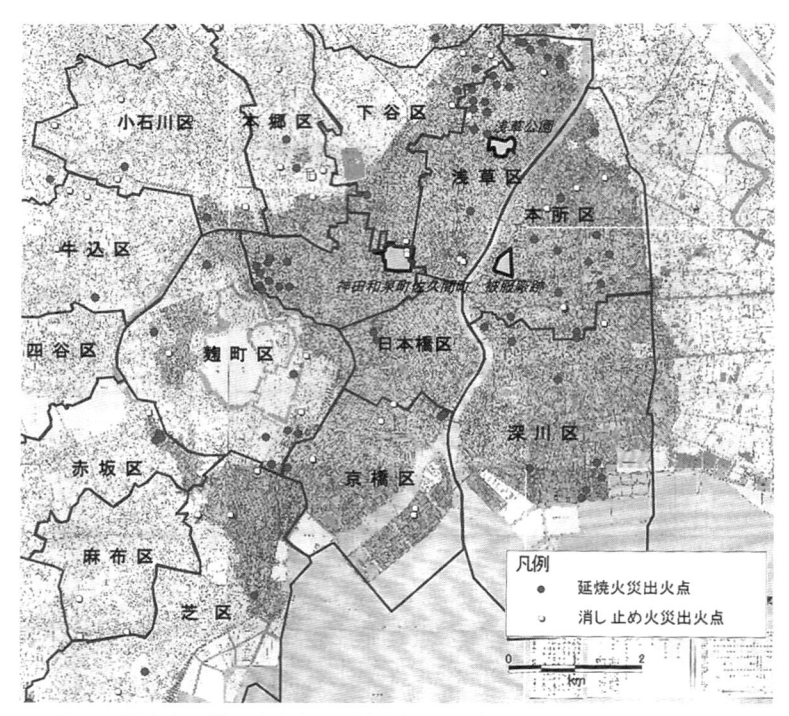

図 11 関東大震災　東京市の延焼火災および消し止め火災の出火点分布
(中央防災会議　災害教訓の継承に関する専門調査会編『1923 関東大震災』第 1 編、2000 年、図 5-4 引用)

ろですから、発火してすぐ炎に包まれたという状況がみられるわけです。逃げたところは、こんなふうな周辺部の、だいたい山の上、それから川の向こうにも出ていますけれども、こういうようなことが言われています。

　東京の被害者は、その日から 3 日ぐらいは、ほとんど食べ物も水も十分にない時期に、宮城前と上野公園、何十万という人が集まります。だいたい 1 カ月ぐらいで異常な事態は収まったと、資料を見ていると感じます。というのは、バラックを、東京市、府、それから警視庁もつくりますので、こんなふうです。

　震災の京都府の資料をちょっとご紹介します。京都府総合資料館には関東大

第2部　歴史学が語る日本人の災害観と地震災害

図12　上野公園－避難民集まる（東京都慰霊堂保管）

　震災の救済資料が2冊あります。目録が頭にありまして、何が入っているかということが分かるように整理されています。これは、中身をネットで見ることはできませんけども、資料の検索はネットでできる非常に進んだ館ですので、利用ができるんですね。
　京都府は義援金を募集します。たくさんのお金が集まります。だいたい京都府は、200万円近い義援金を集めます。1番金額が多いのは600万円を出した大阪府ですけれども、大阪府の場合には、住友が250万円出すとか、その他の財閥が出すというかたちで、京都とはちょっと違うのです。ですから何百万円

という規模で出した人のほかは、やはり普通に細かい数値が合算されてこういうかたちになる。

関西方面で独特なことは、大阪が主導してバラックを提供する。それも少ない数ではなくて、500棟です。300棟、東京、200棟、横浜というかたちで提供をするということをやります。こういうことを大阪は率先してやるのです。この大阪も、兵庫も、兵庫は神戸港を抱えていますので、横浜港に非常に親近感を持っていて、救わなければいけないということで、一生懸命係官を派遣したりします。

横浜は東京がやられているということが分かっていますので、東京に救いを求めても救援は期待できない。だから大阪に、9月1日の夜、警察部長が電話をするんです。大阪府がそれを受けて対応するというかたちです。ともかく大きい災害のときに、非常に大きく範囲が広がった場合には、救援を求める場所というのは、とっさの判断が求められるのですね。

例えば千葉県でも、房総半島が隆起したりなど大変被害を受けるのですが、非常に賢明な郡長さんがいて、安房郡の郡長さんは、東京方面が焼けているのがわかりますので、これは東京もやられている、駄目だ。自分たちだけでやろうということで、安房郡長は外に救援を求めないで、自分たちのところでやるんですね。『安房郡誌』というのは、その苦労をるる述べています。

そういう意味で、大きな災害のときに、どこに救援を求めるのかということは、歴史的にかなり重要な意味を持っていた。だから今回というか、今後というか、そういうものをどう解決していくのかということは、結構重要な問題だろうと思います。

それから避難民がたくさん流れてきます。それは義援金で補うわけです。

時間が過ぎてしまいましたので、お話を打ち切りますが、長野県にも5万7千人が篠ノ井駅を通過します。この駅は信越線と中央線の乗り継ぎ駅で、東海道線が駄目になっていますので、そこを通過して関西の方へ行くという人が、たくさんの数になりました。軽井沢駅では避難者名簿というのをつくります。

この簿冊が残されている。10センチもあるような厚いものですけれども。

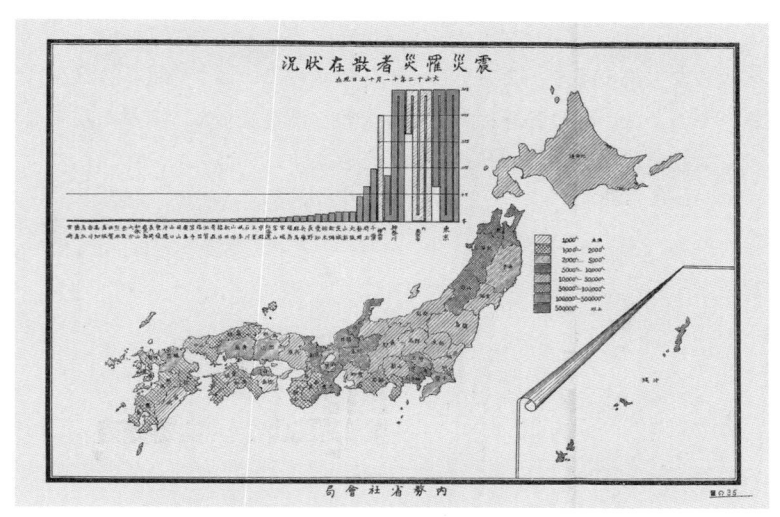

図13　中外商業新報社『図版大震から復興への実情』1924年より

列車ごとに書かせるんです。内容はちょっと読む時間がありませんけれども、みんなそんなに書いていないですね。これは全国に散った罹災者を表した図です。1年後の展覧会につくったものですけれども、全国各地へ避難者が散ったことがわかります。つまり、この逃れた先は彼らの故郷と考えてよいと思います。県人会が大活躍する時代です。

　義援金ももちろん長野県でも集めますが、お祭りのお金を節約したとか、諏訪中学の同窓会が1千円だとか、こういう、いろんな団体で個別的に対応するということです。

　長野県の場合は全体で37万円なんですね。京都とは大違いですけれども、だいたい30万円から40万円というのが、普通の県の義援金です。一般的にいろんなところの県がそうした金額でした。お金持ちの兵庫県などは200万円以上ですけれども。

　ちょっと義援金の処理の問題は、討議のときにお話をさせていただくことにして、ここでお話を打ち切りますが、大変申し訳ありません。途中ですけれど

も。

　一応大きな災害の幕末、明治から、近代にかけて、どういうふうな救援体制が組まれたのかということをお話しさせていただきました。お話し足りないところは、討論のところで、補わせていただきます。

　　　　　　　　　　　　　　（きたはら　いとこ　立命館大学特任教授）

● 基調講演Ⅲ〈自然地理学〉●

1927年北丹後地震の被害実態と復興

植 村 善 博

　植村でございます。非常に多くの方が参加くださっていることに敬意を表したいと思います。地震災害が国民的課題であるという現状をよく示していると思います。もう1つ、日本の歴史学の災害研究のレベルが非常に高くて、今堀・北原両先生が千年以上の長い災害史をたった2時間くらいでレビューしてくださった。こんな素晴らしい講演会は初めてです。私はごく短期間のお話をさせていただきたいと思います。

　「北丹後地震の被害実態と復興」というテーマですが、これを取り上げた理由の1つは、地元京都府の激甚災害であるということ。そして来年（2012）の3月7日は、この震災から85周年の節目の年にあたります。

　地元でもこの震災は徐々に風化しつつあります。町の構造を決めている道路などのインフラが、震災の復興事業によってできたといったことは、地元の方もほとんどご存じありません。こういう実態があるわけで、今回は被害と復興についてお話します。

　それからもう1つ、いま地震災害が大きなテーマになっておりますけれども、丹後地方という農山村地域は、いまの東北震災地域と地理的スケールや地域性がよく似ているという点でも、学ぶところが多いのではないかというふうに思って、このお話をさせていただきます。

1. 昭和2年の北丹後地震

　北丹後地震はマグニチュード7.3。ちょうど、阪神・淡路大震災を起こした

地震とほぼ同じ規模であります。昭和 2 年（1927）3 月 7 日、ちょうど冬季の雪が積もっている、そういう環境下、夕食の準備や夕食時の午後 6 時 27 分に起こったものでした。丹後地方だけでも 2,900 人近い死者が出ております。

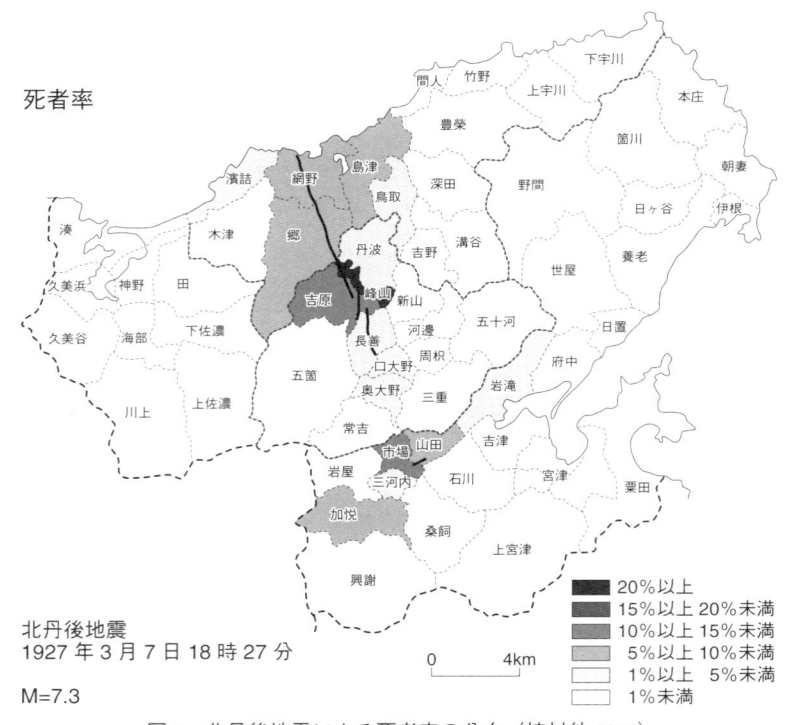

図 1　北丹後地震による死者率の分布（植村他 2011）

上の図 1 は、この震災による死者率を示したものですが。これを見ますと、死者率が 10 パーセント以上の地域が、かなり広く分布していることが分かります。地震災害では、死亡率が 5 パーセント以上というと、激甚災害といわれます。こういう深刻な被害地域が広い範囲に分布しています。

北西方向から南東方向に帯状に激甚被害地域が延びています。この原因はなにかというと、いわゆる活断層である郷村断層が活動して発生した直下型地震

だからです。郷村断層の両側、だいたい 1〜2 キロメートルの範囲で、非常に激しい揺れを生じたことが分かります。活断層がいかに危険であるかということを如実に示していると言えます。

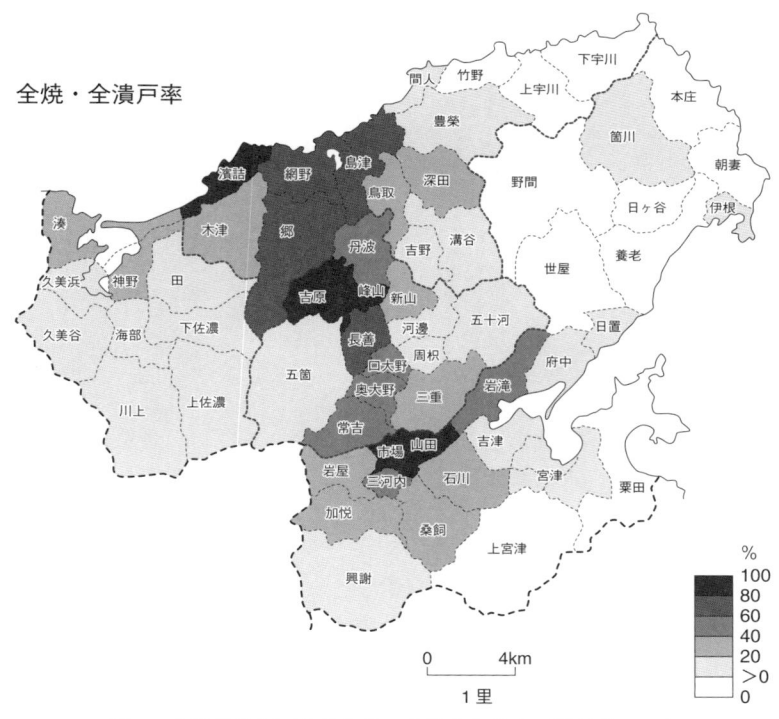

図 2　北丹後地震による全焼・全壊率の分布（植村他 2011）

　図 2 で地震による全焼・全壊率を見ていただきます。暗黒色が 40 パーセントですので、40 パーセント以上の倒壊や全焼地域もやはり北西方向から南東方向に帯状に連続している。これは死者率と同じ分布を示しています。11,000 戸以上の全壊・全焼家屋が発生しました。

図3 郷村地震断層の地表変位（網野町郷、個人所蔵）

　この地震を発生させた原因は、郷村断層という活断層の活動ですが、地震の際に図3のように地面を引き裂いて、地表に変位が現れたのです。水平方向に2.7メートルの左横ずれが発生したことが分かります。この右側は、現在の網野町の郷小学校でありまして、テントは臨時の野外教室です。

図4　郷村断層の発掘状況（網野町郷、1985年撮影）

　地表の食い違いが約15キロメートルにわたって連続して現れたわけですが、3カ所だけを天然記念物として保存しております。私有地を買い上げて石碑を建てたのが昭和5年（1930）です。このようにして保存はされていますが、天然記念物に指定されなかったところでは地表の変位はまったく消えてしまっているという実態があります。

　図4の写真は、郷村地震断層を掘り出して調査した写真です。見事に垂直の断層面が現れていて、岩盤と川の砂礫層が接しています。この調査の結果から、郷村断層の活動周期は、5千年から8千年に1回といった、非常に長い周期で活動を繰り返してきたということが明らかになりました。

　さて、この北丹後地震による被害激甚地域の町村名を上げましたけれども、特に、峰山町では24パーセントの悲惨な被害が発生しました。また、全焼・

全壊率を見ても、郷村断層の至近地域では70パーセント以上と、壊滅的被害になった状態を示しています。

この報告では、被害が大きかった峰山町と網野町、この2つの町を取り上げて、なぜ激しい被害が発生したのか、それから復興事業がどのように行われたのかという点についてお話したいと思います。

2. 峰山町の被害と復興

図5 峰山町の空中写真（昭和21年撮影）

図5は峰山町の空中写真です。峰山町はこういう四角形に広がっていますが、江戸時代は峰山藩の陣屋町でした。北端に陣屋がありまして、この南北の白い筋が網野街道。地元では本町通と呼んでいます。この通り沿いの北に武家屋敷、南に商家が並んでいたわけで、現在も繁華街です。

このような丘陵の狭い谷底低地に町が広がっていた関係で、近世後期には、平たん地がなくなったために、小西川の沖積低地を開発、できた部分を新町とよんでいます。川の南側が近世後期に新しく出来上がった地域です。

図6 明治末期の峰山町の景観（本町通より北方をみる）

図6の写真は明治末期と思われる峰山町の景観で、南から北を見ているわけです。これは本町通です。地方の小都市にしては立派な2階建ての瓦ぶき、うだつもあがる丹後地方では極めて強い経済力を誇示していた。立派な商家の町並みを示しています。ご覧の通りに、非常に狭い道と過密な家屋分布が市街地をつくっていることがお分かりになるでしょう。

3月24日

図7 地震から17日後の峰山町の状況（奥丹後震災誌）

　図7の写真から峰山町が震災によってほとんど全壊したうえ、激しい火災によって、ほぼ完全に焼け野原になったことがわかります。その跡地に、すぐさまバラック住宅が建てられていきます。丹後の冬季の厳しい天候下、家を失った避難者たちは30センチ、あるいは1メートルもの積雪の野原に放り出されたのです。直後は雨や雪も降るといった悪天候に見舞われましたので、食料や衣料の配給とともに、住宅の供給が最大の課題になりました。バラックは軍と府の協力作業で迅速に建設がすすんでいきます。
　峰山町の死者の字別分布をみますと、全域にわたって20パーセント以上の死者率が出ています。特に織元、呉服、白銀といった中心街の地域では30パーセント以上の高い死亡率です。この原因について考えてみますと、峰山町の市街地を挟んで3本の活断層が同時に活動したとことが一番大きな理由だと考

えます。高橋断層、新治断層、杉谷断層という3つの活断層が町の周辺で同時に動いた。そのため極めて強烈な揺れが発生したことが原因です。そして、木造の瓦ぶき、しかも屋根に雪が積もっている状況でほぼ瞬時に家屋が倒壊してしまったのです。そして、直後の出火で延焼、消火や救助活動もできなかったため、生き埋めのまま焼死してしまった人達が非常に多かった。

当時は3階建てや2階建ての立派な建物がありましたが、過密で道路が非常に狭かった。このような超過密な市街地が延焼を早く拡大させ、消火、避難や救助を邪魔したのだと思います。

図8 峰山中心部の復興状況（写真が語る明治・大正・昭和の丹後）

図8は、2〜3カ月後の峰山中心部の復興状況です。中央が本町通ですけども、個人が建てたバラックとともに、細長いのが府や軍がつくった共同バラック住宅。平均5〜6戸が1屋根に住んでいる状況です。広さも1戸あたり4.5

畳に一家族、時には、数家族が入る状態でした。

　つぎに、このようにほぼ全壊した峰山町が、いかに復興していったかということに話を移したいと思います。峰山町の復興について注目すべきことは、地震からわずか15日後に町長や町の有力者が復興委員会をつくり、土木と社会両委員25名の復興委員を、自分たちのなかで推薦、決定して委嘱していることです。

　この中で峰山町の復興計画を決め、その1週間後、3月30日の地震後第1回目の町会において、道路復旧や拡張など峰山町の復興計画を決めてしまう。非常に速い、手際よい復興計画の決定。これが峰山町の特色だと思います。

　さらに、土木業者と焼け跡整理の契約をすませ、9月から翌年の6月までの間に府道と町道の工事を実施、道路の改修拡幅事業を約1年で終えてしまう。峰山町では狭い道路の改修、拡幅事業をいかに早くすませるかということに復興計画の中心がおかれたことを示すものです。

　問題は、このような道路拡幅計画が、いつどのように町民に説明されたのか、あるいは住民の意見聴取はされたのか、どんな反対や不満があり、どのような対立が生じたのか？　そういう社会状況が重要だと思いますが、現在それを知りえる資料がまったくありません。おそらく、復興計画は住民に十分な説明もなく周知されていなかった。民主的手続きを経て決定されたとはいえない状況だったと思います。

第2部　歴史学が語る日本人の災害観と地震災害　　　　　　　111

図9　峰山町復興計画の中心的人物（峰山町大震災誌）

　図9は、復興委員会の中心的人物です。国会議員の吉村伊助は、丹後随一の
ちりめん問屋の主人です。左上が中村町長、その下が太田助役。復興に関わっ
たほとんどの人は、地元のちりめん問屋、地主、機業経営者、いわゆる町の政
治や経済を牛耳っている地域の指導者層（ボス）です。

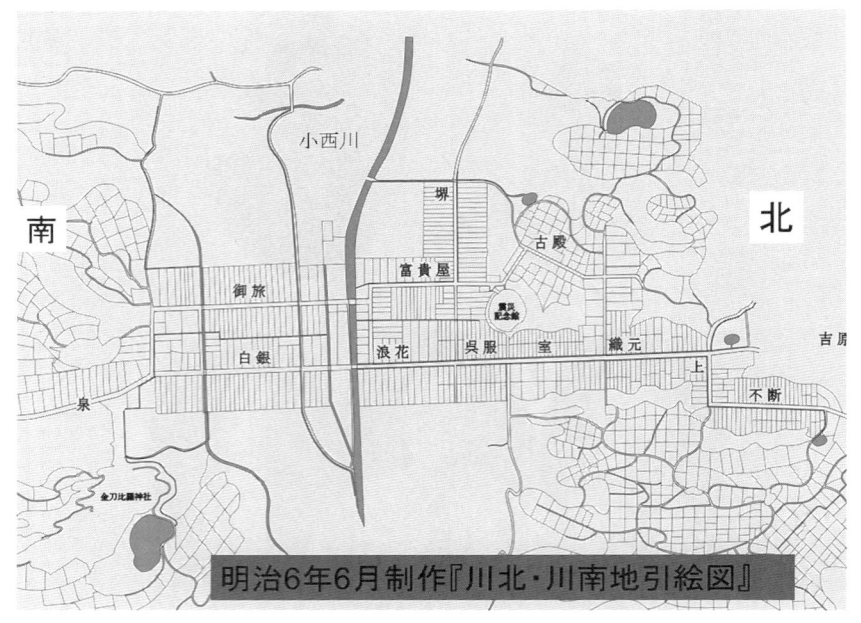

図10 明治初期峰山町の地籍図（小林善仁作図）

　図10は明治初期の峰山町の地籍図です。中央が本町通で陣屋町の特色をよく示しており、街道に面して間口の狭い区画が密に並んでいます。特に、江戸後期に開かれた御旅と白銀で過密な住宅地となっている。このような超密集住宅地をもつ峰山町であったことが、地震の被害を激甚にした背景にあります。
　逆に言いますと、地震災害はこのような壊滅的な被害を受けた町の構造を根本的に改良する、すなわち区画整理事業をする絶好のチャンスでもあったわけです。しかし町の指導者層には、それを実行しようとする意志はありませんでした。結局、市街地や道路網はそのままに、道幅だけを拡張するという復興計画が指導者層の思惑により迅速に実行されたのではなかったか。

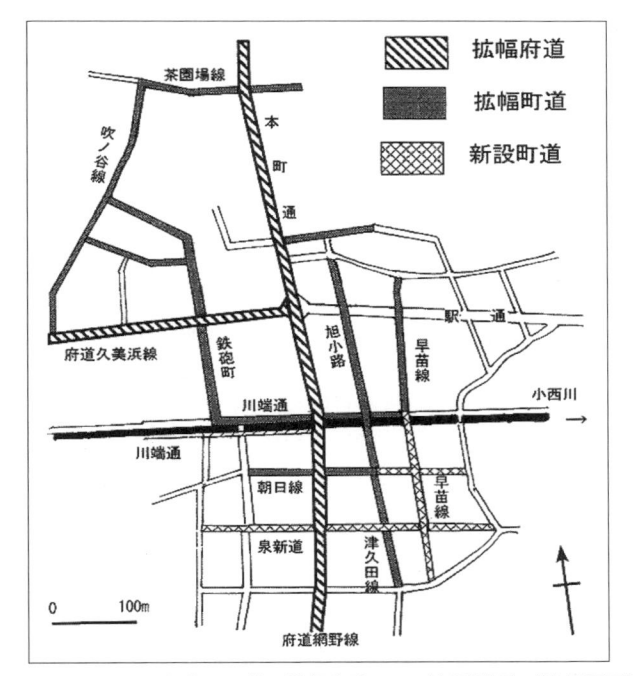

第2部 歴史学が語る日本人の災害観と地震災害　　　　113

図11　峰山町、府道・町道の拡幅街路および新設道路（植村原図）

　図11は道路拡幅の実態を示したものです。府道については、両側を買収し、道幅は6間（約11 m）を基本にして広げたものであります。町道は片側だけを買収して拡幅したもので、ほぼ3間（約5.4 m）が基準になっています。また、住宅地や農地を買収して新設町道を開いたところが東南部に存在します。全体としては、近世以来引き継がれた狭い土地区画をそのまま残して道路拡幅だけを実行したのが特徴です。

　府道で約2,567坪、町道で2,303坪、合わせて約4,870坪を買収、その支払金額は60,573円でありました。この金額はどういう意味があるかというと、町の土地標準価格と比べると、支払金額はその約7割から6割です。すなわち、地主たちは約4割近い損失を受けたことが分かります。

図 12　峰山町、現在の本町通（網野街道、2009 年撮影）

　図 12 は現在の本町通（府道）です。地方都市にしては幅が非常に広く、車道だけで 7 メートル、両側の歩道をあわせて全体では 11 メートル、非常にゆったりした広い道路がつくられています。また、新しく開かれた町道の泉新道では幅が約 3 間、5.4 メートルに設定されています。

図13　震災1年後の峰山町の復興景観（奥丹後震災誌）

　図13は震災から1年後の復興状況を示していますが、明治末の状況と何ら変わりません。わずか1年で地震前と同じ状況まで復興している。変わったところは、本町通の幅が拡幅されただけで、過密な市街地はそのままの状況で復旧した点が特色だといえます。

図14　丹後震災記念館（右）と峰山町震災記念塔（左）（絵はがき）

　峰山町の特色をもう1つ示します。昭和4年に峰山小学校が再建されます。府の技師一井九平によって設計され、耐震・耐火構造を持った鉄筋コンクリートでつくられました。優雅なヨーロッパ風の建築物で現在も使用されています。

　図14の写真は薬師山に京都府がつくった丹後震災記念館です。これも一井九平が設計したものでデザインが似ています。2階建鉄筋コンクリート、耐震構造を持ったものであります。これも現存しており、京都府の文化財に指定されています。これは、震災慰霊祭を開くための会場として使うのが主な目的であったと考えられ、同名の財団法人が管理します。

　このように峰山町は、丹後震災のメモリアルタウン、シンボル都市として位置づけられたと言ってよいでしょう。それを背景に、昭和47年（1972）から、町が3月7日前後の3日間に震災記念展を開始、現在も続けております。2012年の85周年には京都市内で初めて開催され、多くの参加者がありました。

3. 網野町の被害と復興

次に、網野の被害と復興を検討してみましょう。網野は峰山の北、約5キロにある町です。当時の網野町は下岡、網野、浅茂川、小浜という4つの区から構成されていました。

図15 網野町の空中写真（昭和21年撮影）

図15の空中写真からもわかるように、海岸に面して、大きな砂丘があり、その砂丘の上に浅茂川と小浜が乗っています。砂丘と砂丘に挟まれた低湿地帯

に網野区の市街が位置しています。下岡はそこから離れた丘陵のへりに帯状につらなっている。

図16 地震直後の網野市街地の状況（個人所蔵）

　地震直後に本覚寺から撮った被害写真をお見せします。図16では、市街地の東半分は焼野原になっている。
　網野町の被害状況を整理しますと、網野区と下岡区では、全壊全焼率が9割に近く死亡率も約1割。これに対して浅茂川区と小浜区は全壊率は5割以下で死亡率も低い。
　どうしてこのような差が出たのでしょうか？　これは地形の差によります。浅茂川と小浜は海岸砂丘の上に発達している集落です。砂地盤は地震の水平動に抵抗性があり、水分が少なければかなり安定した地盤であって、震動は小さかったと考えられます。

一方、網野区の中心市街地は、砂丘と砂丘に挟まれた低湿地の上に位置しているために、柔らかい粘土層が厚く堆積しており、かつ盛土も影響して地震動を増幅させ大きな揺れになった。下岡は、ちょうど郷村断層の地震断層が現れ、そのすぐ側近にあったため強い地震動を受け、かつ火災が発生して全焼した。それでほぼ壊滅状況になったと考えられます。

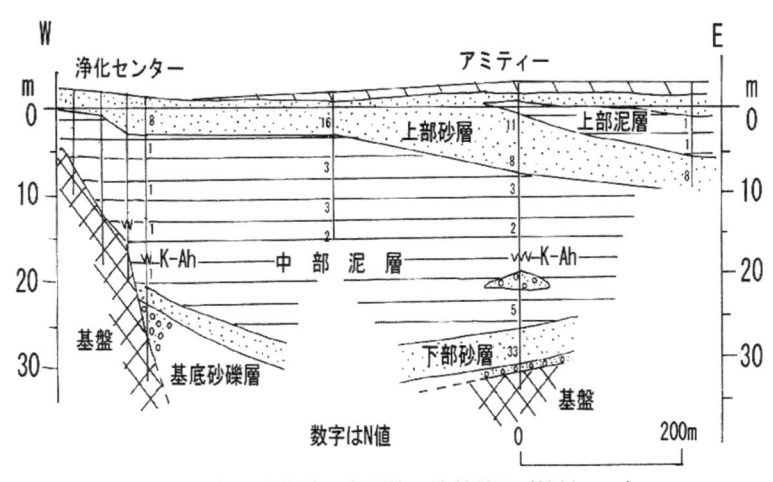

図17　網野市街地の東西地下地質断面（植村2012）

　図17は網野の東西地下地質断面です。地下には厚さ約30メートルの軟弱な沖積層が堆積しており、網野市街地の地下では粘土と砂が互層する非常に柔らかい地層があります。また、表層に砂層があって、これが液状化を発生させたとも推定される。このように非常に軟弱な地質が網野区の大きな揺れを生じた原因であることは間違いないでしょう。

図18 震災前の網野区の地籍図(植村原図)

　図18は網野区の震災前の地籍図です。ここには都市計画といったものはまったく見られしません。非常に細い道が迷路状に入り組み、かつ大・小いろんな地割りがごちゃごちゃに混じっている。ここはスプロール的開発によって拡大してきたことを示しています。
　網野区は近世まで沼地や湿田であったところで、明治以降に丹後機業が発展するにつれて、丹後一円から多くの人が移り住んで経済的発展を遂げてきた。そのたびに埋立と盛土をくりかえして無秩序に市街地が広がっていった経過を示しています。
　被害状況を復元しますと、網野区の市街地の東半分はほぼ全壊したうえに、全焼して焼け野原になったと推定されます。西部では徐々に火災が少なくなり、かつ被害のない建物や半壊家屋が徐々に増えていく。西半分は砂丘の一部に乗っていて、やはり地震の揺れが小さかったことを推定できます。

浅茂川への道沿いは大正年間に行われた農地改良事業によってできた新しい市街地で、建物が新しいために被害が少なかったと考えられます。

図19 網野区中心部の震災1か月後の状況（奥丹後震災誌）

図19が網野区の震災1カ月後の状況です。焼け野原の跡地に、共同バラック住宅が建てられています。それでは、ほぼ全滅した網野区がどのように復興計画を立て、実施していったのでしょうか？

地震から3日後の3月10日に網野区の7組の組長会を開いて、この時点で、網野区の区画整理を実行し、浸水した市街地を埋立てることを全員で一致決定しています。

その翌日の11日には、組長が野外に避難中の住民を回って、この区画整理案に賛成する同意書を得ています。この同意書は8割が拇印であったと言われています。このように、地震からわずか4日以内に、網野区の住民から区画整

理事業への同意書を集めるという、非常に素早い行動を実行しています。

　これには、当時の網野区長の森元吉という人の決断が重要であったと思います。網野区は迷路状の細い道路と過密な住宅や工場からなる。また、排水不良で悪臭が漂い、伝染病も発生するといった不良住宅地帯を形成していました。この震災を機に、この不良環境を抜本的に改善するという決断をしたわけです。

　それをどのように実行していったのか、について述べましょう。

　網野町では、3月24日と4月21日に復興委員会約30名の委員を決めます。このうち10名は4人の区長と町会議員です。残り20名は選挙によって公選されています。峰山町の場合とは復興委員の選出方法が全くちがいます。

　5月24日には、網野区の市街地を網野第一耕地整理組合に編入する手続きを取ります。どういうことかというと、当時の「都市計画法」では、地方都市には市街計画が適応されません。従って事業に補助金が出ません。

　それではこの区画整理事業を実現できません。そこで住宅地が浸水したということを理由に、税務署や府知事を説得し地目を宅地から畑に転換して耕地に編入、耕地整理として実行する。こういうアイデアを編み出すわけです。これを実現するためには網野区の全員の同意書がある。これは住民の総意であるという強い証拠があり、知事と税務署を説得できたのでしょう。

　もう1つ、当時の網野町の助役であった山下光太郎という人も、網野区の劣悪環境を抜本的に改革するためには区画整理しかないと決断をします。こうして町の助役と区長が、同じ目標を持って協力、この事業を推進したために成功したのであろうと思います。また、網野区の7人の組長も復興計画を支持、協力体制をもって目標に向かって努力したということが大きいと思います。

　その結果、11月5日に京都府の正式な認可をうけて、東部耕地整理組合が設立されます。組合員386名、面積約23.5町の耕地整理事業として認められたのです。

　実際の工事は、翌年1月10日から始め、その2年後、昭和5年（1930）10月に完工しました。ほぼ震災から3年を要して区画整理事業が完成したので

第 2 部　歴史学が語る日本人の災害観と地震災害　　　　　　　123

す。

図 20　震災から 1 年後、7 人の網野区組長ら（個人所蔵）

　図 20 は、震災 1 周忌に網野区の 7 人の組長や関係者がそろって撮った写真です。皆さんはこの写真からどんな印象を持たれますか？　私は、彼らの表情が非常に厳しいと感じます。当時、区画整理事業が進行中だったわけですけども、反対者の妨害、銀行関係の反対など、多くの困難があったなかで、区画整理事業を断固やり抜くという強い決意を感じませんか。

124   3.11 社会と人間に問われるもの

図 21　網野東部耕地整理組合の範囲

　図 21 は耕地整理事業の対象になった範囲です。約 386 名の人たちがこれに参加し、市街地の範囲を対象に区画整理事業を実施、実現したわけです。

第2部　歴史学が語る日本人の災害観と地震災害

図22　網野町東部耕地整理事務所前の関係者（個人所蔵）

　昭和2年11月に耕地整理組合が設立されましたが、図22は工事主任の森元吉らが区画整理事業事務所前で撮った写真です。測量士や設計士、書記や小間使いなど6名の人が中心的に事業に従事していたと考えられます。

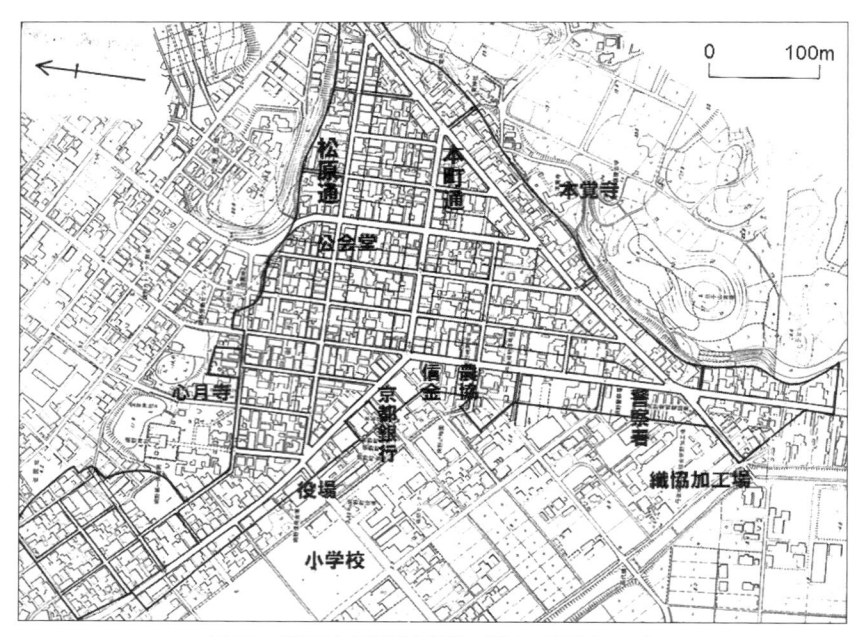

図 23　網野区の復興市街地プラン（植村 2012）

　図 23 が市街地の設計プランです。このプランは、府から派遣された都市計画技師が設計したと考えられます。この網野町のプランは、国鉄網野駅からまっすぐ南北に延びる駅前通を基準に、これに並行する南北通と直交する東西通を組み合わせた直交街路を設定しました。そして約 38 のブロックをつくっています。典型的なブロックは、50 メートル×100 メートルの長方形で、ここに約 20 戸の新しい宅地を設定しています。

図24　昭和4年(1929)頃の網野町の復興状況（松原通の東から西方をみる）（個人所蔵）

　このように、以前の迷路状の不良住宅地帯がまったく一新されたということは、注目すべき事であると思います。そして、本町通が東西通の基準道路になっています。しかし、この復興計画には、公園や緑地、防火帯といったものは認められません。

　図24は震災2年目、昭和4年（1929）の頃の網野町の復興の状況です。ご覧の通り、峰山のような鉄筋コンクリート建築はありません。1階または2階建ての木造家屋です。白く光っているのはトタン屋根。当時京都府は、重い瓦屋根が倒壊の大きな原因だというので、住宅の改良事業を熱心に進めていたわけです。その結果として、トタンの利用が非常に増えたのです。

　しかし丹後の冬の積雪という環境からいってトタンは非常に不都合です。傷みやすいし、上に登って雪下ろしができません。だから、かなり早い段階でトタンはどんどん瓦屋根に変わっていった。現在は、ほとんどの住宅は瓦屋根。危険な瓦屋根に戻っている現状です。

図 25　網野町市街地の計画町道（2009 年　撮影）

　網野町の市街地計画をみてみましょう。府道の道幅を測りますと約 9 メートル、約 5 間が基本になっています。市街の中央部にある町道の幅は約 6 メートル。一般的には、3 間から 3.5 間といった幅に設定されています。図 25 は町道が交差するところです。昭和初期当時の 3 間、5 メートルというのは、かなり広かったのでしょう。しかし、自動車社会の現在では狭すぎるのです。両方とも一方通行。交通上の大きな障害になっていることが分かります。

4. 峰山町および網野町の復興過程の比較

　以上のことをまとめてみましょう。第 1 に、峰山町の壊滅的な被害は 3 本の活断層が市街地の 1 キロメートル以内で活動したこと。そして、密集市街地で

火災の多発、延焼によって壊滅したことです。一方、網野町網野区の壊滅的被害は表層部の軟弱な泥層と盛土による地震動の増幅、密集家屋地での火災と延焼による点が大きい。

　2番目に、峰山町の復興計画は、府道や町道の拡幅を優先させました。これは、地元の有力者たちが、ちりめん業や商業の営業再開を最優先にした結果であろうと思われます。網野区では区長や助役らの決断によって、耕地整理事業として密集市街地の区画整理事業を実施、全く新しい市街地が形成されました。

　3番目、峰山町の府道は、11メートル、町道は4.5～6メートルに拡幅されました。網野区では基準道路は幅9メートル、町道は約5～6メートルです。こうした町道の幅は当時はともかく、現在では狭小になっており、多くが一方通行で社会問題になっています。

　4番目、網野区の震災復興区画整理事業は、この時代においては特筆すべき成功事例だと評価できます。なぜなら、関東大震災における東京の帝都復興プランは、さまざまな障害により大きく縮小されています。

　また、1925年地震の豊岡町における震災復興は、地主らによる無償土地提供への反対によって区画整理事業の一部は挫折しています。こういった社会的状況を考えると、網野区における区画整理事業の成功というのは、まれなる成功事例として貴重なものではないかと考えます。

　ご静聴ありがとうございました。

【参考文献】
1）京都府測候所（1927）『昭和2年3月7日北丹後地震報告』、p 88.
2）京都府（1928）『奥丹後震災誌』p 648　付録90、表46.
3）永濱宇平（1929）『丹後地震誌』p 456.
4）蒲田文雄（2006）『昭和二年北丹後地震－家屋の倒壊と火災の連鎖－』古今書院、p 215.
5）追谷奈緒子・越山健治・北後明彦・室崎益輝（2002）「小規模都市の災害復興都市計画に関する研究－1927年丹後震災における峰山町－」平成14年度日本建築学会近畿支部研究報告集、p 657–660.

6) 植村善博・小林善仁・大邑潤三（2011）「1927 年北丹後地震における峰山町の被害実態と復興計画」『鷹陵史学』第 37 号，p 1–18.
7) 植村善博（2012）「1927 年北丹後地震における京丹後市網野町網野区の被害と復興過程」『佛教大学歴史学部論集』第 2 号，p 1–22.

（うえむら　よしひろ　佛教大学歴史学部教授）

第2部　歴史学が語る日本人の災害観と地震災害

● パネルディスカッション ●

●司会（渡邊）　それではパネルディスカッションに移りたいと思います。3人の先生方のお話が内容が濃くて、若干こちらの不手際もありますけど、時間の配分が少し短かったように思います。これから後、ディスカッションということですので、皆さま方の質問も受けながら、少し話を進めていきたいと思います。

　まず最初に各先生方から、少しずつ、時間的な関係もありまして、話し足りなかったこともおありだと思いますので、補足をしていただきたいと思います。一応、順番からいきますが、今堀先生、何か少し補足願えますか。

●今堀　はい、すみません。私の主要な論点と申しますのは、後ろのレジュメに記しました、鎌倉仏教研究の課題と問題点の検討ということなんです。

　本年は法然上人の800年御遠忌、親鸞聖人の750年御遠忌にあたり、各本山におきまして法要が勤修されています。宗教学者や僧侶が教団の祖師として解説されるのは理解できるのですが、博物館の学芸員の人たちまでが、教団の立場で発言されていて、日本史のなかに正確に彼らの活動や思想を位置づける試みがなされていないのです。少し批判を込めて、「災害観」との関わりで仏教思想を読み解いてみたわけです。

　親鸞が著作し、門弟たちが念仏の布教活動を展開するのは、1250年代の関東においてなのです。また、『歎異抄』にも語られていますように、親鸞にとっては法然の「言葉」が教えのすべてであり、地獄に堕ちたとしても後悔しないのだと告白しています。親鸞は自らを「愚禿」と称しましたが、師である法然については大師「聖人」とか本師「聖人」と、「上人」ではなく「聖人」と尊称していたのです（今堀「一向宗の聖人二人－黒谷源空聖人と愚禿親鸞－」、早島有毅編『親鸞門流の世界－絵画と文献からの再検討－』所収、法藏館、2008年）。

先に、日本国の災害の原因は法然の『選択集』の流布にあるとして、日蓮が『立正安国論』を執筆したことを報告しましたが、そこに旅客として登場する念仏者は善知識親鸞の門徒であったと、私は理解しています。

　また、是非ともお帰りになりましたら、高校日本史の史料集の「国分寺造立の詔」を見ていただきましたら、お話しました災害頻発にたいする「天皇の不徳」の言葉が掲載されています。詔は重要な史料ですので収録されているのですが、授業では強調されませんし、入試問題にも登場しないだけなのです。

　日本の仏教は宗派単位で存続してきましたので、宗派史・教団史の研究は日本仏教を理解する上で重要であることはいうまでもありません。ただ、宗派や教団を超えて日本仏教の特質を総体的に把握することがむずかしい課題となっています。

　私は、日本人の信仰としての日本仏教の特質を検討するのに、「災害と仏教」という視点も有効ではないかと考えていまして、「災害観」をキーワードとして、仏教関係の史料を読み解いているわけです。このような視点を持つことによって、いろんな豊かな日本の歴史、日本人の伝統や文化が理解できるのではないでしょうか。私はもう一度、それぞれが生きた時代のなかで信仰史の研究を深めたいとの思いを込めて、お話させていただきました。

●渡邊　どうもありがとうございました。では、北原先生お願いします。

●北原　ちょっと話し足りなかったところで、関東震災のことをお話ししたいと思いますが、これは（義捐金処理図）義援金の処理の案件を、後藤新平が9月16日に閣議に請議したものです。

　請議が了解されたのが翌日の17日ですけれども、それぞれ大臣の署名が、花押で書かれています。ご紹介したいのは、どういうことかというと、義援金は個別に人に渡されなかったのです。

　そうではなくて、義援金処分方法は「さしあたり左記の費用に支出すること」というので、食料費、被服費。それから、震災地における簡易浴場の経

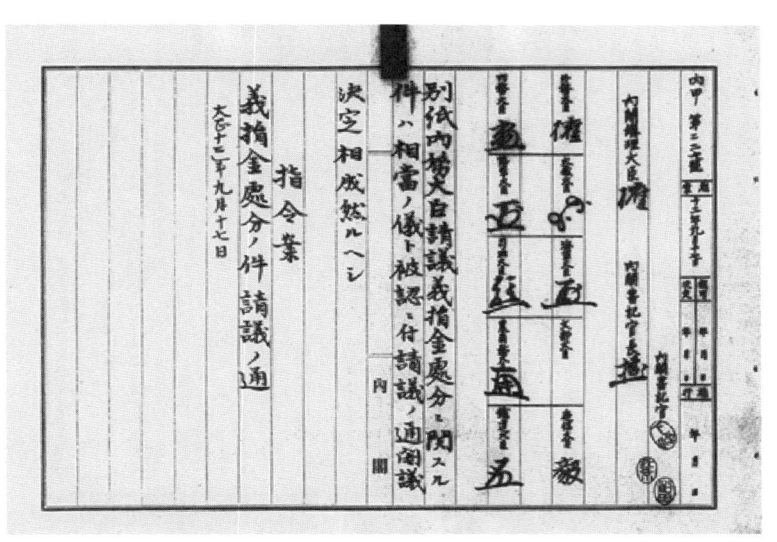

第 2 部　歴史学が語る日本人の災害観と地震災害　　　　　　　　　133

図 1　関東大震災義捐金処理請議案（花押）

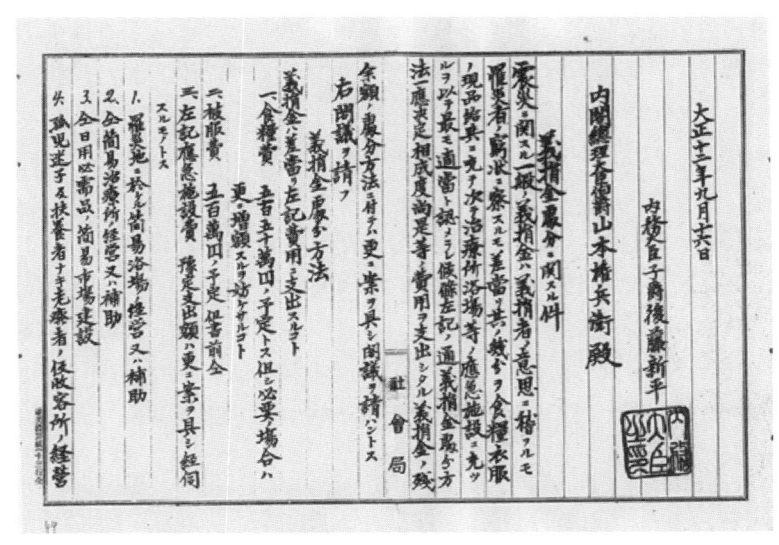

図 2　内閣による義捐金処理案件（続きあり）

> 大、死亡者遺族ニ對スル葬祭料給与及追悼會施行
> ６、細民住宅ノ建設
> ７、罹災民後援ノ補助トシテ一口ヨリ五口ヲ分テリトス
> 備考　十月迄ニ一般寄附金交付高二千七百五十八萬四千七百五十六圓四十五錢
>
> 社會局

営、または補助。日用品、必需品の簡易市場の建設。迷い子、その他扶養を必要とする者の仮収容所。それから死亡者遺族に対する葬祭料。これは死亡慰謝料ではなくて、死亡金ではなくて葬祭料です。それから済民住宅。これは同潤会建設になるんですが。

この義援金の請議をした 15 日段階で、既に 2,700 万ほど義援金が集まっています。そういう計算をもとに、こういう提案をします。これは必ずしも後藤 1 人の発案ではなくて、おそらく臨時震災救護事務局に集う官僚たちの知恵だと思いますが。義援金は個々の被災者に個別に渡さないということですね。

その代わり、この項目からすればはっきりしているように、この時期の罹災救助基金という救済法があるのですが、先ほど備荒儲蓄金というのが明治 13 年に成立したと申し上げましたけど、これは明治の濃尾地震以降、三陸津波もありまして、ほとんどそこでためたお金がなくなってしまいます。そこで、明治 32 年に新しく法律を作った罹災救助基金です。

これが法律になるまでに、いろんなアイデアがあるのですが、結局、この罹災救助基金に落ち着きます。その法律を適用するということは、義援金をその

法律に沿って処分しているということですから、罹災者に個別には渡していません。

ですけれども、ご下賜金というのが 1 千万円、天皇から出ます。そのご下賜金については直接に渡すということを同時に請議します。この請議が下りたのは、ちょっと日付が後になるのですが、先ほど見たように 9 月 20 日です。これはおそらく内大臣とか、宮内大臣との折衝、宮内省との折衝があったのだと思いますが、こういうかたちに了解されます。

それで、同時に、全国へ離散した人たちの調査を、このご下賜金を渡すということと同時に罹災者調査を重ねてやるという、大変巧妙な、震災の年の 11 月 15 日の内務省による罹災者人口全国調査と重なります。

そこでは、まだ正確な罹災者数がわかりませんから、分配基準というのは、死者 1 人に対して 10 の割合、全焼も死者と同率なんですが、実際には東京府での渡されたお金では、死者が 16 円、それから、全焼、全壊が 12 円というかたちになりました。実際には東京市では、12 月 1 日から伝達式というのが始まります。

ですけども、この段階では割合を決め、即決していくわけです。現代のあり方とは社会条件も違いますが、ともかく、どうやってお金を渡すかについては、極めて速いかたちで決められているという点も、現代との比較から考えると、東日本大震災の行政の救援体制には思うところが出てくるということですね。これは補足です。

●渡邊　どうもありがとうございました。現在も義援金に関しては、たくさん集まっているのに、どのように配分しているのやら、よう分からんというようなところが少し言われていますけども、その点の当時の関東大震災に関する、義援金の配分、処理の仕方について補足していただきました。

植村先生、何か。

●植村　はい。3 つの点を補足させていただきます。いま、東日本震災から 1

年弱ですが、地震災害というのは、1年とか5年といったような短い時間では終りません。発震から緊急対応、復旧・復興まで10年、20年、時には100年といった、非常に長いスパンで考えなくてはいけません。

われわれはその長い時間、その地域や震災に対して、注意し目を向け、できる協力はしていかなければいけない。従って、こういうシンポジウムを1回やったからよいということではなくて、もっと長いスパンで震災の時間経過を長い目で見ていきたいと思います。

今日、多くの方が来られたのは、東日本の震災のこともあるけれども、近畿地方で近々地震があるのではないかというふうに、心配されている方が多いのではないかと思います。これは決して杞憂ではなくて、おそらく数十年後に必ず起こるであろうと言われている南海・東南海地震、そしてこの間は近畿地方は地震活動期で直下型地震も要注意です。

近畿地方は、世界で最大密度の活断層が分布しているわけですので、いつ大きな直下型地震が起こってもおかしくない。従って、いつ起こっても対応できるように、いまから準備をしておかなければいけないということが一つです。

2番目、今日お話ししたことは、京丹後市の市史の編さんのための共同作業で、数年間にわたって、市と市民の方の協力を得ながら役場の倉庫に入って文書を探し、経験者に会って聞きとりをした結果です。

ですから、北丹後震災についての全貌を要領よく知りたいという方は、京都府が発行した『奥丹後震災誌』、約700ページありますけど、この本をご覧ください。ただ、今日話したことはほとんど載っていません。

それから来年は85周年です。京丹後市史の災害編を出版すること、そして京都市内で、北丹後震災当時の写真やさまざまな遺物を展示をする予定を立てております。そのときにはぜひご覧いただきたいと思います。多分この中には、丹後地方のご出身の方もいらっしゃるかもしれませんので、情報をお持ちでしたらぜひ教えていただきたいと思います。

最後、三番目ですけども、同じ丹後でも峰山町と網野町という、近くにある同じような町なのに、復興プランの立て方、実現された復興がまったく違うと

第 2 部　歴史学が語る日本人の災害観と地震災害　　　　　　　137

いうことです。なぜそういうことが起こったのかを考えていくことが、東日本における町村が、いかに復興を進めていくかということに対してさまざまな教訓を与えてくれると思います。

●渡邊　ありがとうございます。歴史学、ないしは歴史学の立場から、今度の東日本大震災を見たときに、どういう関わり方ができるのかというのが、実はこのシンポジウム、講演の意図でありますので、これから後、現在もそうですけども、復興、再生が進むなかで、歴史をやる者がどういうふうに関わることができるのか、どういう責務を取ることができるのかという意味合いも含めて。

　いくつか質問がきておりますので、ちょっと紹介をしたいと思います。これは趣旨説明のところでも言いましたけども、日本人の災害観に基づいて、おそらくは、施行とか施餓鬼とか、あるいは炊き出しとか、そういう支援活動が自発的に、近世以降、行われていたという事例があります。

　それにおそらく関連するのだろうと思いますが。今日は災害観という話で、その災害観が、果たして施行とか施餓鬼とか、炊き出しというようなところに、表れているんだろうかどうかというのは、ちょっと気になるところでありますので。

　これはご質問に、「庶民の災害観について教えて掘り下げてほしい」というのが今堀先生のところにきておりますので、そういう災害観を現在、あるいは考えるとすれば、あるいは近世の、施行とか、施餓鬼というか、あるいは炊き出しというところと、どう関連するのかというのも含めて、ちょっとお話しいただけるとありがたいです。

●今堀　難しいですね、災害観ともうしますのは、『金光明最勝王経』を紹介しましたが、災害の原因は何か、誰が災害を起こしているのかいうことなんですね。前近代におきましては、災害の原因とその対策を宗教家が説明しますので、仏典がそうなのですけど、道真の霊に象徴されますように、異界からやっ

て来て起こすのですね。

　仏の世界からということは、古代・中世の変わらない災害観ですね。『ゲゲゲの鬼太郎』も異界からやって来た鬼神たちですね。怨霊や鬼神には祈祷が有効ですから、災害の対策が可能となるのですね。そういう形でさまざまな解決のための神仏が歴史の中で創造されてきたのですね。

　ただ、自然災害は予測がつきません。その災害対策が年中行事として定着したのが現代の正月行事ですね。一年の豊・凶、豊作の予測、予祝する行事として、民俗学が研究対象としている分野です。

①正月行事　年の豊・凶を占う→豊作を予祝。
②朝廷・武家・民間（近世、村落）→国・荘郷・村・家の安泰を神仏に祈願する。
③初詣・社寺参詣→吉縁を神仏に求める。科学や政治への不信、完全に未来を予知できない。不足の災害。

　年中行事は、歴史の展開するなかで、朝廷、武家、民間において行われてきたのですが、注意しておきたいのは、民間での諸行事が近世に成立した村の行事だということです。

　古代・中世では、国家とか幕府で行われていたのが村の年中行事として庄屋や組頭といった村役人の支配の下で、1万数千の村で行われるようになったのだということです。ですので、現在の各地の正月行事として凝縮されているものは、さかのぼることができるのは近世の村落の成立までだということです。同じ行事であっても、古代・中世と異なることを指摘しておきたいと思います。

　皆さんが神社や寺院に初詣をされるのも、吉縁を神仏に求めてのものですね。それは、災害に対する予祝行事であり、自然災害に対する予防・対策への不信感からではないでしょうか。完全に未来は予知できません。不測の災害も起こります。政治が信用できないとなると、お正月に、神仏に吉兆を求めることになるのではないでしょうか。

●渡邊　災害観に関しては、北原先生の方にもにも少しお伺いしたいのですけど、例えば「鯰繪(なまずえ)」とか、そういうところに表れた、庶民の災害観というのはどういうふうにお考えでしょうか。

●北原　近世の場合には、村が成立しておりますので、今堀先生がおっしゃるようなかたちではなくて、少なくともフェース・ツー・フェースという、顔が見える範囲での救済というのが基本になると思います。当時の江戸城下でもそれが基本であったと思います。

　ただ都市になりますと格差が非常に大きい。お金持ちは圧倒的にお金持ちですし、毎日仕事を探して歩くような層、その日稼ぎの層と言われる階層というのが圧倒的に数が多く、人口の約6割を占めているわけです。そういう人たちは、災害になりますと、特に建築関係の大工、左官、鳶といった職種の人たちを中心に、日々の困窮生活状態というのがなくなって、これまでにない稼ぎのよい日々が続くようになります。

　江戸時代の町であっても一旦災害となりますと、大金持ちの人たちは、その日暮らしの人たちを救わないと、自分たち自身の町そのものも再生しないということが分かっておりますので、伝統的に近世の社会では、もちろん京都なんかも非常に早いですけれども、相互に救済をするという自然発生的な扶助行為で行われます。それを施行（せぎょう）と呼びますが、そういう自然に発生した扶助は当初は寺院などが中心に行われてきたとかんがえられています。

　それが江戸時代の中期ぐらいになりますと、都市そのものが非常に大きくなって、格差も広がるなかでは、幕府、それからそういった行政の担当者、つまり、町奉行などの人たちは、それを制度化するようにします。つまり、そういうことをちゃんと組織のなかに収め込む。

　だから、例えば災害の時、火事とか風水害、それから江戸時代でいえば、風邪の大流行というふうなときにでも、その施行が行われました。そうした行為を行わない人に関しては、大変けちだということで、場合によっては、そういう人たちに対して打ち壊しをかけるというようなことをやります。

そういうものを経験している幕府としては、ああいうことがあってはまずいということで、江戸の場合は町会所をつくったりして、先ほどちょっとお話しした安政江戸地震のときには、そういう町会所から救済米などが届くことになります。

　町会所というのは、官と民の共同基金で始めたものですから、町の方の節約した基金と幕府の基本金を入れて、いわば第三セクターのようなかたちで成り立ったものでありますけども、そういう救済機関が非常に大きく機能する。

　普通の一般的な、つまり6割ぐらい、日々、生活そのものがあまり安定的でない人たちは、災害になるとむしろ救済が普遍的に行われますので、災害を待望するというふうな雰囲気も出てきます。それが「鯰繪」に象徴的に表されていると思います。

　「鯰繪」に描かれているのは、地震こそ世直しだというふうなこと。それから最初は地震を起こしたナマズを、打擲（ちょうちゃく）するというか、ぶっていじめるというようなことがありますが、だんだん景気がよくなりますと、震災景気ですね、ナマズを持ち上げていく。

　そして最後は、震災景気がそれほど長く続くわけではありませんので、だいたい10月に起こった震災で、翌年の1月ぐらいにはもう震災景気が底冷えしてきます。不景気になるわけですけれども、そういう事態も「鯰繪」のテーマになっています。

　そういう意味では、「鯰繪」そのものを分析していきますと、現代でも東日本で、防潮堤をものすごく高さを11メートルにするとかいろいろ議論がありますね。それに張り付いているゼネコンというのは、いま、もうけどきではないかと思います。

　それから、町づくりのいろんな知恵を出す機関も、災害のそういうプロジェクトをつくる会社がいっぱいありますけれども、ほとんどいろんな町に張り付いて支援しています。

　支援と同時にやっぱり彼らが生きるすべというのが、そういうところにあるわけですので、災害という異常時には、パターンとしては、規模が全然違いま

第2部　歴史学が語る日本人の災害観と地震災害

すし、質も違いますけれども、江戸時代にできたパターンと同じようなものが出てくるように思います。

　ただ今回の場合には福島の原発がありましたので、これに関してはどういう手を打ったらいいのか、ほとんど手がないというか、手を尽くそうと思っていても、なかなか方策も見つからない。

　今回の震災のものすごい問題というのはその辺がありますので、福島以外の宮城や、岩手と同列に論じられないところがありますし、放射能汚染をさけて避難の人たちも、子どもを抱えて本当に大変な困難な事態に置かれていますから、この震災の全体像というのは収まってこないというふうに私は感じています。以上です。

●渡邊　ありがとうございました。植村先生、何か災害観のことでありますか。

●植村　災害観ということではないんですけれども、地震災害をどう捉えるかという観点でいうと、これまでの町が壊滅的な被害を受けた。逆転の発想でいくと、それは新しい、より安全な町をつくるチャンスだというふうにも考えられるわけです。

　日本でそういう発想をして復興都市計画をやろうとしたのが、関東大震災における帝都復興です。内務大臣だった後藤新平の思想は、まさにそうことが重点だったと思います。この発想は先輩格の外国の町の復興事例から学んだのだろうと思います。

　従って、問題はこういうことですね。いかに災いを福に転じ、100年、1,000年の安全で住みやすい町づくりにどう生かすか。それが一番問われているのではないか。そこには歴史学も地理学も、さまざまな諸科学の英知を結集すべきではないかと思います。

●渡邊　先ほど、非日常と日常という言葉が北原先生の方から出ましたですけ

ど、災害に遭った状態というのは、実は非日常的な状態であって、それが日常的に暮らしている人から見ると、どういうふうに見えるのかというのは、大変重要なところなんですけれども、その非日常に入った状態から、日常に返っていくという過程が、実は震災の復興再生の時間だというふうに思えます。

そこに、どういう支援の仕方があるのかというのが、大変重要なところだと思います。そこにまた、逆に言うと、日本人の災害観も示されるだろうと思います。それが近世から、例えば、すごく気になるのは、施行とか施餓鬼とかという、自発的な、いわばボランティア的な活動が、既に日本にあったんだということを、実は確かめておく必要があるのではないかと思いますね。日常的な生活のなかで生きている人たちが、非日常的な状態に陥った人に支援をするというかたちが、これが施行とか施餓鬼だろうというふうに私は思います。

そういうところを、現在の大震災に関して考えたときにどうなるんだろうというのが、ここのシンポジウムの意図でありますので、その部分に関して、実は時間的な関係もありますので質問を一つ変えますが、これは北原先生の方に、ちょっと質問が一つ来ているんですけども。

日本史上の激動期、これはいつのことを言っているのかよく分かりませんが、例えば歴史的な変革期、例えば明治、幕末維新期とかですね、そういう激動期と、それから巨大災害との関わりというのは何かあるのだろうかという質問がきているのですけども、それについてはどうお考えですかね。

●北原　私ですね。質問の内容は、ちょっと耳が遠いので、もう1回お伺いしますけれども、幕末の歴史災害と、巨大災害。

●渡邊　一般的には、日本史上の激動期というふうになっているのですけども、例えば激動期といえば、そういう変革期だろうなと。

●北原　変革。

●渡邊　変革期とそれから巨大災害との関わりというのは何かあるのだろうかというご質問なんですけども。

●北原　あると思いますね。要するに、大きな災害の場合には、被災地域が広がりますので、それに対する対応というのは、一つ一つの地域ではどうにもやりきれないところがあります。

　ですからその意味では、幕府なり、そのときの力を持っている機関が、やらざるを得ない。巨大災害というのは、安政東海、それから南海のことですけれども、でもそのときには巨大災害というような現代表現されるような感覚はなかったと思います。当時の文献でいいますと、諸国地震なんですね。ですからそれぞれの国で地震があったという認識をしています。

　そして被害を受けた藩、例えば藤堂藩は四日市の辺ですけれども、津波被害を被りますけれども、そういうところには、救済金を貸し付けてほしいという幕府への申請に対して、救済金を貸し付けるというレベルの対応なんですね。

　ですから巨大災害といっても、江戸時代のような各藩にそれぞれ分かれているところでは、全体に幕府自体が対応するというふうな、巨大災害にふさわしい対応をするというわけではないし、それから巨大災害という感覚は、まさに近代、現代の感覚であるだろうというふうに思いますので、地域地域に分断されている領国のときには、そういう感覚はあまり持っていないのではないかなと思います。

　ただかわら版で、諸国大地震とか、そういうものが出ますので、情報は非常に早く飛び交います。ですから、あそこにも大きな災害があったんだなということは分かりますし、それから都市にはいろんなところから出稼ぎにきている人たちが寄せ集まって生活をしておりますので、その人たちが自分の国元にかわら版を送って、こういう被害があったというふうなことを伝えるということはやっておりますので、その意味で、いろんなところで大きな災害があったという認識はある。

　ただ現在のようなかたちで、一つの言葉として巨大災害という認識は少なく

ともない。当時の知識層はそれぞれ手紙などで情報を交換したりしていますから、個別的な認識、個人のレベルでは終わっているのではないかと思います。

ただ商売をやる人たちは違いますね。三井とかそういう大きい大店のところでは、例えばちょっと話は違いますけど、1783年、天明3年の浅間噴火の時には、これは天明の飢饉を呼び起こした大きな災害と言われていますけども、桑畑の桑の葉が灰をかぶってしまうので、お蚕さんが育ちません。

そうすると江戸の三井店は、本店は京都にあるのですけど、関東農村の各地から生糸を集めて、京都に送って織ってもらい付加価値を付けて、高級織物を江戸の大名や武家層に売るわけですが、そういうことができないという判断をします。

そういう大きな流通になっているところは、災害に対しての認識が個人レベルとはまったく違います。つまり巨大災害というふうな認識、いまの言葉でいうような認識を持ったかもしれません。ですから階層というか、それに関わっている関係の在り方で、災害の認識はだいぶ違うだろうというふうに思います。

●渡邊　ありがとうございます。いまの質問の趣旨はそういうことで、巨大災害は近代的な用語であるということを自覚したわけで、また考えていただきたいと思います。

あと、植村先生に2つほどきているのですが、まず先ほど、網野区と峰山の区画整理事業とかそういうことに関しての丁寧なお話がありましたですけれども、そのなかでお話に出てきた、網野区での区画整理事業の妨害者のうち、金融機関が妨害した理由は何かというご質問が一つあります。

それともう一つ、峰山との違いで、背景に平常時のコミュニティーの活動のあり方に違いがあったのかどうかという、網野と峰山の復興の違いに平常時のコミュニティーの活動の在り方の違いがあったのかどうかというこの2つです。

それともう一つだけ、現在、東北、東日本大震災の復興が行われていますけ

第2部　歴史学が語る日本人の災害観と地震災害

ども、この峰山とか網野区の、地方の災害復興の経験というのが、今回の大震災にとって、どのように教訓になり得るのだろうかという、復興に関する質問が3つほどきていますので、できたらよろしくお願いします。

●植村　最初の質問は、金融機関がどうして妨害したかということですね。実は網野区の市街地の約3分の1は、当時の丹後商工銀行の抵当権が設定されていた。土地だとか建物の抵当を持っている銀行は、その土地が全部ご破算になって、新しい土地区画ができると、それの面積や評価額が全部変わってしまう。それで強く反対した。そのままの面積や土地の評価額で抵当権を設定しており、借金を返済させるということを望んだので、強く反対しました。

その時の記録を読んでみると、丹後商工銀行の副頭取の1人は、当時の峰山町の町長中村治作氏でした。

網野区の復興についての話し合いをいろいろ記録したものもある。それは私記ですので、事実かどうかは分かりません。しかし、中村治作が網野区の復興を進めている森元吉に対してこう言っている。森が「峰山もこのように区画整理をしたらどうですか」と言っているんです。いいチャンスではないですかと言ったんですが、「峰山にはおまえのようなあほうはおらん」と中村が答えている。

それから2番目の質問ですけども、峰山町のコミュニティーが具体的にどうであったかということは、当時の生存者が現在ほとんどいらっしゃいませんので、聞き取りは少しずつ進めていますが、いまのところ詳しい情報は持ち合わせていません。

ただ、峰山という町で、どうして町民の意見を広く聞こうとしなかったのか。またはできなかったのかは、すごく大きな問題だと思います。おそらく、土地柄、地理学でいうまちの風土ということになるのですけども、そういう歴史的文化的風土が大きく影響していたのではないかと思います。

原因として、そこが陣屋町だった。1万1千石の小城下町。殿様がいて、武士がいて、その下に一般の町人たちがいるという構造です。上意下達という空

気はすごく強いのだろうと思います。そして本町通り沿いには、丹後の経済を仕切っているちりめん問屋、生糸問屋、あるいは機業経営者、地主たちがいたわけですね。こういう上層階級の意向が、一般住民にとって絶対的な重みがあったと思います。

そういった人たちの思惑によって行政や経済、地域社会が支配されていたらしい。町のボスたちが、復興計画を推進する側にいるわけです。おそらくこれに反対することは非常に難しかったのではなかったか。

また、網野区の計画がなぜ成功したかも非常に興味深いことだと思います。もし、網野や峰山のご出身の方がいらっしゃったら、生の声を聞かせてくださったら一番いいのですが。網野区の一番大きな特色は、小さな農村地域であったところに、丹後機業の発展とともに、丹後各地から人が入り込んで来るわけです。まさに移住者の村です。いろんな出生やキャリアを持った人たちが集まってきて一旗揚げようとする、まさにアメリカの移民社会と同じような風土です。

そこでは自分の意見を主張して自分の利益を守る、事業を拡大していくのは当然のことです。網野はみんなが意見を言い合って、けんかしながらでも発言して討論する。言い換えれば、民主的風土があったのだろうと思います。峰山の場合は、旦那衆（ボス）が牛耳っていて、非常に封建的な風土が強かったのではないでしょうか。

3番目の問題は、私がお答えすることは難しいことです。というのは、東北の実態をよく存じていませんので、具体的にどうであるかということは説明しにくい。

ただ、地域の住民が震災について、将来の町づくりに対してどういう意見を持っているのか。その意見をそれぞれが言い合って、話し合い、民主的手続きを経て、一致できるならばそれにこしたことはないと思います。

東日本震災の復興問題で最大の問題は国の明確な復興方針がないこと。そしてその復興を実現するための強い権限をもつ復興機関もないことです。例えばニュージーランドにおいて、2月に地震がありました。クライストチャーチ市

で日本人が 28 名亡くなった地震です。この地震はその後ほとんど日本では報道されていませんけれども、ニュージーランドでは地震から 3 カ月後に国の復興機関、Canterbury Earthquake Recovery Authority という復興機関をつくって、そこに権限、資金と技術を結集して復興を強力に進めていこうという姿勢を取っています。

　外国の例を、日本にすぐ持ってくることはできませんが、外国の地震災害や復興事例に学ぶことはできる。

●渡邊　どうもありがとうございます。一応、会場からの質問は以上なんですけれども、この今回のシンポジウムの意図としまして、歴史をやっている者が、そういう震災の復興とか再生に、どう関わっていけるのかということが、大変重要な問題だと思うのですが。

　あと一つだけ、これは私の方から質問なんですけども、例えば現在、歴史関係の人たちが関わっている、一番よく知られた活動の仕方として、資料保存のネットワークという、つまり、被災した古文書類の保存、修復ということが重要な活動のかたちになっていますけれども、それに関して、それ以外に、あるいはそれも含めてですけども、何かこうすべきではないかというふうな提言がありましたら、ぜひとも一言ずつお願いしたいのですが。そしたら順番に、今堀先生いかがですか。

●今堀　一つは、今回は民俗学の報告がなかったのですけれど、各地における「災害伝承」の調査と研究ですね。それと、今回も東北神楽の復活がマスコミで取り上げられていますけれど、各地の村々の年中行事、お祭りと災害伝承ですね。災害被害とその対策が毎年の行事、死者の供養法会として、村単位で住民の団結（絆）の大切さを忘れないようにと受け継がれているんですね（中嶋奈津子著『早池峰岳神楽の継承と伝播』、思文閣出版、2013 年）。

　村の氏神祭祀（村祭り）や、村落寺院の僧侶による慰霊祭により、村人としての絆が確認されるのですから、年中行事の意味をもう一度再評価したいです

ね。本日もお話しましたように全国各地に天満宮が1万1千社あることの意味、災害の地に供養塔・慰霊碑が建てられ、毎年、年中行事として祭礼・法事を営むことにより、記憶にとどめることの大切さを教えていること、再認識してほしいですね。

　祭礼・法会を催し神仏に祈ることは、単なる迷信ではないのですね。自然災害というのは、いつ起こるかわかりません。それに対する、予防、準備しておくためだと。東北地方には民俗行事が豊かで、伝統文化・行事が継承されています。この度の震災におきましても、被災された人たちの「絆」に驚異の目がむけられましたが、私は、神楽をはじめとする年中行事における神仏への畏怖と祭祀、「祭りの心」を東北の人たちが大切に子から孫へと受け継いでこられたところにあると、伝統文化を継承することによる「絆」の大切さに光りをあてたいですね。

●北原　その資料保存ということでの話として言えば、文書類その他については、私は直接に保存運動に関わったことはありませんけれども、現在、東日本で、今回テレビを見ていて、個人で津波の来るさまを撮るとか、今回の津波のような現象的にはなかなか出遭うことのない現実を、いろんな方々がビデオ、その他動画に収めておられる。

　文書類は当然ですが、いまこそそういうものをどこかに集めて、個人のレベルのものに関しては、どこかでそういう機関をつくって、見るような形態が作られれば、この津波の伝承というふうにおっしゃいましたけれども、それも兼ねていけるのではないかというふうに思います。

　新聞ではそういう動きもあるというのは聞いておりますけれども、そういうことを、やっぱり求めるということも歴史サイドの人間としては必要ではないかというふうに思っております。それを公開するということも含めて、今後少し動いていったらいいなというふうに思っています。以上です。

●渡邊　私もそのように思います。どうもありがとうございました。植村先

生、何か。

●植村　北丹後地震というのは、注目すべき地震災害であったと思います。一つは、いまでは常識になりましたが、活断層という言葉が日本で最初に用いられたのでした。

　さらに、震災を記録し、記憶し、後世に伝えていくという装置として、峰山町薬師山に、京都府が丹後震災記念館という2階建ての鉄筋コンクリートの建物をつくっております。

　大震災のときに記念の建物ができるわけです。その代表的なものが、東京両国の横網町にある震災記念堂＝東京都慰霊堂です。しかし、これはその後、第2次世界大戦中の東京大空襲によって亡くなった犠牲者も一緒に合祀していますので、純粋の震災記念堂ではありません。

　横浜にもできましたが、震災記念館は極めて短命に終わりました。戦後、結婚式場に使われたりしながら、最終的には取りつぶされ、現在は市立中央図書館になっています。横須賀の震災記念堂も現存しません。

　こういうふうに考えてみると、丹後震災記念館というのは、純粋に地震災害を記録し、記憶するための装置として、日本では最大規模、極めて重要な文化財であります。ところが、雨漏りがしており、京都府の文化財に何とか指定され、現在は辛うじて維持されています。

　震災記念館は財団法人が管理していたのですが、その後京都府の事務所になったり、峰山町の図書館になったりします。現在は何になっているかご存じですか。錬成場。柔道や空手をやっているわけですね。傷んだ建物の中で、子どもたちが、運動をしている。

　それから写真で見せましたが、峰山小学校。鉄筋コンクリートの耐震・耐火構造で、記念すべき美しい建物ですが、これも現在では古くなって取り壊しが議論されております。

　このように非常に重要な、保存して伝えていくべき文化財が消え去ろうとしていたり、傷みがすすむ状況に置かれている。

●渡邊　どうもありがとうございます。歴史をやる者としては、過去のことを扱うと、過去のことは、過去の歴史的な事実を明らかにするために、資料が要る。資料によって過去の事実は明らかにされていく部分もあって、そうでない部分もあるわけですけども。それをやっているときに、いつも感じるのは、資料が不足している。残されていない。

　これを現在の東北、東日本大震災のことにあてはめて考えると、先ほど北原先生が、おっしゃいましたけども、現在映像で撮られたり、あるいは記録としておそらく残されていくだろうものを、実は保存していくということが、大変重要なのではないかと。

　これから後のことを考える材料として、現実に進行しているいろんな情報、あるいはデータ、これを確実に確保して残していくということを、やっぱり歴史をやる者としては、特に強調して提言したいと思います。

　歴史というのは過去のことを扱うと言いましたけれども、実はいまも歴史だということを実感させる事態が、いまおそらく東日本大震災の現実だというふうに思います。これは日本全体として考えるべきことだろうと。

　だから、まだいわゆる非日常のなかにいる方がたくさんいる。日常の生活を送っている方もいる。それが一体となって、その記録を、現在積み上げられている記録を、さらに後世に残していくという、そういう作業も、歴史をやる者の務めであろうと思います。ということも、一つの提言としまして、今日のシンポジウム、講演会を終わらせていただきたいと思います。

　どうも長い間、ご静聴ありがとうございました。

●司会　本日は長時間にわたり、お付き合いくださいましてありがとうございました。最後に、講師の先生方、司会の先生に盛大な拍手でもって終わりたいと思います。ありがとうございました。

（終了）

第3部

被災地における特別支援教育の役割

2012年3月25日（日）

●趣旨説明●

原　　清治（佛教大学教育学部長）

●基調講演●

Ⅰ　阪神・淡路大震災から東日本大震災へ
　　村上　球男（元兵庫県立いなみ野特別支援学校長）

Ⅱ　震災等被災地における障害児支援の課題－2つの大震災から考えること－
　　後上　鐵夫（大阪体育大学教授／前国立特別支援教育総合研究所部長）

●パネルディスカッション●

コーディネーター：谷川　至孝（佛教大学教育学部教授）

パネリスト
　　村上　球男（元兵庫県立いなみ野特別支援学校長）
　　後上　鐵夫（大阪体育大学教授／前国立特別支援教育総合研究所部長）
　　免田　　賢（佛教大学教育学部准教授）
　　菅原　伸康（佛教大学教育学部准教授）

●趣旨説明●

佛教大学教育学部長
原　清治

　こんにちは。教育学部長の原でございます。
　本日のシンポジウム開催にあたりまして、これまでわれわれがどのような議論をしてきたのかを振り返りながら、本会の趣旨についてご説明をさせていただきます。
　まず、東日本大震災のシンポジウムにおいて、教育学部がいったい何を提案したらよいのかと議論をいたしました。皆さま方もご記憶のとおり、東日本大震災のときは、学校や先生方の果たす役割が小さくなかったといわれています。それらをテーマに取り上げていこうではないかといった意見もございました。一方で、教育学部ならではの、あるいは教育学部でなければ気付かない視点はないだろうかという議論も併せてさせていただきました。
　少々感傷的な話になりますが、昨年度までわれわれが所属いたします教育学部に中村義行教授がいらっしゃいました。中村先生は、特別支援教育の専門家でもございましたが、昨年、そのかけがえのない仲間を失うという残念なできごとがございました。
　そういった意味を含めまして、やはり特別支援教育の大切さや意義というものに、われわれはもう一度向き合わなければならないのではないかという結論に達し、本日のシンポジウムを迎えるに至りました。
　ゆえに、本シンポジウムは、被災地における学校、とりわけ特別支援学校の役割がどうであったのかを考えたいというのが問題設定の中心にあります。この震災のなかで「学校」というカテゴリーで捉えてしまうと見過ごされがちになってしまうところに、あえてしっかりと焦点を当てて、そこに向き合いながら本日のシンポジウムを開催するという趣旨を立てました。

第1部は、まず、村上球男先生にご登壇をいただきます。村上先生は、後でご自身のプロフィールをお話しされるかも分かりませんが、阪神・淡路大震災が起こりましたときに、ちょうど兵庫県の特別支援学校の校長として、震災を乗り越えられた経験をお持ちでいらっしゃいます。
　その時の教訓が、果たして今回の東日本大震災にどのように生かされていたのか、あるいは、そうでなかったのか、その辺りの気付きをわれわれに提起していただきたい。そんな思いで村上先生にご登壇をお願い申し上げました。
　続いて後上鐵夫先生でございますが、後上先生は、この2度の震災をしっかりとご自身の目で足で歩かれた上で、国家の教育行政として、あるいは文部科学省の施策として、特別支援に対してさまざまな指導をされるお立場の先生でいらっしゃいます。したがいまして、大所高所から震災時における特別支援学校園の役割や、あるいは特別支援教育に携わる者がどうあるべきなのかといった点について、ご提案ご提起を頂けるだろうという思いでお願いを申し上げた次第でございます。
　1部を基調提案の講演といたしますと、それを受けて、2部は本学の先生方にも登壇いただいた上で議論をしたいと考えています。そこでは、本日お集まりの皆さま方からも質問をお受けしながら、できるだけ実りある、また多様な視点から議論できるように設定をいたしました。
　2部のシンポジウムの司会とコーディネーターを務めます谷川至孝教授もこの震災には大きく関わってきたおひとりです。震災後に被災地の子どもたちが、この京都市内、京都府下にも緊急避難してきており、そうした子どもを受け入れる学校がたくさんございます。その学校で、本学の学生たちが関わっているボランティアの支援、コーディネートをずっとしてきた中心人物であります。
　その谷川先生をコーディネーターとして、本学教育学部の専任教員である免田賢先生は、臨床心理学者の立場から特別支援教育を研究され、また、菅原伸康先生は、教育学的な視点から特別な支援を必要とする子どもたちを研究してきた立場で、それぞれ第2部のシンポジウムで、忌憚のない意見をディスカッ

第3部　被災地における特別支援教育の役割　　　　　　　　　155

ションしてもらいます。そんな趣旨を含んで2部構成にいたしました。

　以上が、今回の趣旨でございます。このシンポジウムを通しまして、教育学部としましては、ぜひ、被災地における特別支援教育の役割がいったい何であったのかを問い直す機会になればという思いで本会を企画をさせていただきました。
　あらためて、人間の絆、優しさといったものが、いったいどこにあるのか、それを特別支援というキーワードから考えてみたいと思っております。
　以上、簡単ではございますが、教育学部を代表いたしまして趣旨説明をさせていただきました。
　本日はよろしくお願い申し上げます。

● 基調講演Ⅰ ●

阪神・淡路大震災から東日本大震災へ

村 上 球 男

　皆さん、こんにちは。ご紹介いただいた村上です。ちょうど阪神・淡路大震災が起こったときは神戸養護学校（当時）にいまして、高等部長をしていました。まだ早朝の午前5時46分だったので私も寝ていたのですが、本当に、布団から何センチ上に上がって落ちたでしょうか。その後すごい揺れが来たのですが、その後はできるだけ早く勤務校の方に行って。それからずっと、学校で総務部長と一緒に2人で本部体制を敷いて、いろんなことを行ってきました。

　阪神・淡路大震災が起こったのが平成7年（1995）1月17日午前5時46分、それから、今回の東日本大震災が平成23年（2011）の3月11日午後2時46分。最初に大地震を経験した者としては、この46分というのは、くしくも同じ時間だなと。ただ、午前と午後、それぞれ地震の状況そのものも随分違うので、その後の被害や影響、対応等いろいろなことに関係してきます。

　阪神・淡路大震災のときは淡路島北淡町、野島断層を起点として、活断層沿いに神戸市、芦屋市、西宮市、宝塚市、伊丹市と、大きな被害が出ました。亡くなった方は、ほとんど家屋とか家財の下敷きの圧死の方が多いです。長田区では火で逃げることができなかった方が多かったのです。

　東日本大震災の方は、プレート地震ということで、揺れも大きかったのですが、それに引き続く津波によって本当に跡形もなく町や村が流され、人々がさらわれてしまった。同じ大震災と言いながらも、すごく大きな違いがあるなと思います。

　今日お話しする内容なのですが、阪神・淡路大震災のときの兵庫県の盲・聾・養護学校の状況、それから、勤務校でした神戸養護学校の取り組み、そのな

かから学んだこと、それから、今後に向けて、特別支援教育の役割ということでお話をさせていただきます。

阪神・淡路大震災から17年たって、いろんなことが整ってきています。例えば、阪神・淡路大震災のときには出ていなかったのですが、東日本大震災では、障害のある人は、全体の死亡率の2倍であることが、分かってきています。

災害時の死亡率は、一定の被害率を超えるまでは、障害のある方もない方も、ほぼ同じで変わらないのですが、災害全体で比較すると障害のある方は障害のない方の2倍といわれています。しかし、一定の比率を超えるとその数は5倍になるとも言われています。

どこが違うのかと言うと、災害時の要支援者だけでなく、その支援者も被害を受けるので、そのことによって、さらに死亡率が5倍になるということまで分かってきています。ですから、被災状況によっては、随分違ったものになります。

1　阪神・淡路大震災時の盲・聾・養護学校の状況

これは、兵庫県教育委員会が平成7年（1995）度の「指導の重点」でまとめたものです。そこに、公立学校児童生徒の死亡状況とあります。神戸市、阪神間、淡路島を含めて、小学校が162名、中学校が81名、盲・聾・養護学校が3名、高等学校が41名、全体ですと、287名の児童生徒が亡くなっています。

盲・聾・養護学校で、午前5時46分の瞬間に亡くなった生徒が3名いて、そのうちの1名が神戸養護学校の中学部の1年生の男の子でした。ちょうど2階建ての1階に、おじいちゃんと弟と3人で寝ていたところ、家屋がつぶれて、その下で亡くなった。

では、教員の方はどうだったかと言うと、市立学校の校長の死亡が2名、県立が1名で、校長が3名亡くなっています。それから、教頭が1名、教諭、養護教諭、講師と、合計15名の方が亡くなっています。

被害状況も下にありますが、学校もそれぞれ大きな被害を受けています。活断層沿いの所と、そうでない所は極端に被害が分かれます。

当時、兵庫県障害児教育諸学校長会と言いまして、盲学校、聾学校、肢体、知的、病弱養護学校全てを統括している校長会なのですが、この校長会が、「あの一瞬を忘れないために」という記録を作りました（図1）。これは500ページの厚さになる、A4判の冊子なのですが、ここに当時の全ての状況、学校の記録、県の対応であったりとか、統計的なことも含めてまとまっています。

先ほど話したように、あの瞬間に障害のある3名の児童生徒が亡くなりました。その後、2名の児童生徒が亡くなって、盲・聾・養護学校で言うと、5名の児童生徒が亡くなっています。

2名の生徒さんについては、肢体不自由のお子さんで、避難生活のなかで肺炎を起こして亡くなっています。その後の避難生活が、障害のある子どもたちにとっていかに過酷なものだったかを推察できると思います。

直下型ということで、場所によって被害の状況が全然違います。震災は、17日にあったのですが、18日からもう授業をやっている学校も兵庫県のなかにありました。例えば、私が退職をした、いなみ野養護学校、現在のいなみ野特別支援学校ですが、確か18日から授業をしていたのではないかと思います。

ですが淡路、阪神間のように、学校再開が1月末、2月になったところもあります。そういうことが先ほどの冊子のなかには詳しく書かれています。

2 震災時の神戸養護学校の取組

　障害種は違っても、多くの学校が同じような取り組みを震災後に進めていっています。震災が起こったのが、平成6年度の1月17日ですので、これは、次の平成7年度に神戸養護学校で、県の教育研究グループ奨励事業を受け、1年間掛けて、75ページ程にまとめた冊子です（図2）。

　学校の所在地は神戸市の北区で、当時の児童生徒数は166名、内訳は、小学部46名、中学部35名、高等部85名です。甚大な被害があった兵庫区、長田区と、北区が校区でした。兵庫区、長田区が本当にひどかったですね。北区にある校舎そのものは大きな被害はなく、地域も被害が軽微だったので、避難所にはなりませんでした。当然、養護学校の特色として、教員がたくさん配置されています。このことが後で活躍をしてくれることになります。

　知的の養護学校では、多くの生徒が、特に小中学部の児童生徒はスクールバスで登校してきますので、震災後、道路状況もそうですし、いろいろな交通機関の途絶も含めてですが、バスが走れる状況ではないので、学校再開には、スクールバスの運行が大きなポイントになってきました。

　すぐ学校に駆け付けた後、本部体制を敷きまして、いろいろやったのですが、ここで問題になるのは、フローチャートはありますけれど、震災があったときに、必ずしも、校長が学校に一番に駆け付けて来られるわけではない、ということです。場合によれば、先ほどの表でもありましたように、校長先生が既に亡くなっておられることもあります。教頭先生、事務長さんもそうです。

図2

それぞれの住んでおられる所から学校に来られることも、なかなか難しいと思います。

そんなことも含めて、起こったときに一番大切なのは、連絡窓口の一本化で、指揮命令系統の確立、また、情報の共有ということで、この3点について進めて行きました。

情報の共有

例えば、情報の共有で言いますと、知的の特別支援学校は、本当にいろんな意味で危機管理の経験があります。例えば、「誰々君が家を出たけれど、まだ学校に来ていない、いまどこにいるんだろう」というような行方不明であったり、いろんなことに関して、では、どうしようというような経験があります。ですので、このときも職員室に大きな模造紙をいっぱい貼り合わせて、そこを見れば全てのことが分かるようなかたちで進めて行きました。やはり、情報を発信すると同時に、共有していくということが大切です。

窓口の一本化と指揮命令系統の確立

それから、後でも出てくるのですが、校長、教頭、事務長といった、トップがいないなかで、避難者が学校に押し寄せて来た場合とか、いろんなことについて、そこにいる人間が判断できる、進めていけることが大切だということも含めて、窓口を1つにすること、こういったシステムを整えておく。「これで動く」ということを決めておくことが大切だと思います。

安否確認

これは先ほどあったところですが、神戸養護学校の特色としては、たぶん兵庫県のなかでも安否確認はかなり早かったのではないかと思います。翌18日の夕刻には、児童生徒全員の確認を終えました。そのなかで、中学部の男子が1名亡くなっていたことが分かりました。

それから19日、2日後には、家族も含めて教職員の安否も全て把握をしま

した。教職員のなかでも、子どもが1名亡くなっていました。その一方で、倒壊家屋が多かったわりには、兵庫、長田で下敷きになっても、近所の人に助け出された、掘り起こされたなど、いろんな形で助けられた例も多くありました。

　このとき私は高等部2年を担任していましたが、あの子の家はたぶんつぶれて、どうなんだろうと心配していたところ、家はぺしゃんこにつぶれていたのですが、隙間に挟まれていたので、近所の人に助け出されて無事だった。

　それから、教職員も親戚も含めて大きな被害を受けていました。先ほども言いましたように、交通は途絶をしていましたが、学校周辺は本当に被害がなかった。

被害状況の把握

　全焼の家が2、全壊が4、半壊が13、一部損壊が35、被害なしが45。家族の安否、被害なしが81。北区とか、生き埋めになったけれども大丈夫だったという方もいらっしゃいました。

　その後の生活ですが、避難所が12、他府県も含めた親戚宅等が14、自宅が79。では、6カ月後、これは7月14日から20日にかけて調査をしております。「いまどこにお住まいですか」というのが、自宅が多くなっていますが、続いて仮設、親類宅、その他となっています。本当にかなり大変ななか、本校の児童生徒、ご家族、保護者の方に回答をいただいて、137名中99名の回答を得ました。

　「震災後2週間まででどうでしたか」、ということもいろんなかたちで聞いていますが、「早く学校が再開してほしかった」が47、「いいえ」が30。まだまだそういう状況ではなかったのだろうと思います。無記入もそうだったと思います。

　「誰かに子どもを見てほしかった」。これも「はい」というのは少ないのですが、「いいえ」が54というのは、たぶん、こういうときだからこそ、自分たち、親が見なければという思いが強かったのだろうと思います。無記入がかな

り多いのですが、質問が簡単な質問だったので、どう答えていいのか分からなかったところがありますね。

家庭訪問

　家庭訪問については、震災後、職員が学校まで通勤ができず公衆電話等で学校に連絡が入って来ますので、震災当日から、では、どこどこに行って、その区域の小学部1年生から高等部3年生までの安否確認をやってくださいというかたちで、避難所、それから、自宅というか、避難先も含めて全て教員が回って歩きました。実際に教員が訪ねてきたのを、家庭訪問と取っていないケースもあるかもしれません。

　「困ったときに学校に相談しましたか」。これも無記入が多いのですが「いつも飲んでいる薬が手に入りましたか。」これは、てんかん発作等の、子どもが常に必要としている薬がどうだったかを聞いています。

　まずは児童生徒の安否確認。その次に児童生徒の安心ということで、一番初めに先生方にお願いをしたのは、とにかく安否確認をした後、1日何回になろうと、昨日行った同じ所でもいいから、顔を見せて、それぞれの児童生徒の様子をつかんでほしいと。

　やはりよく知っている先生が顔を見せることによって、子どもたちも安心するし、そのなかで寄り添うというか、本当に子どもをよく知っている担任や、学年の先生、学校の先生が来てくれるだけで随分違うので、とにかく子どもを安心させてほしいということを第一にやりました。

　その後、それぞれ、避難先等で保護者にもお会いするので、「いま子どもたちに必要なものは何ですか」とか、「避難先で必要なものは何ですか」とずっと聞いていって、それをまた学校の方に連絡を上げて、対応を検討しました。

支援物資の到着

　その後1週間もたたないうちに、全国から支援物資も学校に届きました。これは、学校名が神戸養護学校で、震災は神戸がひどかったですから、神戸の学

第3部　被災地における特別支援教育の役割　　　　　　　　163

校だということで、そういった理由もあるのかなと思います。

　でも、それだけではなかなかニーズに応じたものがないので、避難先の児童生徒、家庭に必要なものは自分たちで調達しようじゃないかと、職員の自主的な組織として救援センターを学校内につくりました。資金は職員のカンパです。職員が出してくれたお金で、いろんなものを購入したりとか、ほかの支援物資の集積所に行っていただいたりしました。

　それから、神戸市に、学校を避難所として認めていただいて、学校に避難してきた神戸養護学校の児童生徒の家庭について物資が届くようにしました。

　全国からいろいろ支援物資が来るのですが、多かったのは、子ども用のおむつとか、大人用のおむつ。結構たくさんありましたね。これは最終的に、後で処分に困ったのですが。

　それからもう1つ、児童生徒と同じように家族支援が、こういったときには大切だということで、例えば、子どもと一緒に避難所にいる、また、自宅にいるのだけれど、なかなか子どものそばを離れて水や食料等の必要物資を並んで受け取ることができないときには、子どもと一緒に職員、教員が並んだり、「子どもと一緒にいますから、お父さん、お母さん、ぜひ必要な物を取ってきてください」と。また、「自宅の片付けを頑張ってください」とか。

家族支援

　そういった意味で、子どもと一緒にいる、子どもを支えている家庭、家族の支援。家族も本当にしんどい思いをし、疲れていますから、家族がほっとできるケアも必要だなということで、こういったことにも取り組んできました。

　1月17日に起こっていますが、その後、神戸養護学校は1月31日に学校を再開するまで子どもたちが学校に来られませんので、子どもたちがどこかに集まれる場所、そこに教員が行けば、1軒1軒家庭訪問とか、避難先に行かなくてもいいのではないかということで、学校と、2つの通所施設を含めた所に、みんなが集まれる開放学級をつくりました。

学校の再開

その後、学校が再開した後ですが、兵庫、長田区の児童生徒は、スクールバスも動いていないですし、学校まで来られないのですね。当初スクールバスは運行可能なコースのみで動いていました。そこで、兵庫、長田区の子どもたちが集まれる場所というので、学校と、夢野中学校と、同じく兵庫区の作業所に地域臨時教室を開設して、そこで、みんなが集まって、お互い何かができる場所をつくっていきました。

これが、開放学級と地域臨時教室というかたちになります。これは、ほかの多くの障害者施設をかかえたところでも、こういった動きをしています。

それから、隣の家が寄りかかって来ているとか、地盤が弱くなっていて、家そのものが傾いている。それで、避難所に避難をしたのだけれども、避難場所が学校の大きな体育館であったり、障害のある人たちの何家族かがまとまって一緒に教室に、となったとしても、なかなかそこでは過ごすことはできなくて、どうしても家に帰らざるをえないという子どもたちがいます。

学校への避難

そんななかで、どうしても避難先の避難所とか自宅では過ごすことができない神戸養護学校の児童生徒と家族に、学校に避難していただこうと、当時の第2養訓室とか、検査室、畳の部屋等を、落ち着き先が決まるまでの避難先として提供してきました。

仮設住宅が当たって、学校から仮設住宅に出ていかれた最終の人が4月20日ですから、それまでずっと学校にいて、そこから仕事に行かれたり、神戸養護学校在籍の児童生徒は教室に行ったりということが続きました。

学校再開に向けた準備では、スクールバスがどういうかたちで運行できるだろうか、このコースだったら運行できるよ、と何段階にも分けてスクールバス運行を行いながら、それと、交通機関の回復も待って、自力通学するというかたちで、学校再開に向けた準備を震災直後から始めました。

当初は1月24日に再開をしたかったのですが、いろんな状況で到底無理だ

第3部　被災地における特別支援教育の役割

ということで、1月31日になりました。それと、給食の再開。当初は簡易給食でしたが、これはガス管の点検等があって、安全にというところまで随分時間が掛かりました。

3　震災から学んだこと

　ずっとお話をしてきましたが、本当に早く本部も立ち上げて、それぞれ必要なことに取り組めたなと思っています。東日本大震災もそうなのですが、こういったときに一番大切なのは、それぞれの子どもたちのところに出向いて行って、いま何がそこで起きていて、どんなことが必要なのか、どんなニーズがあるのかを的確につかんで、それに応じた取り組みができるかどうかが、ポイントになってくるのだろうと思います。

　このことは、例えば仮設住宅もそうなのですが、一律の規格で作らざるをえないので、例えば、養護学校、特別支援学校の児童生徒でなくても、大人の方で、いろんな病気で、1人では移動が難しいとか、認知症であるとか、視覚、聴覚の障害があって、1人で生活するのが難しいという場合にも、一律になってくると、新たな課題がでてきます。

　仮設住宅はだいたい段がありますから、仮設から出ようにも、そこがネックになって出られないとか、いろんなことが起こります。一人一人の被災者の実態や障害のある人たちにとって必要なものにそって取り組むことがポイントになってくると思います。

安心の確保
　まず、安心の確保を最優先しました。例えば、スキンシップ。先生方には、子供と出会ったら、ぜひ、子どもと同じ目線で、特に小さな小学部、中学部の子どもたちの場合、抱きしめてあげて、高等部ぐらいだったら手を握ってあげて、そういうかたちでとにかく安心を伝えようと言い続けていました。ずっと余震も続いていくわけですから、そういったことにも対応していきましょう

と。それから、先ほども言いましたけど、組織的に救援センターも立ち上げて、いろんなことをやってきました。

　子供たちの様子について保護者から聞いていますとね、ずっと避難先とか、例えば、自衛隊のテントで過ごしていて、そういうなかで落ち着かない子どもたちに何が必要なのかと言ったら、子どもによっては絵本であったり、お菓子であったり、いろんな物が出てくるのですが、それを全て調えて、学校にある物は学校から持って行くというかたちで避難先へ届けてきました。

　それと、保護者が疲れ切って倒れては駄目なので、保護者支援。それから、臨時教室。そういった意味では、必要なことは何でもやろうというのが当時の状況だったと思います。

危機管理マニュアル

　そういったなかで、平成7年度にまとめとして、記録もそうですし、このマニュアルもそうなんですが、防災教育を進めていくのに、どんなことが大切なのだろうということで、こういう冊子にまとめてマニュアルをつくりました。

　これがそのフローチャートです（図3）。最初に言いましたように、校長がいない、とにかく現場にはもちろんまだたどり着いていない。安否も分からな

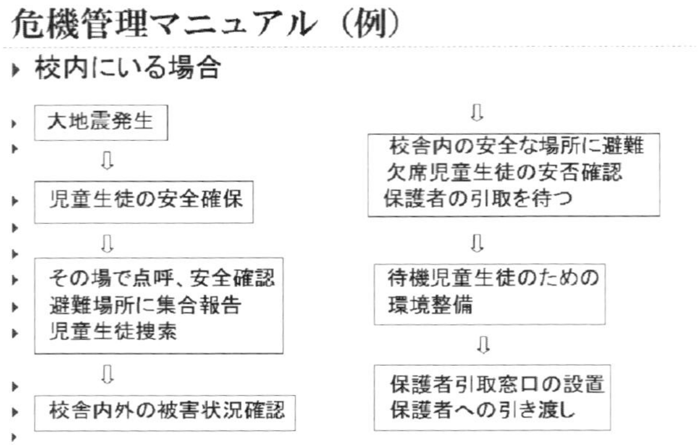

危機管理マニュアル（例）
▶ 校内にいる場合

```
大地震発生                              校舎内の安全な場所に避難
    ⇩                                  欠席児童生徒の安否確認
児童生徒の安全確保                      保護者の引取を待つ
    ⇩                                      ⇩
その場で点呼、安全確認                  待機児童生徒のための
避難場所に集合報告                      環境整備
児童生徒捜索                               ⇩
    ⇩                                  保護者引取窓口の設置
校舎内外の被害状況確認                  保護者への引き渡し
```

図3

い。校長がいないと物事が進められないとなると、本当に目の前に来ている、避難されている人もそうですし、子どもたちに対することとか、いろんなことが動かないですよね。

　ですから、その場にいち早く駆け付けた者が、いま何をしなければならないか、そのことに関しては前もって確認しておいて、このマニュアルに沿って取りあえずは流れに沿って動かしていこうと。責任は最終的に校長が取るということを決めておかないと、混乱をするだろうと。

　例えば、避難された方が来たときに、まずは体育館に全部入っていただいて、そこから「この人たちには、個室がいいよね」と決めていく。本校の児童生徒も含めてですけれども、大きい部屋で過ごすのがなかなか難しい子どもたちには、ここの部屋、と。そして、職員室とか事務室とかは、本部スペースとして確保する。そういうことも含めて大切なことかなと思います。

　研修を深めるため静岡に行ったのですが、静岡は東海地震への備えで、警戒警報が出たらこのように対応しましょう、というマニュアルがありました。実際、震災が起こったらどうしましょうという、平成7年の静岡県作成のマニュアル（アクションプログラムという名称）はすごい分量の冊子でした。実際に関係者の方が全て読まれているのですかと言うとこれがなかなか難しくて、とにかく、こういうときに必要なのは簡単なもので、臨機応変に動けるものが良いだろうと思っています。

　当時、神戸市立の肢体不自由養護学校がすごく困っていたのは、赤ちゃん用というか、子ども用の紙おむつと、大人用のものはあるのだけれど、ちょうど、中学生くらいの真ん中の年齢のがまったくないことでした。

　そういったことが学校に届いていました。たまたま、知人から北海道の社会福祉協議会の方が、被災地の学校でどんなものが必要か問合せがあるという情報をえて、北海道で中学生用のものを購入していただいて神戸まで送ってもらいました。それを、少し私が動けるようになってから、神戸市の肢体不自由養護学校2校に届けてきました。現場のニーズで言うと、本当に必要なものは何かが的確につかめて、集約ができて、それに対応できることが必要だろうと思

児童生徒引取票

日時	年　月　日　午前・午後　時　分
所属	小学部・中学部・高等部　　年　　組　担任氏名（　　　）
児童生徒氏名（　　　）	
引取者氏名（　　　）	
児童生徒との関係　父　母　祖父　祖母　兄　姉　その他（　　　）	
引取者確認方法（　　　）	
引取先　自宅　避難所（　　　）	
連絡方法（　　　）	

図4

防災カード　　　　　　　　　　○裏面に家族写真添付

所属　小学部・中学部・高等部　年　組
氏名（　　　）　生年月日　年　月　日
住所（　　　）　連絡方法（　　　）
緊急連絡先（家族・職場・親戚・知人等）
1（氏名）（関係）（住所）（連絡方法）
2
3
本人の特徴
支援の方法
血液型　A　B　O　AB　(Rh)　+　−
持病・常用薬等
自宅最寄りの避難場所（　　　）

図5

います。

　それから、これが引き取り票です（図4）。そして、防災カード（図5）。前もってこんなことをまとめておいたらいいのかなと思います。

　次に震災が子どもたちに与えた影響についてですが、明石にある兵庫県立中央児童相談所（現・中央こども家庭センター）が明石の小学生に対して、震災直後と6カ月後というので調査をしましたので、同じ項目で本校も調査を行いました。本校の場合は、震災直後のことについては、前述の独自の調査と併せて、両方書いてもらったかたちになります。

　小学生は震災のことについて、いっぱい、こうだったよ、ああだったよ、怖かったと言っているのですが、そういうことがうまく伝えられない、知的障

害、自閉症の子どもたちは、受けたストレスが、行動とか、さまざまなかたちで出てきています。例えば、イライラするとか、甘えてくるとか、6カ月後に突然大声を上げるようになったとか、いろんなことが、その調査から読み取れると思います。

避難所になった神戸市立青陽東養護学校
　次は、避難所になった神戸市立青陽東養護学校ですが、ここも知的障害の養護学校で、ここは、JR灘駅の周りが暗くなっていたときに唯一明かりがついていた所でした。午前5時46分に起こっていますから、いろいろ一日あって、日が暮れたころに唯一明かりがついていたので、そこに皆さんが避難をされてきました。
　ですから、自校の児童生徒のことだけではなくて、避難所の運営をする人間がとても大変でした。そこで一番大変になってくるのが、お便所のことを含めた水の問題でした。マンションなどもそうですが、学校も、いったん水を屋上の貯水槽に上げて、そこから下に流しています。ところが屋上の貯水槽の容量は、こんな避難所になることを想定して水をためていませんから、当然、水道が止まってしまうと水が一遍になくなってしまいます。その辺が一番困ったことでした。
　ここでも、在籍の児童生徒を受け入れて、「あなたたちはここで」というかたちにするのですが、でも、そこに「俺もここに入れてくれ」という避難者の方もいて、その方との関係も含めて、なかなか難しかったという記録が残っています。
　学校再開の話に移りますと、今回の東日本もそうなのですが、子どもが学校に戻って来るというのは、そこに避難されている方々にとっても、すごく元気を与えます。いろんな意味で、子どもの笑顔が一番です。
　こういったわれわれのように、教育に携わってきた者、現在携わっている者、これから携わっていこうという方々も含めてですけれど、子どもは未来の希望というか、子どもが生き生きとしている、その笑顔が一番だということを

改めて実感しました。

発想の転換

それから、もう1つは、「こんなときだからこそ」という発想が、とても重要かと思います。大変なときだから、学習発表会とか行事はやめようとか、こんなことは控えた方がいいのではないか、とか。東日本でもかなりの行事が全国的に控えられましたが、逆に言えば、こんなときだからこそという発想が必要なのかなと思います。

障害に対応した取り組みを

最後に提言になります。例えば、まったく耳が聞こえない方にとっては、「いまから津波が来る。早く逃げてください」というラジオであったり、スピーカーの広報は、まったく伝わらないですよね。そのなかで、被災に遭われたりもしています。ですから、それぞれの障害のニーズに応じた、一人一人に対する本当に丁寧な取り組みが必要だと思います。

特別支援学校が地域のセンターに

特別支援教育は、特別支援学校が地域のセンター的な役割を担っていますから、そこで専門性を生かすことが重要です。神戸養護学校の周りには、小学校、中学校、高等学校、私立の高等学校を入れて、4校の学校があるのですが、もし、災害が起きてそれぞれ学校に避難されてきた場合に、それぞれの学校と役割分担をしながら、神戸養護学校は、障害のある方とか、高齢者、災害弱者の避難所としての役割をしますよということが、大切だろうと思いますし、また、そこからいろいろ情報発信できるセンター的な役割をすることが、特別支援学校が果たす一番大きな役割かなと思います。

それと同時に、先ほども言いましたように、家族支援であったり、避難所のことであったり、それから、情報発信と共有といったことも、特別支援学校の役割として大切だと思います。

第 3 部　被災地における特別支援教育の役割

　そのためには、地域のなかで、日頃から、情報発信をしたり、つながりを持つことで、市のなかでそういう避難所として位置付けてもらうなど、いろんなことを積み上げておいてこそ、いざというときに、役に立つのだろうと思います。そういう意味では、平時から、自治会、福祉、医療、NPO等とのいろんな連携が必要だろうと思います。

共生社会を目指す
　それから、共生社会を目指すことを視野に入れた取組。これは、文科省の「特別支援教育の推進について」のなかにも最後に書かれていますが、共生社会を目指してということが一番大切なのかなと思います。
　地域で、「あそこのおうちは歩けないお年寄りがいるよ」とか、「あそこのじいちゃんは認知症だよ」とか、「あそこには自閉症のお子さんがいて」という、地域のなかでそういう情報がつながっていれば、いざというときに動けます。実際に動けなかったとしても、地域のなかでそういった二重、三重、四重、五重というシステムをつくっておくと随分違うのだろうと思います。
　この、キーマンを増やすということは、何も特別支援学校の教員が専門性があるから、その人たちが核になるということだけではなくて、例えば、あるお子さんが発達障害で、「こんなことが私は苦手なんです」というのを、サポートブック等で持っておられたら、その場にいる方がそれを見て、じゃあ、この方、この子にはこんな支援をしようということができます。

キーマンとなる特別支援学校教員
　本人が持っていることもそうですが、情報の発信と同時に、キーマンとなる人が増えていく。そこに特別支援学校の教員が果たす役割や、特別支援学校でなくても、幼、小、中、高、大学も含めてですが、そういったことができる人がいる、いないというのが、大きな分かれ道になるだろうと思います。
　そういう意味では、共生社会を目指してキーマンを増やすことはとても大切ですし、よく、避難所でも安否の確認が貼ってあったりとか、今日はどこに行

けば給水がありますよとか、いろんなことを含めてですが、情報が見て分かる、という視覚支援もとても大切です。

　視覚支援も、そのときに作ってできるものではなくて、常日頃から、そういった取り組み、積み重ねがあって、「この人が発信している情報は信用できるな」とか、その情報の読み取りができて初めてうまくいくのです。地域づくりも、キーマンも、その他のいろんな方法もそうですが、常日頃の積み上げがあってこそ、対応できると思います。

　ただ、実際にいま東日本で、どれだけそういうつながりができているかというと、なかなか難しいところがあって、同じような課題がまた出てきているようにも感じます。

『自閉症の人たちのための防災ハンドブック』

　これは、その後の取り組みで、平成20年（2008）に日本自閉症協会が『自閉症の人たちのための防災ハンドブック』というものを出しています。この後、平成24年（2012）3月にも、東日本大震災を受けた後に改訂版が出されています。具体的にこういうのが出てきています。それから、発達障害の情報センターでも、今回の東日本大震災のことも含めて、こういった支援をしたらいいですよと、いうように、いろんなものがいま整ってきています。

　それが本当にうまく地域のなかで根付いて、障害のある方に出会ったときにキーマンがいて、ぱっと助けてくれるようなことになっていけばいいと思いますけれども、まだまだかかるのかなと。阪神・淡路大震災が平成7年（1995）に起こって、自閉症協会がこの本を出したのが平成20年（2008）ですから、随分かかりました。

　最後になりますが、福島県の大熊町の話です。今回の津波が到達したところに、ずっと桜を植えていきましょうと、「桜ライン」というのが、いま計画されています。目で見て分かるように、ここから上に逃げましょうということも含めてですけれど、桜が植えられています。ソメイヨシノの樹齢がだいたい40年から60年ですが、この桜「陽光」は100年から200年の樹齢で、しかも

「陽光」という桜は、いろんな思いで開発された桜でもあります。
　ご静聴ありがとうございました。

　　　　　　　　　　（むらかみ　たまお　元兵庫県立いなみ野特別支援学校長）

● 基調講演 II ●

震災等被災地における障害児支援の課題
― 2つの大震災から考えること ―

後 上 鐵 夫

　こんにちは。ご紹介を受けました後上と申します。阪神・淡路大震災と東日本大震災の2つの震災から、いったいわれわれは何を学び、何を考えればいいのかといったテーマで、お話をさせていただければと思っています。

　考えるべき1つ目の視点は、「重なる困難さのなかで」ということです。「家族の大変さ」というのが、私はいまもなお続いていると思っています。家族の安定があってこそ、子どもの安定があるという立場に立つとしたら、この家族の安定をどんなふうにして、われわれはサポートしていけばいいのかという問題について考えないといけません。

　さらに、「地域の大変さ」があります。先ほど、村上先生のお話のなかにもありましたけれども、今回の東日本の大震災では、地域そのものがなくなってしまうといった大変さがあり、そうした状況の中で障害のある子どもへの支援というのは、いかにやるべきかということを考えないといけないと思っています。

　2つ目の視点としては、今回の大震災の後のさまざまな報道を聞いておりますと、あまりにも「想定外」という言葉が繰り返されてきています。こういう震災が起こるたびに「想定外」という言葉を使う私どもの愚かさ、そういった自然の見くびりというのでしょうか、人としてのおごりというのでしょうか、そういったものをもう一度、振り返って考え直さないといけないのではないでしょうか。

　私は、「想定外」を繰り返さないためにも、今日の話の中心は障害ごとの情

第3部 被災地における特別支援教育の役割

報の提供の在り方、障害児そのものの、障害者ごとの避難先の提供、個々の障害ごとのサポートの仕方、あるいは子どもの心のケアの問題、また補助具や医療の支援といった観点から、少し整理してみたいと思います。

今日の村上先生のお話の前段にもありましたけれども、この支援の対策というのは、災害が発生した直後と、1年たったいまと、あるいは将来の展望に立って、どうあるべきかというようなこと、それぞれの視点に立って考えないといけないことが山ほどあると思います。

発生直後、1年後、将来展望、そういった3つの視点から、問題を整理してみたいと思います。

障害に応じた情報の公平さと伝達という問題については、阪神・淡路のとき、マスコミが一番最初に取り上げた問題だったと思っています。いったいどこに避難をすればいいのか、あるいは緊急に避難をしないといけないのか。あるいは、高台へ避難をした方がいいのか、広場に避難した方がいいのか。あるいは、避難所内でどう動けばいいのか。これは障害によってもさまざまサポートが違うだろうと思うのです。

阪神・淡路のときの、こういった教訓が、東日本のときにうまく取り入れられて、障害がある方々が、その障害ごとに、きちんとした公平な情報の提供を受けていたのだろうかといったことについては、もう一度検証する必要があるのではないかと思ってまいりました。

この2つの震災は、起こった時刻も規模も、まるで違います。阪神・淡路は朝の早い時間でした。それ故、先生方は子どもの安否を確認するために駆けずり回られたのだろうと思います。

今回の東日本の大震災は昼間に起こりました。先生方は、子どもたちをいかに親元に帰すか、このテーマに向かってさまざまなご苦労がありました。その親元は、既に被災されている場合もございました。それどころか、先生方自身の家族の方にもさまざまな状況がございました。そういったなかで、いったい学校がどういう役割を演じればいいのか。そういった問題があるのではないかと私は思っています。

障害ごとに対応した情報の公平さ

　そこで、障害ごとに、どういう情報の公平さを確保すべきかということを少し考えてみますと、まず、視覚障害の人々に対する情報の伝達と誘導の仕方というのは、視覚障害者情報総合システム「サピエ」というのが現在、立ち上がっています。

　これは、日本点字図書館が統括している情報ですが、いわゆるデイジー図書といいますか、点字図書、あるいは電子板の図書。電子板で振動してくるものなんですが、そういった図書を、そこへ行けば手に入れることができる、あるいは地域情報が点字で提供される、そういう「サピエ」というシステムがございます。これに緊急避難情報というものを、どう組み入れていくかというのが現在、検討されているのだろうと思います。

注）デイジー＝DAISY（Digital Accessible Information System）

携帯電話の活用

　後ほど、またお話をしたいと思うのですが、個人的なことで非常に恐縮でございますが、私は左目がまったく見えません。生まれてすぐに疫病、いまで言えばウイルス性の疾患なんだろうと想定しますが、その疾患にかかって生死をさまよいました。結果、左目を喪失して生き延びたという生いたちを持っております。

　それ故に私も、携帯を持っておりますが、携帯電話に緊急地震情報というのを入れているんです。いろんな仕事の関係で、いろんなところへ行きます。最近で言えば、私は秋田県の方へ行く用がございました。そこで震度3の地震があって、たちまちのうちに、その地震情報が音声で私の携帯に流れてまいります。「何秒後に地震があるから避難しなさい」と言ってくるわけです。

　こういう音声でもって緊急避難情報や、緊急地震情報、そういったものが提供できるシステムが、もう出来上がっている。そういうシステムをいかにうまく活用するか。これは障害者の当事者団体がさまざまな情報を持っているので、それをしっかりと私たちが組み入れて対応していくことが必要なのではな

いかと思うのです。
　もちろん、避難所での音声アナウンスというのが、一方では非常に重視されます。他方、後ほど出ますが、聴覚障害のある方々にとっては、当然のことながら、音声情報は何の役にもたってこない。では、それに対してどういう情報を流せばいいのかといったことを、考えないといけないのではないかと思います。
　携帯電話というのは非常に便利なもので、バイブレーターという機能が付いていますから、聴覚障害者の方々の多くは、ほとんどバイブレーターになっています。それでメールのやり取りが可能となっています。そしてメールを送受信することで、情報のやりとりを彼らは可能にしております。そうすると、いまの非常時に電子メールを一斉送信するシステムを、さらに構築することが大事なのだろうと考えています。これは現在、かなり出来上がりつつあるんですが、まだ活用している人同士での、全国ネットにはなかなかなり得ていないという現実もあります。
　そういったように障害者ごとの対策本部を立ち上げるべきだと、当事者団体や福祉事務所が中心となって声を上げてきていました。最近、都道府県ごとに、こういう災害があったときに障害ごとの対策本部を立ち上げようという機運が起こっていることは事実なんです。が、今回の東日本大震災で、これがうまく活用できたかとなれば、マニュアルをつくったけれども、それが実働しなかったという現実もあったのではないか、と推察しております。

初期対応の重要性

　このほかに、透析を必要としている内部疾患のある方々、あるいは酸素吸入を必要としているような方々、移動介助が必要な肢体不自由の方々、高齢者や認知症という病気を持っていらっしゃる方々、知的障害や自閉症の方々、そういった方々ごとに、どういう情報をきちんと公平に提供するか。その問題は、今後も考えていかなければならない問題だろうと思います。これだけ文化が進み、情報機器が進んでいくなかで、みんなが知恵を絞ればできることはいっぱ

いあるのではないかと考えております。

　こういう初期の対応を確立するために必要なのは、まず障害者の当事者団体、あるいは親の会、福祉事務所、保健センター、あるいは関係団体の合同組織化されたシステムができないと、情報交換と、情報を統合してきちんと整理するということは、なかなか難しいと言われています。

個人情報の問題
　私も、後ほど少し提案をしたいのですが、障害のある方々が地域のどこにいるのか、どういう暮らしをして、どういうサポートを必要としていらっしゃるのか。そういう情報をきちっと地域ごとに整理する必要があります。それは、そのとおりだと思ってはいるのですが、そこに横たわる大きな問題に、個人情報やプライバシーの保護という問題があります。

　これを、どんなふうに克服するか。ただ一人一人の個人の情報を集めていいというものではありません。その個人情報の保護という問題とリンクしながら考えていかないといけない。この問題が、実はとてもややこしい問題の1つになっている現状があります。

　災害が起こったときは、こういう情報をきちっと集約して動くことが大事だと誰もが考えるわけですが、平常時に、その個人情報が違うかたちで使われるのではないかという危惧が、やはりまだ、われわれの国にはたくさんあるのではないかと。この問題をどうクリアするかというのも重要ではないかなと思っています。

障害に応じた避難先確保
　2つ目の問題に、障害に応じた避難先の確保という問題があります。今回の東日本大震災のさまざまなニュースでもお聞きになったことだろうと思いますし、私も、ある特別支援学校にお手伝いに行きましたときに見聞しましたことですが、障害のある子どもたちが、手狭な避難所のなかで大声で泣いたり騒いだり、あるいはうろつくというような状態が目立っておりました。

もちろん子どもが落ち着かないという現状があるわけです。その行動に、いらつく住民がいることも、また事実であるわけです。誰もが感情を高ぶらせているときではないかと思うのです。どちらが悪くて、どちらがいいという、そんな問題ではない。そういう問題を超えて、われわれができることは何かと考える必要があるのではないでしょうか。
　長引く避難生活のなかで、地域の方々が、例えば発達障害の子どもたちの状態像、そういうことに関する情報が十分認識されていないと教員側は思っているのですが、認識していたとしても、いらだちは消えないんだろうと思うのです。
　そのために、さまざまな小さなトラブルが起こっておりました。なかには「うるさい」と、保護者に向かって「ちゃんと子どもを管理しろ」と言う避難住民も確かにいらっしゃいました。けれども、不安を一番ストレートに、素直な気持ちで出さざるを得なかった障害のある子どもたちに対する一喝というのは、さまざまな問題を引き起こすわけです。
　保護者は、そのトラブルを避けるために、あるいは、そのトラブルが起こらないようにするために、あるいは、トラブルが起こったことを少しでも軽減するためにというのでしょうか、車の中で過ごしている家族がいました。車の中で過ごしている家族の何割かは、障害のある子どもを抱えているご家族ではなかったかと思います。また、ある家族は、まだ危険が残っていると言われている自宅に戻らざるを得ない。そこへ戻って生活しているケースもあると聞きました。
　全ての人が同じ避難所に入って、過酷な状況のなかで生活することを強いられるために、体調を崩したり、心身にさまざまな弊害をきたしたという話は、阪神・淡路のときに、たくさん見聞した話です。
　このトラブルを避けるには、同じ避難所に行くことが本当の意味で大事なのか、避難所を変えるという発想が持てないのか。そういった問題を、今一度考えてみたいと思うわけです。
　阪神・淡路大震災の後、新潟中越地震という大きな地震が起こりました。あ

るいは、新潟、福井県でしたか、台風豪雨で大災害が起こったという話もご記憶に新しいのではないかと思います。こういった経験を持ちながら、私たちは福祉避難所を指定しようという発想を少しずつ持ち始めました。

特別支援学校が広域福祉避難所の役割を

「災害救助法」という法律が改定されて、障害者、あるいは高齢者等に対して福祉避難所を指定していいという法律が定められました。そのうえに立って、平成17年度（2005）に内閣府が「災害時要援護者の避難支援ガイドライン」というものを出しました。

もちろん、一時（次）避難として地域の小中学校など一番近くの避難所へみんなが駆け込むだろうと思うのです。私は、その避難所のなかに地区福祉避難所を設置する、そういう運動をもっときちっと起こすべきだと考えています。小中学校のなかに福祉避難施設。高齢者や障害者や、その家族のための部屋を別個に指定する。

先ほど、村上先生が指示・命令系統を学校のなかに確立するという重要性をお話しなさいました。私も、そのとおりだと思いますが、もう一方で、その学校にはたくさんの人たちが避難をしてくる実情があるわけですから、どういうふうにして、この福祉避難施設を確保できるのか。そういうことに対する便宜の備えをきちっとしておく必要があろうかと思うのです。

そのうえで、二次避難ということを考えるべきだと。その必要に応じて、今度は障害種ごとに広域福祉避難所へ移っていく。知的障害の方、あるいは視覚障害の方、聴覚障害の方、さまざまな障害がある方々が、そういう広域二次避難所というところへ移っていく、そこでサポートを受ける。そこには総合福祉センターや保健センター、さまざまなところがあると思うのですが、そのなかの1つに特別支援学校が指定されるべきだと私は思っているわけです。

拠点福祉避難所、あるいは民間福祉避難所、そういったことも、さまざまなかたちで指定されだしてきています。けれども、特別支援学校が、この広域福祉避難所というところに指定されるという動きが、現在、十二分に進んでいる

かどうかということについては、まだまだ考えていかないといけないのではないかと思っています。

　なぜ特別支援学校が、こういう広域福祉避難所として位置付けられるべきなのかというのは、これから少しずつご説明をしていきたいと思っています。内閣府のガイドブックには、広域福祉避難所には、障害種別ごとに支援員を配置すべきだと書かれています。

　もう少し拡大して、こういう支援員が、さまざまな地域ごとに、私も今年、地域の町内会の役員をしているのですが、その町内会のなかに、そういう障害がある方々の支援ができるスタッフを、きちっと町内会ごとに指定していく、指名していくという動きが必要なのではないかと考えております。この障害種別ごとに応じた支援という、避難先から今度は、その障害種別ごとにサポートが必要だと考えるのです。

障害種別ごとに応じた支援

　障害のある子どものなかには、とろみ剤を使って食事をサポートしないと、食事ができない子どもたちがたくさんいます。そういう子どもたちに対して、どういうふうに支援をすることができるのでしょうか。

　あるいは、物事にこだわりを持つ子どもがいたり、環境の激変についていくことができないために衝動的な行動が起こってくる子どもたちもいるわけです。そういう子どもに対して、どういうサポートができるのでしょうか。

　一般の人の避難生活のなかで、食事そのものを支給することが大変なときに、そういう、とろみ剤を使った食事のありようというものが、どこまで考え得るのでしょうか。けれども、この食事支援を受けないと、子どもが生きていくことが難しいという現実もあるんだとしたら、そのことをも想定して考えておく必要があろうかと思います。

　特別支援学校には当然、病虚弱児・生徒を指導する特別支援学校が全国にたくさんございます。各都道府県に少なくとも1校2校は必ずあります。そういうところが広域避難所として特化されていると、そこには子どもたちの給食支

援のために確実にとろみ剤が保管されている。

　もちろん、そこが流されていってしまった場合にどうするかという問題も想定しないといけないと思うんですが、取りあえずは、そういう発想を持ってみることが必要なのではないだろうかと思うわけです。

　特別支援学校の先生や、特別支援教育を担当する先生方だけに期待することは大変なのかもしれませんが、少なくとも、いまの日本にあるリソースだと思うんです。そのリソースをどう集約していくかということが一番現実性のある話になっていくのではないでしょうか。

　補装具の確保という問題もあります。震災が起こって4日後に私は仲間からメールをもらいました。「電池を送ってくれ」というメールだったんですね。その仲間は、聴覚特別支援学校に勤務しておりましたが、子どもたちの補聴器に装填する電池がない。その電池を送ってほしいという話があって、私は大阪の幾つかの電器店を回って、自分の財力の問題もありましたけれど、集められるだけ集めて仲間に送りました。

　それから1週間後には、大阪の地から電池が入手しにくくなりました。たぶん東北の方では困ったと思うのです。そういう問題をわれわれはどのように考えておけばいいのでしょうか。

　あるいは、車いすや歩行器が泥にまみれて使用することができない。そういうつらさを持った子どもたちもいました。私の大学に、あるボランティアサークルがございまして、カンボジアに車いすを寄贈するボランティア活動をしている学生たちがおりました。その学生たちに、今年度、カンボジアに送る予定で集めている車いすの半分でいいから東北に送ってくれというお願いをして、急きょ送りました。

　そういったふうに、さまざまな場所で、さまざま障害があるごとに、今度は補装具、補助具と言われているものがうまく使えないために日常的な生活ができなくなっているという仲間がいました。子どもたちがいました。これまで受けていた介助が途絶えてしまった子どもは、もちろんたくさんいます。そういう問題も、やっぱり検討しておかないといけない大きな問題ではないでしょう

か。

校長会・情報の一元化

　そのために情報を一元化し、その情報を一元化するシステムに、先ほどの村上先生のお話にもありましたように、私は地区校長会というのが動くべきだと思っています。校長会は、特別支援教育の全国の校長会というのがあります。その下に、障害種別ごとの校長会があります。県には県の特別支援学校の校長会があります。既に組織ができているわけです。その組織を活用することで情報の一元化を図る。

　どこかの支援学校が、たとえ災害に遭って崩壊したとしても、県の誰かが、きちっと情報を一元化していく司令塔を担えば、その動きを維持していくことが可能だろうと。そういうシステムを事前にきちっとつくるべきで、そのための校長会の役割は大きいのではないかと思っています。

心のケア

　心のケアの問題は、ずいぶんありました。恐怖や不安がフラッシュバックして、もの言わぬ子どもになったという事例や、いままで1人通学を一生懸命頑張ってやっていた子どもが、この大震災の後、お母さんの引率がないと家を出ようとしない。あるいはサイレンの音におびえる子どもがいる。支援学校のなかにもたくさん、そういった心のケアを必要とする子どもがいたと思います。

　この問題は、既に阪神・淡路大震災のときに、河合隼雄という臨床心理学の大家の先生が、その重要性を提言されて、兵庫県の心のケアの在り方を提言されていると思います。このことが、やはりもう一度きちっと活用されていく必要があって、考え直される必要があるのではないかと思います。

　障害がある、なしにかかわらず、必要な支援と、障害があるが故に不可欠な支援があることを、私たちは忘れてはいけないのではないかと思っています。

　PTSDという問題があります。この心的外傷後ストレス障害という言葉は、阪神・淡路大震災の後、一躍有名になった言葉の1つではないかと思っていま

す。

　河合隼雄先生に言わせれば、「障害という言葉を付けたために、特別な人にだけ起こってくる問題というイメージが広がったのは残念だ」と言っておられましたけれども、私は、むしろ「生活経験が少ない子どもたちに顕著に表れるものだ」という河合先生のお話は肝に銘じるべきではないかと考えています。

　もちろん大人の方にも、たくさん起こってくる問題ではあります。そのために、親のサポートをする必要がたくさんあることも事実です。けれども、河合先生も提言されている、生活経験の少ない子どもの方に顕著に起こってくるという事実が科学的にあるとするなら、私は、この問題に真剣に取り組む必要があるのではないかと思うのです。

　阪神・淡路大震災のときに、退行現象であったり、心因反応的な問題であったり、心身症的な問題であったりという内容の相談が急増したという話があります。

　このデータは、むしろ、いままでの震災から1年後までの間にどれだけ、児童相談所であったり、教育相談センターが相談を受けたかという数値なんだろうと思いますが、河合先生が「3年以降に起こってくることだってある」と言われていることを考えるとしたら、1年まででこういう問題が解決するわけではない、もう少し長期的に、この心のケアの問題は考えないといけないのではないかと思っています。

寄り添うこと

　その子どもへの心のケアを考えるために私たちがすべきことは、子どもに寄り添って繰り返し話を聞いていくことだと思います。子どもにとっては、体験を自分の心のなかに収めていく過程なんだろうと思いますし、あるいは大人側にとっても、いい聞き役になることで自分の心を癒やしていく、そういう作用があるのではないでしょうか。

　周囲の大人が温かい気持ちで、できる限り一緒にいる時間を多く持つように配慮していく。あるいは学校でも、できるだけ自然な雰囲気で話を聞くという

第3部　被災地における特別支援教育の役割

ことが、ますます必要なのではないでしょうか。

　そのために教員はどういう研修をしないといけないのか、どういう情報を受け取らないといけないのか。そういうことが大事なのではないかと思います。臨床心理を専門にしている専門家はたくさんいらっしゃるわけですから、そういう方々とどういうふうに連携を図るかという問題も、またシステムをつくるうえでは大事なことではないかと考えています。

教職員への心のケア

　同時に、今回の東日本大震災を考えたときに、ひょっとしたら兵庫でもあったのではないかと思いますが、もう1つ大きな問題が、教職員自身の心のケアが要るんだろうと思うのです。今回のような大規模な災害は、教職員自らも被災者であるわけです。

　教職員自らも被災者でありながら、先生方は避難所運営に関する問題や、教育を正常化するためのさまざまな問題に心血を注いで努力をされているわけですが、その精神的な負担、疲労は計り知れないものがあると思います。

　先生の心の安定がないと、子どもの心の安定がない。これは、特別支援教育をやっているわれわれが、いつも感じることです。担任の先生が、いささか心をいらだたせて子どもに接すると、その日一日、子どももいらだったまま生活をしている。そういう実感を持つことはたくさんあります。そういう意味で、教職員の心のケアというのは子どものケア以上に、あるいは、それと匹敵するぐらい重要なものではないかと考えています。

　そういう教職員の心のケアの充実。その1つに、教職員自身が、どうしてPTSD、といった問題が起こってくるのか、この問題を解決するのに、担任として何が可能なのか、何から取り組むか、専門家にお願いしないといけないのか。そういった情報をきちっと持つ、そういう研修なり、あるいはパンフレットが明確につくられていく必要があります。

　素人が、どこまでできるのかという点にも、さまざまな議論がありましょう。けれども、子どもに寄り添っていくということを常日ごろやっている支援

学校の先生方は、まず真っ先に動けるスタッフの 1 人ではないかという期待を、私個人はしております。

専門機関との連携

　あと、挙げるとしたら、専門機関との連携システムを確立するという話をいたしました。特別支援学校にはスクールカウンセラーという方が配置されている県もたくさんあります。そういう方々と、どういうふうな連携を図っていくべきなのか。そういうことも非常に必要なことではないでしょうか。

　さらには家族や、あるいは地域社会との連携も必要になってきます。最初に言いましたように、保護者の安定なくして子どもの安定はないわけですから、保護者を安定させるために、保護者の生活基盤を確たるものにするためにできる支援、そういったことがもう 1 つ必要なのではないか。

　教育の世界で、保護者の生活基盤を確立させるための支援には限界があるかもしれません。けれども、その要素のためにどういうことが、われわれに可能なのか。そのことも、やっぱり検討していく必要のあることなんだろうと思います。

　次に、医療サイドからの支援というのがあります。障害がある子どもたちは、これまでさまざまな医療の支援を受けてきました。学校医の先生の支援だけではなくて、障害がある子どもにはほとんど主治医がついています。その主治医から子どもたちは、さまざまなサポートを受けています。

　今回、東日本大震災で、阪神・淡路のとき以上に非常に活躍をされたのが医療スタッフです。先ほど、教育の世界に司令塔が必要だと言いました。それは、単に一校長先生が努力されるのではなくて、県ごとに指令が出せる実動部隊が必要なんだろうと思っているのですが、まさに東日本大震災では、この医療情報を一元化する医療の司令塔ができたという情報を得ております。

　最初に看護師の方、あるいは保健師の方、その方々が、それぞれの避難所で、いまどういう医療を求めているか、どういう薬が必要か、それを聞いて回って、そして医師会のしかるべき立場の方が、どこに誰を送るかということの

指示を出す。そういう動きができて、この司令塔が確立したというのが一番重要だったと言われています。

特別支援学校の保健室をどう活用するか。特別支援学校の保健室には、さまざまな薬があるかもしれない。もちろん、主治医の指示なくして一養護教諭が動ける問題ではないですけれども、それでも特別支援学校の保健室を活用しながら、備蓄しているさまざまな医療器材をどう活用するかというのは大事なことで、その情報を教育の司令塔が発信していく。そういうことが必要なのではないかと思いました。

特別支援学校の役割

ここで1つの提言でございますが、今回、このシンポジウムのテーマである特別支援教育の役割ということを考えていくとしたら、特別支援学校が、障害のある子どもや家族が避難する場所に特化する、いわば広域福祉避難所、あるいは拠点福祉避難所となる必要があるのではないか。

そして支援学校の校長先生同士が連携しながら、どこの学校に、どの人数の子どもがおり、いまどの支援を一番必要としているか、そのニーズをきちっと整理して、ボランティアなり、スタッフなり、あるいは医療なり、機材なり、そういったものを配布していく役割を演じる必要があるのではないかと考えるのです。

また、拠点的に設置される福祉避難所、あるいは広域福祉避難所には、保護者もまた相談できる仲間、親たちが、そこにはいるわけですから、そのことも1つ、また親の持つ不安の解消に貢献できるのではないでしょうか。特別支援学校が福祉避難所としてのそういう指定を受けるという運動を、さらにしていく必要があるのではないかと思っています。

2つ目が、府県単位で全ての特別支援学校が情報を共有し、必要な支援の要請を発信できる司令塔が存在する必要がある。これには、既に出来上がっている校長会をどう活用するかというシステムづくりが、いま大きく求められているのではないでしょうか。

それぞれの学校が、学校単位で動いている、そういうことは、いっぱいできているわけです。けれども県として、あるいは県を超えて、地方としてどういうサポートをしていくかという、そういう司令塔が必要なことを今回の震災で私たちは学んだのではないかと思います。

今を生きる3つの言葉

　私は、いまを生きる言葉というので、3つの言葉を自分のなかに、今回学びました。先ほど私は、幼いときにウイルス性の疾患にかかって生死をさまよって、結果として片目を失ったという話を、プライベートなことで恐縮でございますが、させていただきました。なぜ自分に障害があるのか。今の科学でも治らないのか。そういうことは、私にとって長い間のテーマでした。

　あるとき、平山郁夫さんという有名な画伯がおられまして、その方が書いた『生かされて、生きる』という本がございます。この「生かされて、生きる」。彼もまた、広島に生まれて被爆者という体験を持たれていると、その本には書いてありました。

　彼は『仏教伝来』という大作を描いていらっしゃいます。私は、その絵を映像で見たりすることはあったのですが、実物を見た経験は、まだないんですけれど、『仏教伝来』で三蔵法師がウマに乗って仏教を学ぶというのでしょうか、伝えていくというのでしょうか、そういう有名な絵ですので、皆さんもご存じかと思います。

　その彼が、いま自分が生きているのは、生かされて生きているんだというふうに、その著書で書いていらっしゃいました。私は、この言葉が、そうか自分も、ひょっとしたら生かされて生きているんだ。その生かされて生きているという意味を、もう少しきちっと考えていく必要があるのかなと考えたことが1つです。

　2つ目の言葉は「支えの中で生きる」です。阪神・淡路大震災のときの被災支援学校の校長先生方が集まって、まとめた本が出版されました。その本のなかにある、「支えの中で生きる」、その意味を考えよと提案されました。この

「支えの中で生きる」という意味をもう一回、私たちは考えるべきではないかと思っています。

3つ目の言葉が、「共に生きる社会」。私自身が、この特別支援教育、特殊教育から特別支援教育というふうに言葉が変わって、その言葉の変わるなかで、いったい特別支援教育というのはどんな社会を目指しているのか。それは「共に生きる社会」を目指している。そういうふうに考えるべきだと思っております。

3つの「助」

では、この共に生きる社会というのは何なのか。何ができると共に生きている社会なのか。私は、共に生きる社会をつくるには3つの「助」が必要だと思っています。

1つは、「扶助」。障害がある方々は、さまざまな状態や活動の制約を受けているわけですが、そのさまざまな状態や活動の制約を社会全体で支えていこうとする、そういうことを「扶助」と呼んで、これは経済的な公的支援策も含めて、もう20年前と現在とは大きく異なってきているのではないかと思います。まだまだ不十分だと思っておりますが、その扶助が、共に生きる社会には必ず必要です。

2つ目が、「互助」という考え方。お互いが助けたり、助けられたりする関係を構築すること。障害がある方々が常に助けられる側にいるというのは違うと思うのです。それは、共に生きる社会をつくっていない。言葉を聞けば美しいですが、共に生きる社会というのは、障害がある方々から、われわれが何を学んでいくか。そこがとても重要だと思うのです。

パラリンピックがあって、障害のある方々が懸命にスポーツをする。その状況を見て、私たちは感動を覚えて、あるいは夢を覚えて、あるいは生きる力を与えられているのではないかと思うのです。障害がある方々から私たちは何を学ぶか。その力がないと互助が出来上がらない。障害のある方々を助けるというのは美しいですが、それだけでは共に生きていく社会とは言えないと思うの

です。

3つ目に、「自助」というのがあります。自助は、障害がある方々も成長し、学んでいく必要がある。障害のある方々が助けられる側にいるばかりでは駄目だと言っているのは、この自助を忘れてはいけないからだと思います。自分で自分の力を付けていく。そういう要素が必要ではないかと思います。

IEP（Individualized Education Program）

私は、アメリカに6週間ばかり行ったことがございました。アメリカは、特別支援教育、ニーズ教育と言われているんですが、このニーズのある子どもたちに対してどう教育をするかということが重要な教育の施策になっているんです。IEP（Individualized Education Program）といって子どもが入学する前に、保護者と学校の先生と教育委員会が社会契約を結ぶわけです。

6年後に、この子が小学校を卒業するときに、ここまで教育は教えますという契約を結ぶことになっています。契約が実行できなければ訴訟が起こります。訴訟が起こると、ほとんど先生方が敗北しています。敗北するということは、それに対して補償を要求されるわけです。

そこでアメリカ政府は、1年間に保護者に対して支払う補償金額の多さをどうしたら軽減できるのかを考えたわけです。考えた結果、どんなに障害が重くても当該学年の指導プログラムにアクセスさせる。小学校3年生の子どもは、3年生の子どもが受ける授業を全て受けさせる。そういう法律をつくりました。この法律ができて訴訟は3分の1に減りました。

あるとき私は、ダウン症という障害がある子どもの授業を見に行きました。その子どもは、日本で言えば幼稚園の子どもが読むような絵本を読んでいました。終わった後、保護者の方に少し話をするチャンスがあったものですから、「当該学年の3年生の勉強をするのは大変ですね。おうちで、どんなふうに教えていらっしゃるんですか」とお聞きしました。

すると、そのお母さんは、「うちの子には障害があるんだから、そんなことはできるわけがないでしょう」と言われるんです。だけど法律に、当該学年の

指導プログラムにアクセスさせるべきと書いてあるじゃないですかと言ったら、そのお母さんは、「あの法律は素晴らしい。うちの子は去年まで文字1つ読めなかったんです。あの法律があるおかげで、先生が必死になって文字を教えてくれて、うちの子は、やっといま1人で絵本が読めるんです」と言われるわけです。

　これが自助なんです。どんなに障害があっても、その子どもも伸びる権利があり、その子どもも伸ばさないといけない義務がある。それを教育界がきちっと実行すること。

　この3つの精神が伴わないと共に生きる社会は出来上がらない。特別支援教育は、いまこれを目指しているわけですから、特別支援教育ができること、特別支援学校が果たすべき役割もありますけれども、同時に、教育全体のなかで、この3つの「助」というものがきちっとできることが、将来目標につながっていくのではないか、地域で支えるということが出来上がっていくのではないか、そういうふうに私は思っております。

　ご静聴どうもありがとうございました。

　　　　（ごかみ　てつお　大阪体育大学教授／前国立特別支援教育総合研究所部長）

● パネルディスカッション ●

●司会（谷川）　それではパネルディスカッションを始めさせていただきます。

既に基調講演の先生方のご紹介はさせていただきましたので、他のパネラーのご紹介をさせていただきたいと思います。

一番向こうにおりますのが、本学教育学部教育学科の菅原伸康でございます。その隣が、本学の教育学部臨床心理学科の免田賢でございます。ともに、特別支援教育に深く関わって研究を進めておりますが、既に申し上げましたように、菅原の方は教育学の立場から、免田の方は臨床心理学の立場から研究を進めております。

私は教育学部教育学科の谷川至孝と申します。教育行政学を専門としております。どうかよろしくお願いいたします。

それでは、まず菅原の方から、問題提起をさせていただきたいと思います。よろしくお願いします。

●菅原　先ほどの村上先生と後上先生のご講演を聞いておりまして、もう少し議論を深めさせていただきたいところがございます。

まず、ピンポイントの支援というところです。私が旧国立久里浜養護学校で仕事をしていたときからずっと関わっている、障害のある子どもさんの育児サークルがあります。今回の東日本大震災の翌日、そこの代表の方から電話をいただきまして、その先生は、ピンポイントの支援をしたいんだというお話だったんです。

といいますのは、先ほど、後上先生のお話にもありましたけれども、障害種ないしは、その子どもさん一人一人によって、必要な支援、物資等が、やはり違うというところ。ご自身の子どもさんが障害のある子どもさんですので、お母さん方はそこら辺をよく理解されているわけです。

例えば、さっきおむつの話もありましたけれども、本当に赤ちゃん用のおむ

つなのか、それとも大人用のおむつなのか。ないしは、車いすなのか。肢体不自由の子どもさんですと、ミキサー食ですとか、流動食ですとか、そういう食事形態の子どもさんもいらっしゃるわけです。そうなったときに、ミキサーが必要なのか。じゃあ、そのミキサーは送って、電気は使えるのかどうか。ないしは、とろみ剤。さっき後上先生の話にもございましたけれども、それを送ればいいのか。

そういうことですとか、あとは本当に肢体不自由ですとか病虚弱の子どもさんですと、生命脆弱な子どもさんたちもたくさんいらっしゃって、てんかん発作に伴う抗けいれん剤を飲んでいる子どもさんもたくさんいるかと思います。

そういう子どもさん方一人一人にピンポイントで、何かしら物資を送ることはできないのかという電話だったんです。友達の教育委員会の人間ですとか研究者仲間に連絡を取って、それが実際に実現したのが、やっぱり4カ月ぐらいたってからだったんですね。

さきほど、村上先生の方からも、そのようなお話があったかと思います。阪神・淡路大震災のときの教訓が、16年経った今回の東日本大震災に生かされていたのかどうか。

後上先生の場合は、国の障害児教育の研究機関におられましたので、今回の震災のようなことが起きますと、県内よりも県外からの人的ないしは物的な支援が中心になってくると思うんですけれども、そういうところで、ピンポイントの支援を実行していくための何かしらの案というものはあるのかどうか、それが生かされているのかというところを最初に、もう少しお話しいただければと思います。

●谷川　ピンポイントの支援ということですね。私の経験からしても、阪神・淡路大震災の折に、まず行政は避難所に弁当を配りました。弁当を配ったんですが、そこで次に求められたのは、アトピーの子どもさん、アトピーの方々の弁当です。

これは「次に」という言葉がそもそも問題なのですが、行政は、僕の知って

いる限りでは、やっぱり「次に」でしたね。いち早くやったのはボランティア、NPOの団体でした。

　ご質問のなかでも、阪神・淡路大震災から東日本大震災の間で、阪神の経験がどれだけ生かされたのかというご質問が2つ来ております。そういうことも踏まえまして、お答えいただければありがたいのですが。

●後上　私の分かる範囲でのお答えをさせてもらいたいと思いますが、私は、阪神・淡路大震災のときの経験が生かされたのかというご質問に関しては、生かされたこともあると思うんです。

　1つ目は、まず、阪神・淡路大震災後、ボランティア元年と言われました。そのボランティアが大挙して動くという現実が続いていることがあります。

　2つ目は、阪神・淡路と新潟県の中越地震の後、行政はマニュアルをつくりだしました。いまや各都道府県に確実にと言っていいくらいマニュアルができつつありますし、もうできているところもあります。

　けれども、作ったマニュアルが実動するにはどうしたらいいかというところまで、正直行っていない。そういう意味では生かされなかったこともたくさんある。作ったマニュアルをどう具体的に活用するかということについては、これからの課題がたくさんあるのではないかと。

　だから過去の経験が生きたこと、あるいは生きてこなかったこと、生かされてこなかったこと、こういったことは反省もするべきですし、あるいは引き継がれてきていることもあるんだというふうに1つは考えています。

　それから、もう1つの問題ですが、情報の一元化。マスコミから、情報はいっぱい流れてきました。けれども、障害がある子どもたち、障害のある方々に、こんなことが必要なんだ、こんな支援が必要なんだという情報は、ほとんど出てきません。

　そういうものを、もっとマスコミが取り上げていかないと、ボランティアに行こうとする人は、実際どこへボランティアに行けばいいのか、そういったこともうまくいかないままではないかと。

第3部 被災地における特別支援教育の役割

　それと同じように、いまどういうことが望まれているのか、どういう支援が必要なのか、マスコミがそういう観点に立って情報を流すべきだと思っているんです。単なる大変さを流すのではなくて、マスコミ自身の発想がピンポイント支援になっていかないと、うまくいかないのではないかと思います。

●村上　先ほど、肢体不自由児の特別支援学校からの要請という話がありました。まず、それぞれの肢体不自由児の特別支援学校も、いま子どもたちに何が必要かというので手を尽くすわけですが、先ほど話しました紙おむつの例をとっても、赤ちゃん用のものや大人用のものは世の中にいっぱいあるのですが、ちょうど小学校の高学年から中学生、高校生ぐらいまでの子たちに合ったものが、もともとニーズが少ないですから、商品そのものがそんなにないんです。当然そういうものは、必要に応じてどんどん被災地の周辺からなくなっていきますので、北海道の社会福祉協議会から何かできることがないか、いま北海道で調達して送ってもらえるものは何だろうといったときに、いろいろ精査していくなかで、神戸市の肢体不自由児の養護学校が困っていたのは、そういう真ん中のサイズのものがないことでした。
　ところが北海道にはあったのです。それを北海道の社会福祉協議会が本当に大量に送ってくださったので、それを届けに行きました。
　やはりピンポイントの支援というのは、当事者から「こんなものが要りますよ」という発信があるのをどこで受け止めて、それを、どうかなえていくかということなんですね。
　ですから、阪神・淡路大震災と東日本大震災との大きな違いは、いまはツイッターで個人が発信できるでしょう。われわれがここに避難していることを知らない人もいるから、「われわれは、ここに避難しています」ということで発信をしたり、「いま、これがここでは必要なんです」等。ツイッターで発信すると本当に世界に飛びますから、発信したところには物資が届くんですね。
　それを届けようというのは、いろんなかたちで動きがあります。特に後上先生もおっしゃったように、阪神・淡路大震災というのはボランティア元年と言

われて、それからいろんなボランティア活動が続いていくのですが、それ以前には「いまどきの若者は」とか、いろんなかたちで言われていましたが、髪を染めた大学生などいろんな人がとにかく阪神・淡路のときには動きました。

　いろんな NPO も含めてですけれども、ボランティアが、いま本当に活躍できるようになっています。東日本で言うと、そういったボランティアがいかに活動したかということ、と同時に、ボランティアの特徴として、法律などに縛られない、ということがあります。

　例えば、皆さんもよくご存じだと思うのですが、この東日本大震災で、阪神・淡路のときもそうでしたが、企業がすぐ動きましたね。なかなか行政が動くことは難しいんですね。行政は、平等であったり、一律ということがキーワードになるんです。例えば、国から指示がないと動けないというような、いろんなことがあるので、行政は動いたとしても何カ月もかかってしまうんですね。個々のニーズに対応するというのは、半年とか 1 年とかかかります。

　ところが東日本大震災のときに、会社名を出しますが、クロネコヤマトの宅急便、あそこは宅急便を一個運ぶごとに 10 円の寄付というか、支援金を出すことをやっています。この 2 月現在で 130 数億円、約 140 億円になるようなお金を被災地で活用してもらっています。津波で流されたこの企業が立ち上がろうとしている、それには、このお金を使ってくださいね、ここにも、このお金を使ってくださいと、これは行政ができないことなんですね。柔軟にできるというのは。

　この 140 億円というのは、クロネコヤマトの純利益の約 40% になります。これはクロネコヤマトだけではなくて、いろんな企業が、いろんなことをやっています。

　これはボランティアもそうなんですが、いろんなことが民間で発信できたり、動けたり、じゃあ、ここに届けましょうというかたちが、いまは個人からもできるので、ピンポイントの支援が阪神・淡路の頃よりもできやすくなっているかなと思います。

　いろいろな意味で、阪神・淡路のことがいま生かされているのかというと、

第3部 被災地における特別支援教育の役割

後上先生からもありましたように、生かされている部分もあるし、まだまだ課題として残っている部分もあるだろうと思います。

●谷川　ありがとうございます。
　菅原先生、何か引き続き、いまのことに関わってありますか。

●菅原　さっき言った育児サークルというところは、全て障害のある子どもさんの親御さんがつくっているところで、僕も初めて電話をもらったときに、「ああ、そうか」と。一人一人の子どもが困っているというところ、いま本当に必要としているものが違うんだというのは、そのとき本当にあらためてといいますか、理解したところがあった。
　それで、福島とか宮城にいる研究者仲間に連絡をして、1週間ぐらいで「こういうものが必要なので」というかたちでメールが届いた。しかし、いざ送ろうとなると、さっきの後上先生のお話と同じで、神奈川のある地区から電池が消えたとか、水が消えたとかいうのもあって、本当に必要なところに必要な物資を送れないということもあるかと思うんですね。
　ですから、本当にお互いの違いというところを認め合うなかで、さまざまな障害のある方、ない方、ないしは宗教ですとか、いろんなものが違う方々のなかで、1つの社会というもの、コミュニティーというものを形成していく。
　そういうところが、障害のある子どもさんを中心として一番の基盤になっていくのかなというのは、今日、お二方の先生のお話を聞いていて、あらためて、コミュニティーをつくっていくなかでの障害のある子どもさんというところを理解していく必要性というものは、非常に学ばせていただいたと思っております。

●谷川　もう少しディスカッションしたいんですけれども、先へ進ませていただきます。
　免田先生、よろしくお願いします。

●免田　私は臨床心理学という立場ですけれども、特に発達障害の子どもさんに関して、この地震を通して学ぶことがすごくあったのではないかということで、ご質問をしたい、問題提起をしたいなと思っております。

特別支援というのは、一般的な支援をするのではなくて、どのような人が、どんなニーズを持っているのかということをアセスメントで調べたり、そういったノウハウをもともと持っているのではないかと思います。

これは去年、青森の方の特殊教育学会で聞いたのですけれども、周囲の援助に入る人たちが、皆さん役割ごとに色の付いた、所属団体によって着ている服の色が違っていたり、あるいは救助とか援助とか、いろんな役割を持っている人が制服を着ていたり、腕章を付けていたり、すごく分かりやすい。

それとか、矢印ですね、ここにはこんなものがあって、こういったものが得られるよというような全体の見取り図があったりという話で、これは、もともと特別支援の方でもいろいろやっていた工夫ではないかという話を聞きました。

また、阪神・淡路の方でも、プライベートのない空間で、避難所で避難された方が、まず何をしたかというと、段ボールで仕切りをつくって、自分自身のゾーンというか場所を明確にしていったということですね。これも特別支援のノウハウとすごく一致するのではないかと思いました。

それと、これは私の感想なんですけれども、こういった災害の起こった後というのは、このがれき、どうなるんだろうと思って、私も「これで日本は駄目なんじゃないかな」というような気持ちになりました。でも定点観測で見ていくと、次第に復興していく様子、工程が目に見えて分かります。

例えば、特別支援の必要のある子どもたちに、終わりを明確にする。全部をするのは大変だけれども、こんなふうにスモールステップでやっていけばできる。これ全部をやるというのは翌日になるので、今日は、ここまでしたら終わりだよというふうな見通しの連続があれば、少し元気になれるかなと。

これは、特別な状況にあるわれわれと、日々こういった特別な支援を受けている子どもたちという点で、すごく大きな共通点だと考えますと、特別支援の

方から逆に一般に発信できるようなノウハウもあるのではないかなと思って、その辺りを教えていただきたく思います。

●谷川　事前の打ち合わせのなかで議論していたことなんですけれども、いままでわれわれが特別支援教育として取り組んできた、さまざまな事柄が、この震災のなかで生かせるのではないかということですね。

　例えば、私も授業でよく言うんですけれども、発達障害を持った子どもたちの教育は、実は、そうでない、障害を持たない子どもたちにも優しい教育なんだと。例えば、発達障害を持って、目からの情報が入りにくい子どもたちに対して、耳から丁寧に情報を伝える。そのことが、言うまでもなく通常の子どもたちの教育にも大いに生かされるということです。

　総じて免田先生がおっしゃっているのは、さまざまな日常的なわれわれの特別支援教育が、今回もっと広く被災地において、何らかの役割を果たせるのではないかということになってくると思うのですが、いかがでしょう。

●村上　特別支援教育というか、障害のあるなしということではなくて、「人」ということで考えたらいいのかなと思うんです。

　例えば、体育館のような広い避難所で仕切りができていく。隣の人を気にせず、そこでだったら寝そべっても、ひっくり返ってもいいという空間を確保することは、人にとってどれだけ安らぎを与えるかということが1点あるでしょう。

　それから、視覚での情報提供。何かが起こったときに、まずは「私の家族はどこにいますか。知っている人がいたら教えてください」という、これは情報発信ですよね。避難所にそういうのを貼ったり、写真を付けたり、これは時代とともに写真がどんどん活用されています。

　やはり目で見て分かる、目で見てその矢印をたどっていけば、ここに行けるよということは、障害の有無に関わらず、どの人にとっても分かりやすいことだろうと思います。

いま避難、被災されている方の、いろんないらだちというのは、見通しがどうなのか、どこに向かって、どう努力がなされていっているのかという見通しの持ちにくさが、ずいぶんあるのかなと。

　例えば、自閉症の子どもたちや発達障害の人たちにとっては、彼らの世界に合った見通しの持ちやすさ。例えば、ここまですれば今日はいいよとか、この時間になれば、次の行動はこうだよとかいう見通し。

　1日の見通しとか、1週間の見通し、1カ月の見通し、1年の見通しの分かりやすさというのは、避難されているところにしてもそうですが、大きな見通しが持てることは、人に、前へ行こうという気持ちを持たせますので、そういったことがとても大切なのかなと。

　阪神・淡路の大きな震災の後、避難所のうまくいったところ、情報発信などのやり方がうまくいきましたよ、というのは、その後のことにもずっとつながっていっていますし、このやり方というのは、教育の世界だけではなくて、ほかの世界にも波及していって、進化しているところもあるのかなと。

　とにかく人というのは、そういう見通しが持てたり、安心できる場、分かりやすい情報の伝達、発信があると本当に違うんだなと思います。

　大きく、ざくっとくくってお話をさせていただきました。

●後上　私は、いま免田先生が言われたことは、確かにそのとおりだろうと思うんですね。ただ、いままでの特別支援教育が担ってきた、分かりやすさ、あるいは視覚的情報の提供、そういったことが実際の避難所のなかでできるようになるには、いささか時間がかかっているという現実があったと思うんです。

　その1番目には、まず、現状がどうなっているのかについての情報が混乱している。だから風聞みたいなものが飛び交ってみたり、あるいは行政の話が毎日変わってみたり、アナウンスされることが毎回違ってみたり。

　ここへ行けば電源がもらえる、ここへ行けばお水がある、そういう決まった場所で決まったことができるような構造化というのは、少し時間がたってやられているという現実があります。そこをいち早くできるようにするにはどうし

たらいいのかということは、とても大事なことではないでしょうか。
　今日の話にもありましたけれども、知的障害の子どもさん、あるいは知的障害がある方々に対する分かりやすい情報提供のあり方、そういうノウハウは、確かに支援学校の先生方はたくさん持っていらっしゃるし、支援学校では既に授業のユニバーサル化といった、さまざまな努力をされているので、実際にその方向で動けば、かなり系統だってできていくようになるんですが、そこまでに至るのに、今回もいささか時間がかかったと思います。
　やはり統合するところが情報を一括する、情報をきちっと提供する、分からないものは分からないという情報にしてしまう、そういうことができる司令塔が出来上がらなかったというところにあるのかなという思いがあります。

●免田　的確なお答えで、分からないものは分からないというふうに伝えることも大事だという言葉にも、また感銘を受けました。ありがとうございます。

●谷川　ありがとうございました。とにかく、発達障害を持った子どもたちは、あいまいな指示は分からないですよね。きちっと指示をしないと。そういう子どもたちが多い。今回も、情報があいまいだったんですかね。

●村上　情報があいまいというよりも、私は地域づくり、地域がポイントになるだろうという話をさせていただいていますが、自閉症とか発達障害であったり、知的障害であったり、肢体であったり、視覚であったり、聴覚であったりということに関しては、やはり小さな地域のなかで、その人たちのことが伝えていけるような、「あそこには、あの人がいるんだな」とか「あの人はこうなんだな」と。
　皆さんも、よくご存じだと思うのですが、発達障害の人の抱えている生きづらさ、困難さというのは、われわれが思っているのとは、また違うところがあります。いま目の前にペットボトルの水がありますが、すごくにおいに敏感な方というのは水が一切飲めません。いわゆる蒸留水も駄目です。においを感じ

ますから。ですから、お水があればいいんだろうという世界ではなくて、その人が飲めるものは何なのか。

例えばキャベツでも、生のキャベツは食べられない。それはなぜかというと、キャベツのにおいなんですね。けれども炒めれば食べられる。だから、焼きそばは食べられるんです。お好み焼きとか。

発達障害、自閉症は本当に一人一人違うので、その人の、いま生きている世界、その人にとって何が必要なのか、どういった情報の伝達が必要なのかというのは、人によってとてつもなく違ってきます。

ですから、ここには発達障害のAさんがいて、彼女はお水をまったく飲めない。だけど、水でないものだったら水分を取れるんだということが、地域で分かっている人がいれば、ずいぶん違うだろうなと思います。

今回の東日本大震災でもそうですが、医療がうまくいっているところは、看護師ないし保健師さんが、現場にそれぞれ、避難所へ全部出掛けていって、そこで必要なものは何かというのを把握して本部に持って帰って、本部で対応しました。そのシステムを組んでいったところは、すごくうまくいっていますが、行政も大きな被災を受けていますし、なかなか機能しない。なかには、町役場の職員もかなり亡くなっているところもありました。

ですから本当に、まずは現場のニーズをいかにつかむか。それと、後上先生がおっしゃっているように、司令塔をいかにつくって、うまく回していけるかということが大きなポイントにはなってきます。その前提になるのは、やはり小さな地域のなかで「この人には、こういうのが必要なんだ」ということがきちっとつかめている。

「ここのおばあちゃんは認知症で」というのもあります。認知症というのは、仮設住宅で、いままでの生活が一切ごろっと変わってしまって、いままでできていた生活ができないということになってくると、認知症の入り口にある方は、認知症が確実に進んで認知症になります。

ですから、そうしないためには何が必要なのかという、個々のケースに応じた、ニーズに応じた対応をいかにやっていけるかというところになってきます

し、そのノウハウをいかに、限られたところだけではなくて、もっと広いところで、例えば県、それから国レベルでつくり上げていけるかというのは、これからの大きな課題になってくるのかなと思います。

●谷川　ありがとうございます。時間も迫ってまいりましたので、皆さんのご質問のなかで幾つか取り上げていきたいと思います。
　まず、避難訓練の話なんですが、障害を持った方々は、やはり環境の変化に敏感であるだろうと。そういった子どもたちを支援する特別支援学校の避難の在り方の着眼点は何か。また、報道等では取り上げられていないが、実際に被災地にあった特別支援学校は、どのような避難をされたのか、現実を知りたいということですが、いかがでしょう。

●村上　学校現場を経験してきた者としてですが、聴覚に障害がある方、視覚に障害がある方、やはり障害種別によって全然違います。
　例えば、阪神・淡路のときは、子どもたちを含めて多くの人が自宅にいる時間帯に起こっていますよね。あのときに、例えば盲学校、視覚障害の特別支援学校の先生が後から振り返ると、これが在校中だったら大変だった。どうやって避難させようと。
　まず、ガラスが割れて廊下に散乱しています。ですから、例えば靴を履いてとか、いろんなことで、けがをしないように体育館とか校庭に避難するということになりますが、それぞれの障害種別に合った避難訓練も含めて、学習していくことは可能だろうと。今回でも、釜石の奇跡でしたか、そういった学習がずっと行われていたところでは、かなり助かったところもありました。
　それからちょっと外れますが、阪神・淡路を経て東日本大震災に生かされたことでは、例えば兵庫県は、先生に対するカウンセラーの配置や、PTSDのことも含めてやってきているなかで、関西広域連合では、兵庫県の場合は宮城県が担当ですよ、というかたちで、それぞれポイントを決めて支援が行われました。これは今回すごく大きかったなと。一律にやると、なかなか難しいです

し、本当に支援が必要なところに行きにくいだろうと思います。ですから、阪神・淡路を経験して生かされたことはずいぶんありますね。

阪神・淡路のときにも、それぞれの現場でいろいろな記録が出ています。看護師さんの記録であったり、消防士、警察官の記録であったり、いろいろ出ているのですが、そういったものが東日本でも今まとめられてきつつあると思うので、それがいかに全国レベルで生かされるものになるか。

例えば東北地方の特別支援学校のなかで、校長会がこういう役割を担って、今後のことに関しては、こういうことが有効だから、学習として織り込んでいこうと。

国の方も、皆さんご存じのように、いま中教審でしたか、答申で、安全教育を教科として、命を救うことをもっと積極的に教えていこうと言われています。そういう国レベルの動きも含めて、実際どういうことが必要なのかというのは、これからつくり上げていくことになると思います。

具体的なことは、たぶん後上先生や皆さんの方が、よくご存じかなと思います。

●後上　僕自身はまだ、うまくいった学校と、うまくいかなかった学校の情報を全部知っているわけではありませんので、一概には言えませんが、今回は、津波が来ると分かった時点で、かなり行動を素早く取った学校がありました。

そのときに、例えば発達障害や自閉症などの、そういう急変した環境に対応できない子どもたちをどんなふうに避難させたのかという具体的な証言については、まだ十分承知していません。しかし、津波だという情報で、いち早く高台に動く努力をした学校は、かなりの子どもたちの安全が確保できたということは、支援学校も同様だったと聞いています。

いままでの避難訓練の在り方をどうするかということも、今回の教訓から、またあらためて考えないといけないことですし、障害がある子どもたちが在校しているときに、先生方がどういうことをしていかないといけないか。

支援学校であれば、多くは1人の先生で6人の子どもを抱えていかないとい

けない。そういう場合に、どうすればいいのか。たくさんの先生がいたとしても、少なくとも2人ぐらいの子どもを抱え込んでいかないといけない。そのときに、障害の軽い子もいれば重い子もいる。その一人一人の子どもに対する支援の在り方は、いままた、もう1回検討しないといけない問題かなと思っています。

●谷川　あと5分ほどになったんですけれども、フロアから1人か2人、ご質問いただければ受け付けたいと思います。

●会場　ちょっとほかに質問する方がいらっしゃらなかったので。
　知りたいのは、やはり阪神・淡路の震災は朝早い時間だったので、教育現場は混乱が少なかった。でも今回の東日本大震災は、子どもたちが帰る時刻、特別支援であれば、もうバスが発車しているかもしれない、そのなかで、どうやって避難したのかなというのをすごく知りたいんです。現場の声というのを。
　それを共有されないものなのか。先ほど、全国の校長会があると言われていたんですけれども、それが現場に下りてきているものなのか。というのも、やっぱり現場を預かる者としては、本当に経験した意見というのが生きてくるので、これから検討するのでは、私は遅いと思うんです。
　そういう話は、教育界を通じて共有されていないのが現実なのかどうなのか、ちょっと教えていただきたいんですけれども。

●後上　いま東北の支援学校等に、どういうふうに情報が共有されているのかというのはよく分かりませんが、それがわれわれのところには、伝わってきていない。それが、公式の情報として伝わってくるには、いましばらく時間がかかると私は思っています。
　風聞としては幾つか入るにしても、公式なものとしては、まだ何も伝わってきていない。ただ、先生方同士のなかでは、ああだった、こうだったというのはあるとは思いますが、それが、例えば阪神・淡路大震災のようにリポートと

して1冊の本にまとまっているものは、まだ出来上がっていないと思います。

●村上　どの時間帯、どの状況のなかで起きるかというのは、全てを想定していかなければいけないですね。先ほどのフローチャートは、校内のときだけを出していますが、当然、校外にいるとき。例えば修学旅行先とか、いろんなときにはどうなのかということも想定してきました。

　現場がどうだったかというのは、もう既に1年がたっていますから、それぞれの学校でまとめができていると思うし、現場の声というのはあるんですが、それをいかに知って、アクセスして、それをさらに広げていくかということですね。

　広げていくというのは、たぶん個人ではなくて、校長会であったり、教頭会であったり、例えばマスメディアであったり。マスメディアで流れると、すごいですよね。テレビで、これこれ、こういう障害種別の、どこどこの学校だったらこうだった、そのことが流れることによって障害のある人たちに、やはり目がいきますし。

　阪神・淡路大震災と今回で大きく違ったのは、阪神・淡路のときには、障害者に関する報道はほとんどなかったです。今回は、皆さんもいろんなところで見ているように、ある避難所で自閉症の男の子がピアノを弾いて和んだとか、ここでは聴覚障害の人が、こんなことで苦しんだという、障害のある方にとっての情報発信が、ずいぶん出てくるようになりました。それはやはり、この間の大きな違いだろうと思います。

●谷川　いまご質問、ご意見がありましたように、本当に、いま僕たちができること、しなければいけないことは何なんだ、ということを問い詰められたときに、なかなか、ぱっと答えられない。それは、もどかしさがものすごくあります。

　1年たっても、本当にしんどい思いをしている人は、ほとんど減らない。そのときに、私たちは、いま何をすべきなのか、何ができるのか。それが、さっ

と答えが出ないというもどかしさはありますが、いま村上先生もおっしゃったように、私の感覚からすると、やはり阪神・淡路大震災のときと、いまとでは、かなり進んでいると思います。

　阪神・淡路大震災のときには本当に、ボランティアに行ってもコーディネートがあまりうまくされていませんでした。若者がいっぱい行ったと言っても、僕が行っていたところでは、行っても何をしていいのかが分からなくて、ぶらぶらしている若者もいました。今はコーディネートしてくれます。

　やっぱり、われわれの社会は、まだまだ駄目な社会ですけれども、進んでいるんだなということを、希望を見いだしていきたいと思います。

　それでは、時間になってしまいました。本日は、どうもありがとうございました。

（終了）

第 4 部

在宅避難世帯とコミュニティづくり

2012 年 6 月 12 日（火）

● 趣旨説明 ●

植田　章（佛教大学社会福祉学部長）

● 基調報告 ●

I　ボランティア活動を通して思うこと－被災地で健康と生活を守る活動－
　　井口加代子（石巻医療圏　健康・生活復興協議会 RCI／看護師）

II　在宅避難世帯を支える－〈チーム王冠〉の活動－
　　伊藤　健哉（「チーム王冠」代表）

● 鼎談・質疑応答 ●

コーディネーター：武内　一（佛教大学社会福祉学部教授／医師）
井口加代子（石巻医療圏　健康・生活復興協議会 RCI／看護師）
伊藤　健哉（「チーム王冠」代表）

●趣旨説明●

佛教大学社会福祉学部長
植 田　　章

　こんにちは。社会福祉学部の植田です。開催趣旨についてお話しいたします。
　社会福祉学部では、昨年の夏、本学4回生の学生たちがボランティアとして被災地で子どもと関わりをもちました。具体的には約1週間、宮城県多賀城市で仮設住宅で暮らす子どもたちへの学習支援をおこないました。
　そこで知り合ったのが関西出身で、現地でボランティア・コーディネーターを務める田中可亮さんです。この方は昨年（2011）の11月に社会福祉学部講演会で「災害復興支援コーディネーターー被災者と共に歩む関西人の思いー」という講演をしていただきました。実は、この学部講演会に参加した学生のなかから、現地で少しでも役に立つことができればという思いがあがってきました。
　そして、この間、被災地と関わっています本学部の武内一先生の呼びかけで、2月から3月、まだ寒い時期でしたけれども、他学部の学生を含む13名の学生たちが宮城県石巻市で支援活動に関わる機会を得ることができました。
　そういう意味では、今回のシンポジウムの企画は、学生たち、本日おみえいただいている井口加代子さん、伊藤健哉さんのお二人と、学生たちとの、石巻での出会いから生まれました。
　先ほども少しお話にございましたが、実は、井口さんは看護師として京都でお仕事をされていたのですが、現地に住居を移され、この間、支援活動に入っておられます。
　伊藤さんは、また後ほどお話があると思いますが、自ら被災をされながら炊き出し支援から始まって、現在は、医療機関、企業、行政を大きく巻き込ん

で、石巻の在宅避難世帯への大きな支援活動を展開されています。

仮設住宅の問題というのは、マスコミ等でも報道されていますが、本日のシンポジウムは「在宅避難者のいま」を取りあげます。仮設に行くこともできない、例えば重度の障害、あるいは認知症のお年寄り、さまざまな在宅避難者の状況があります。本日はお二人のお話、在宅避難者のいまを考えながら、地域の復興をどう考えるのか。その辺りが大きなテーマになろうかと思います。

お二人のお話を受けて、この間、学生たちと現地に入って活動を進めておいでになる武内先生は、小児科医師でもあり、普段から障害のある子どもたちのケア等にも関わっています。その点も含めて、ご報告をいただいて、鼎談というかたちで進めていけたらと思っております。

実は、私は全国の学童保育で働く指導員たちとずっと研究会を進めております。石巻市の学童保育、つまり放課後児童クラブも、建物が全壊したクラブもたくさんありましたけれども、いま何とか再開をしていると聞いています。

しかし、そこで働く指導員に、先日も出会ったのですが、指導員自身がまだ避難所や、あるいは辛うじて残った自宅の2階で生活しながら、震災で心に傷を負った子どもたちへのきめ細かい対応をしているというような話を聞きました。

あらためて社会福祉を学ぶ私たち、そして大震災を経験した同じ日本に暮らす私たちに、いま何ができるのか、何をすべきなのか。震災を過去の問題にしないで、私たちの未来に重ねて、社会の問題として考える機会になればと思っております。

少し長丁場のシンポジウム、鼎談になりますが、ぜひ最後まで参加いただきますよう、どうぞよろしくお願いします。

簡単ですが開催の趣旨とさせていただきます。

第4部　在宅避難世帯とコミュニティづくり

● 基調報告 I ●

ボランティア活動を通して思うこと
― 被災地で健康と生活を守る活動 ―

井口加代子

　皆さん、こんにちは。私は宮城県の石巻医療圏　健康・生活復興協議会で在宅避難をされている方の支援をしております、看護師の井口と申します。どうぞよろしくお願いします。

　私は、2月に牡鹿半島で被災された皆さんのお宅を、アセスメント調査で訪問していたときに、佛教大学の学生さんや、以前からの知り合いでした武内一先生とお会いしました。それで、本日の招待ということになりました。

　私も、昨年までは普通に京都で暮らしていたのですが、その時は、この石巻の地で暮らすことになろうとは夢にも思いませんでした。

　それが、この3月11日の東日本大震災です。一瞬にして家をなくし、大切な人を亡くし、途方に暮れておられる方の姿を見て誰もが考えたと思います。「今の私に何ができるだろうか。」と。

　私も、いても立っていられない気持ちになって、自分に何ができるだろうか、何か役に立つことはないだろうかと、一生懸命考えました。それほどお金があるわけでもなく、がれき撤去ができるほどの体力もなく、自分を生かせる道、それはやっぱり看護師としての資格だけでした。それでインターネットで探して、ボランティアということで宮城県に行くことになりました。

　とはいうものの、仕事をしておりましたので、10日間ほど休暇を取れることができたのは5月になってからでした。そこで、石巻から40分ほど山あいに入った桃生小学校の体育館の避難所で、活動することになりました。共同支援ネットワークという組織でした。

ここは、石巻の日本赤十字社に救助された人たちが、当時あふれかえっていて、医療優先度の低い方は家に帰っていいよと言われました。でも、「家に帰っていいよ」と言われても、帰る家もなく、道もなく、そんな時にバスに乗せられて行った先が、この桃生小学校の避難所でした。

というわけで、地域のネットワークというものは何もなくて、それぞれがばらばらで、知らぬ人同士が、この避難所のブルーシートの上に布団を敷いて暮らしておられました。仕切りが何もないなかで、赤ちゃんもお年寄りも、しかも病弱な人たち、介護の必要な人たちで生活しておられました。その2カ月後に、私がここで10日間ほど一緒に暮らしました。

そこには、本当に赤ちゃんからお年寄りまでおられて、夜になって赤ちゃんが泣きだしたら、そのお母さんがぱっと起きて外に出られて、赤ちゃんをあやして、寝るまで外で過ごされ、お年寄りの方たちは、寝てしまうと起き上がれないので、1日中パイプ椅子に座って過ごすという姿がみられました。

食べるものといえば、毎日、お弁当とパンとおにぎり。それが1日1回配られるので、次の日になると、もう冷たくなったおにぎりをかじっているというふうな、毎日毎日そんな暮らしが2カ月続いたところでした。

昼間になると、やはり家の掃除、がれきの撤去だとか、まだ行方不明の方を探し回ったり、お葬式に行かれたのか、壁の方にはいっぱい黒い礼服が吊り下がっていたような状況でした。

私は、そこでたくさんの被災された方のお話をお伺いするなかで、何か10日間で帰ってくるのが心苦しいような後ろ髪を引かれる思いで、もう仕事を辞めてもいいと思ったぐらいでしたけれども、取りあえずこのときには京都に帰ることにしました。

避難所の生活は、だんだんと仮設に移っていきました。仮設も決して快適な

第4部 在宅避難世帯とコミュニティづくり

ものではなく、夏は暑いし冬は寒い、プライバシーもなくて狭いという、仮設の生活が始まりました。

そこで、ちょうど年末のころでした。私の友人から、また石巻に来ないかという誘いがありました。それは5月に一緒にボランティアをした京都の助産師さんでした。また8月から石巻に行って、ずっと活動しているというのです。

私は、どうしてそんなに頑張れるのかなと思って、その人に聞いてみました。そうしたら、「今しかできないこと、そして、そこに多くのニーズがあること。それから、自分に余裕があること。そこでたくさんの人たちとの出会いがあり、喜びがある」というふうに言いました。

何か妙にこの言葉に納得して、「今しかできないこと」それは1年先、2年先ではなくて、いましかできないことなんだ。そして、「たくさんのニーズがあること」には間違いない。そこに余裕があるというか、私もそんなに切羽詰まって経済的に苦しいわけでもなく、子育ても終わったところで、余裕があるといえばある。そして、そこにたくさんの人の出会いと喜びがあるのだったら、それは私が行かなくちゃという思いで、即その言葉を聞いて、京都での仕事を辞めて行くことしました。

そして、2月の初めからPCAT（Primary Care for All Team）で活動することになりました。

そこは、ちょうど石巻から40分ぐらい山あいに入ったところですけれども、涌谷というところで若者たち数名と一緒に共同生活をしながら、東松島や気仙沼を中心に、お茶っこをしながら健康相談ということをしていました。

ボランティアのスタッフは、北海道、関東、関西と全国から集まっています。職種は、医師、臨床心理士、薬剤師、看護師、保健師など、いろんな職種の人たちが大勢集まってきました。

こうして仮設には集会所というのがあって、そこにお茶を飲みに来られて、楽しくおしゃべりしながら、心を癒やし、そのそばで私たちが健康相談を受けるというようなことをしていました。

　こうして血圧測定をしていると、血圧が高い方もたくさんいらっしゃって、じっくり話を聞いていると、心の悩みも打ち明けてくださり、必要なときは、臨床心理士が対応したり、医師が対応したりしながら、相談を受けています。

　この年度末になって活動はいったん終わって、地域住民の方が自分たちでやっていくということなので、PCATの活動は終わりました。これは、このときに仮設の皆さんが「ありがとう」といって、大漁旗に寄せ書きをしてくださって、いただいたものです。

　私はまた、石巻医療圏　健康・生活復興協議会というところにお世話になることになりました。昨年（2011）の10月から3月までチーム王冠さんと一緒に、いままで活動していたのですけれども、在宅被災世帯をお訪ねしてアセスメント調査をしました。ここのうちにはどんな方が住んでいらっしゃるか、健康状態がどうなのか、おうちの状態はどうなのか、困っていることがないかをお尋ねして回りました。

　その後、今している仕事は、専門職の医療とか、介護とか、心のケアという分野に分かれて、調査したデータをもとにサポート活動をしています。1期の訪問は10月から3月まで、7,500件ほど訪問して、うち4,000件が調査データとして取れたものです。

　いまは並行して2期の調査に入っていまして、9月までに8,000件を目標に調査活動を始めているところです。そのなかで私は高齢サポートを担当しています。高齢の独居の方だとか、高齢夫婦の方だとか、認知症だとか、介護保険を希望しているだとか、そういう方のおうちを訪問して支援につなげていくというのが仕事です。

　4月から始めまして、2カ月間で130件ほど訪問しました。そのなかで、ここに書いてあるような具体的な支援につなげていっています。例えば80歳ぐらいの女性、訪ねたところ、どうも認知症らしいという情報が入っていて、私

が訪問して、そこの様子をお尋ねしました。

　ご主人が1月に亡くなられたのですが、それもわからない程、認知症の進んだ方が1人で住んでおられました。

　家も流されて、とても大変な状況で、認知症がどんどん進んでいったようです。とても1人では生活できないような状況なのに、1人で暮らしていらっしゃって、息子さんも家が流されて、仮設住まいで2、3日に1回は、おにぎりとかお弁当を持ってこられています。息子さんも、そういう生活をどうしていいか分からなくて、困りながら、悩みながら、毎日おにぎりを運んでいるということでした。

　そこで息子さんに状況をお話しして、「介護保険というものがありますよ。こういうのを使ったらどうですか」という紹介をさせていただいて、包括支援センターにつないでいって、いま介護保険の申請をしているところです。

　これも80歳ぐらいの女の方でしたけれども、大事なお孫さんを亡くされて、本当に毎日毎日泣き暮らして、ついに5月には心肺停止の状態になりました。生きるか死ぬかの境目でペースメーカーを入れて、何とか生命は取り戻したけれども、毎日、涙が止まらないと、ずいぶん心の病は重かった方で、話をしていると医療費が高くて困るということでした。

　ペースメーカーを入れている。そうしたら身障手帳で、医療費の助成を受けられるのではないか。そういう話になってきたのです。

　ところが、震災後の混乱で行政側も説明が十分でなくて、そういうことを全然知らずに、毎日高額の医療費を払っておられ、私が一緒にお役所に行って手続きをしてきました。

　そして、これから先、医療費はもうかからなくなりました。そればかりか1年前にさかのぼって20万円ぐらい医療費が戻ってくるわけです。そういう手続きをしているうちに、だんだん、表情が明るくなり、化粧をしておしゃれしたり、手作りのケーキを作ったり、本当に元気になられました。

　だから、心の問題と経済的な問題は、やっぱりずいぶんと大きく関連していて、心のケアの奥底には、まだまだいろんな問題が隠れているなと実感したケ

ースでした。

　先日は、仏壇が流されて、まだ物置にあるという相談も受けました。1年間困っておられましたが、私がすぐに対応して喜ばれたりもしました。

　石巻市の牡鹿半島というところで、ほんとうに寒いなかを一緒に活動しました。佛教大学の学生さんと一緒に、アセスメント調査活動をしました。

　牡鹿半島は、石巻市からずっと半島が突き出ているのですけれども、そこら辺一帯をワカメ漁だったり、カキの養殖だったり、海のお仕事をされている方がたくさんいらっしゃいます。

　これは、その牡鹿半島の浜の一つです。牡鹿半島は1,623世帯あるのですけれども、そのなかの3分の1ぐらい、580世帯は家が流されて仮設にお住まいの方です。

　それから私たちが調査に入ったのが500世帯ほどです。残りの500世帯は、家がなくなって借り上げ住宅に入っておられるとか、転居されて、どこか外に行かれたか、震災の影響のなかった人たちです。それだけを見ても、どれだけこの半島の被害が大きかったかということが分かると思います。

　こうして1軒1軒、住宅地図を片手に訪問して、家がなかったら、「×」を

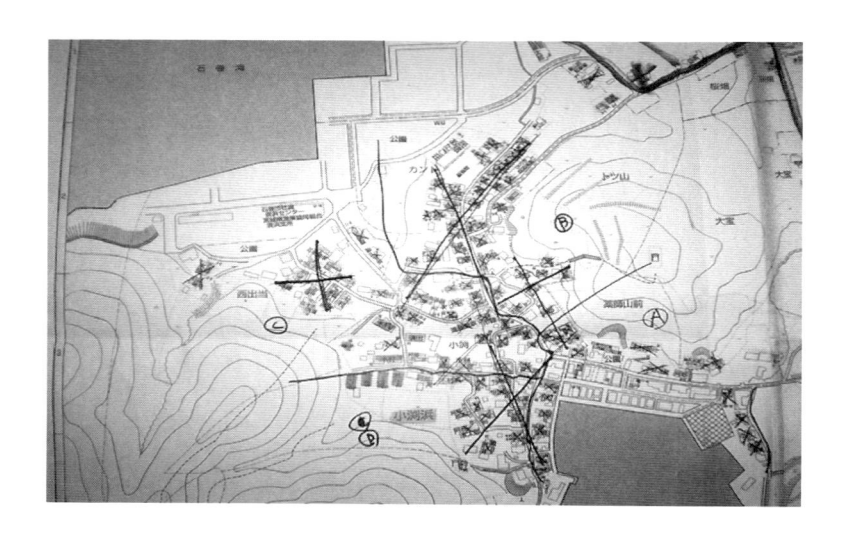

入れていくのですけれども、この浜はあまりにも被害が大きく、大きな「×」が付いています。

訪問したところは、オレンジマークを付けていきます。この辺りでは、わずか7軒だけが高台に残っています。

この地域は海ですけど、前と後ろの両方から津波が来て、渦を巻いたということでした。だからもう家の基礎もなく、道路もどこにあるか分からないような状況で、いまでも、まだそんな状況は変わりません。何かこの地図を見ているだけで胸がつぶれる思いがします。

ちょっと場面を変えます。これは、牡鹿半島の南の端っこの浜です。これもとても風光明媚な、きれいなところで、普段は観光船が行き交ったり、捕鯨をされたり、すごく活気にあふれている浜なのですけれども、ここも下の方が全部流されて、高台にいくばくかの家が残っています。

佛教大学の学生さんの1人が、ここに訪問してくださいました。98歳の男の方が一人住んでおられるという情報を得ました。コメントのなかには、「ときどき、ボヤ騒ぎを起こされるので、近所の人が心配している」ということでした。

私もとても気になったので、真っ先にここのおうちに訪問しました。ずっと山の方に向かって、集落が途切れた先に1軒ぽつんと、家が建っていました。98歳のおじいさんの息子さん夫婦も、やっぱりその下の方の鮎川で家が流されて、避難所で生活しておられたのですけど、その後、連絡を絶ってしまわれました。

以前はヘルパーさんも入っていたようですけれども、そのヘルパーさんも、いつからか来なくなった。地域の人たちも、みんな仮設の方に入っておられるので、自治会長さんとか、民生委員さんとか、そういう方たちも一切来ない。誰もここの家を訪れる人がいない。そういうまったく孤立した状況のなかに、佛教大学の学生さんが訪ねてくださいました。

私が行ったときに、外から見ると、下の家の半分の窓ガラスが壊れていて、辛うじてナイロン風呂敷が下げてあるのですけれども、風が吹いたら、ゆらゆ

らと揺れていました。外から見ると、こんな感じですけど、中に入ると、窓ガラスが壊れていて何もない状態で、その中には、なんとお風呂の浴槽が置いてあるのです。

これも浴室と言えるかどうか分かりませんけれども、土間に1つ浴槽があって、これでお風呂に入れるわけはないです。寒い石巻の海から吹き上げる風は、とても冷たいです。

中に部屋があるのですけれども、暖房器具はこたつが1つ置いてあるだけです。ここで暮らしておられます。トイレの電気はつかないし、天井も壁も落ちてきそうな、こういうトイレを、まだいまでも使っておられます。

これを見て、どんな支援ができるかなと私は思いました。まず、ここで暮らすのは無理だろう。施設に入所するのが一番いいんじゃないかということで、包括支援センターに相談しました。包括も、すぐに保健師さんと一緒に訪問してくれたのですけれども、帰ってきて言われることには、ご本人が施設に入るの拒否されているから、ちょっと様子を見るしかないですねという返事でした。

私も訪問させていただいて、もう1度ご本人の意思を確認したのですけれども、やっぱり返事は同じでした。どんなにか快適な生活、エアコンが効いて、三食そろっていますよ、何もしなくていいですよ、と言ったのですけれども、それが、この方にとって決して幸せな生活ではないのです。自分は、死ぬまでここで暮らすのだとおっしゃいます。私も、それはそれでいいかなと思いました。

ここで暮らすのだったら、私たちにできることは何だろうかというふうなことを考えました。1つは、住宅支援。住環境を考える担当者と相談して、罹災証明を取って、震災の被害ということで、その手続きをいましているところです。お金が入ったら、もう少し住居を修理することができるのではないか。ということでいま手続き中です。

やっぱり施設に入らないとしても、ここの家で暮らすにしても、例えば掃除とか、調理、買い物、入浴介助も必要、洗濯等も必要、そういう家事援助をしてくれるヘルパーさんが、必要なんじゃないかということで、包括と相談しま

して、いま介護保険の申請の手続き中です。

　そうはいうものの、まだ介護保険のサービスが下りるまでには何カ月かかかりますので、その間の支援を、いま私がしているところです。

　ご本人が「誰の世話にもならない」とおっしゃるので、その辺の、心を解きほぐして、耕す作業をいま少しずつしているところです。

　ご飯をどうしておられるか。ご飯は炊いているけれども、おかずは、業者に電話をして、1カ月に1回ぐらいは、持ってきてくれるそうです。業者も、持ってきたものをどんどん冷蔵庫に入れるもので、ドアを開けたら閉まらないぐらい、ぽとぽと中身が落ちてきます。

　それを見て、何が入っているかというと、期限切れの食品がいっぱい、この冷蔵庫に入っていました。1つずつご本人の了解を得ながら、全部処分させていただきました。

　それから、お風呂。いつからか分かりませんけど、かなり長い間、入っておられない感じでした。爪も伸び放題です。段ボールにお湯を入れて、そこで足浴をさせていただきました。その次に行ったときには、いいお天気だったので、お布団を干しながらシーツを洗濯しました。

　そうやって通っているうちに、だんだんと心もほぐれて、笑顔も見られて、いまは下着まで着替えて洗濯するところまでいきました。やっぱり下着も夏の下着を着ておられたので、久しぶりに洗濯しました。

　そうして何回か足を運んでいるうちに、「もう、ここまで長生きし過ぎた。もっと早く死ぬことができたらよかったんだけど」と言われました。もっと環境を整え、長生きしてよかったと思えるような支援ができればいいなと思っています。

　石巻市に限らず、被災地に限らず、このような問題はたくさんあると思います。しかし、今回の被災したことによって家族の関係が壊れ、地域のコミュニティーが壊れ、孤立している方は、ますます孤立し、認知症が進み、体調不良とか、いろんな病気が起きてきて、本当にそこの一番のしわ寄せが高齢者に来ていると思います。

どこに、どう支援を求めていいか分からない人たち、そして、その問題があることさえも気が付いておられない高齢者の方たちの問題を少しずつ、訪問を積み重ねていくなかで私が引き出して、それを具体的に支援していきたいと思っています。
　そして、その支援がつながったときに、すごく皆さんが喜んでくださって、「ありがとう。あなたに会えてよかったわ」と言ってくださいます。そのありがとうの笑顔を受けて、私は、この笑顔を私だけではなくて、このプロジェクトに参加してくださった多くの方に、この「ありがとう」を届けていきたいと思っています。
　そして、佛教大学の皆さんや、そのうしろで、たくさんの支援してくださった方にも、その「ありがとう」を届けていきたいと思っています。
　ひとつひとつの支援が、ここで終結するのではなくて、その人が、この地域で自立していくことを目標に、できるだけ地域とつながっていけるようなサポートをしていきたいと思っています。
　私たちの活動がなくても、住民の皆さまが笑顔で暮らしていけるようになるまで、もう少し、この石巻で頑張りたいと思っています。どうか今後ともご支援よろしくお願いします。

（いぐち　かよこ　石巻医療圏 健康・生活復興協議会／看護師）

● 基調報告 II ●

在宅避難世帯を支える
―〈チーム王冠〉の活動―

伊 藤 健 哉

　チーム王冠代表の伊藤です。身体があまり丈夫ではないので、ちょっと座ってお話をさせてください。失礼します。
　2月と3月、武内先生が佛教大学の学生さんを引き連れて、ボランティアに参加しに来てくれました。あと、仏教ということで言うと、この震災を通じて、全国のお坊さん、いろいろな宗派を超えて、本当にたくさんのお坊さんたちが自分たちを支えて、支援をしてくれたということで、仏教ということには非常に親しみを感じています。
　現地で本当にたくさんの宗教関係の方々、献身的に被災地支援ということを教えてくださいましたが、自分の中では、一番心に残っていることを、まずご報告させていただきます。
　私も東日本大震災で被災者になりました。自分も被災者だったんだなというのは、後から気付くというか、最初はそんなことも考える余裕もなく、本当に目の前に大惨事が起きました。
　自分の住んでいる家は、沿岸部の山元町というところにあります。津波の被害こそなかったのですが、結構、東日本大震災で津波というワードが、被災したか、しないかの目安の1つみたいに言われていますが、津波をかぶらなかったところも本当に大きな被害がありました。
　ですが、津波の被害を目前で見ている人は、自分が被災者だということを言うことができないぐらい悲惨な状況で、本当に家の中から何から、しっちゃかめっちゃかにされたのに、とにかく自分が被災者だということを感じることす

らできませんでした。

　この当時は、私は飲食店をやっていました。少し内陸の方に入った大河原町というところで店をやっていたのですが、その店も天井が落ちてきたり、壁に亀裂が入ったり、冷蔵庫が倒れて中のものがむちゃくちゃになるという状況でした。残った皿は、全体のうちの10％ぐらい。棚に収めてあったものが、棚から落ちなかったものがなかったぐらい、全部床に落ちてしまい、割れなかったものが少ししかなかったという状況です。

地震直後

　地震がおさまり、まず一番最初に店に駆け付けて、その惨憺たる状況を見たときには、本当にぼうぜんとしました。時間にしたら、5分ぐらいぼうぜんとしていたと思うのですが、もう悩んでもしようがないと思って、とにかく集まってきたスタッフと一緒に皿を片付けたり、散らかった食材を片付けたりという作業をしていて、いつしか夜になり、当然ライフラインが全て断たれていましたので、電気が切れていて、暗いなかで飯を食おうということで、店にあった食材を使って晩ご飯をつくり始めたのです。

　ライフラインが断たれたと言いましたが、唯一ガスが残っていました。都市ガスではなくてプロパンガスです。そこで煮炊きをして食事を取りながら思ったことが、周りの人はどうしているんだろうということです。たまたま飲食店で、ここに食材があり、たまたまガスの火が使える自分たちは、こうして食事を取ることができているけれども、周りの人はいったいどうしているんだろう。

　というのも、そのときにはコンビニはもちろん、スーパー、ほかの飲食店、全て店が閉まっている状態で、もしかしたら困っているんじゃないかと思って、翌日から、生まれて初めて炊き出しというものを始めました。

　おにぎりと簡単なとん汁という程度だったのですが、近所の人に呼び掛けをしたら、食べるものがなくて困っていたということで、本当に近所の人たちの役に立つことができました。

震災後直ぐの炊き出し

　その炊き出しを、ライフラインが復活するまでと、本当に軽い気持ちで始めたのですが、2日たって、3日たって、もちろんライフラインが復活しない。2日目、3日目ぐらいのときには、40キロ先、50キロ先の仙台市、福島市から歩いてくる人たちが出てきました。

　というのも、大河原町、自分がお店をやっていた場所は4号線バイパス。国道4号線という東北を縦に走っている大きな国道の1つだったので、だいたい人が移動するときは4号線を通るのですが、4号線を、ずっと40キロ先から歩いてきた人が、食事の匂いがするというか、お店が開いていたのは、ここが初めてだと言われました。

　ここに至るまでに、もちろんお店は開いていない、飲食店は開いていない。食べるものにありつけたということで、ほっとして食事をされる人。3日目、4日目ぐらいからは、本当に泣きながら食事を取る人が・・。人間、おなかが空いてくると手が震える、体が震えるというのが、そのとき初めて分かったのです。もう震えながら食事を取る・・。

　そのなかには、津波の被害に遭って、仙台空港や大きなスーパーの屋上に取り残された人が、自分の家に帰ろうということで動き始めてきた時期でもあったので、その人たちが本当に帰り道、ずっと走ってきて、やっぱりどこのお店も開いていない。ここが開いていてよかったということで、その食事を取っていかれました。

　自分たちも、このときガスは生きていたけれども、水が手に入らなくて、毎日山まで水を汲みに行って、必要な水を確保して、炊き出しに備えました。でも、その山に行くにも、今度はガソリンがないということで、たまたま私がお付き合いをしていたレンタカー屋さんから、こういう炊き出しをしているからガソリンを分けてほしいというお願いをして、何とかガソリンを確保することができました。

震災後の 2 週間

　結局、これを 2 週間続けました。なぜ 2 週間かと言うと、2 週間たったときに周りの飲食店が開き始めたのです。中には、本当にひどいというのか、何というのか分かりませんが、普通コンビニのお弁当と言えば 400 円、500 円で買える程度のものだと思うのですが、その程度以下のお弁当を 1,000 円とか 2,000 円で販売しているお店というのが出てきました。けれども、それでも食事を取りたい。それでも食べるものがない人は、それを買い求めていたのです。

　金を払えば、とにかく食べ物が手に入るという状況にはなったので、自分たちは炊き出しをやめて、今度は沿岸部の方に行きました。ずっと気になっていた避難所で、そこは 500 人収容されていました。

　その避難所に行ってみて驚いたことがあります。手ぶらで行くのも何なので、カレーを 100 食つくって、自分はそこに炊き出しの足しにしてもらえばいい、食事の足しにしてもらえばいいという軽い気持ちで持っていったのです。

　ところが、2 週間たって、その人たちが食べていたものが、まだおにぎりとみそ汁だけ・・。みそ汁といっても、だしの利いていない、本当にみそを溶いただけのスープ。それが自衛隊からの配給食だったわけです。

　自分がカレーのルーだけを持っていたのですが、ほかにも炊き出しが届いているだろう。本当に簡単なものだけど、地域のみんなが持ち寄って、たくさんある炊き出しのメニューの 1 つにしてもらえばいいという思いで持っていったのですが、自分たちが持っていった 100 食分のカレーが初めての炊き出しだったのです。震災から 2 週間たっていた時点で、ですよ。

　それで、配膳担当のおばちゃんが、もう泣き崩れて、カレーが届いたといううれしさと、実は、その前の日に食べ物をめぐっていざこざがあったと。メニューが、ご飯とみそ汁しかないなかで、自分の分が多い少ない、あいつの方が多い少ないで、けんかを始めたのです。

在宅被災者の発見

　それと、避難所にいる人たちと、避難所の周りにいる、これがいわゆる在宅

第4部　在宅避難世帯とコミュニティづくり

の被災者、在宅の避難者の人たちだったのですが、避難所には毎日自衛隊から、メニューは本当に貧弱なものだけれども食事が届いていました。

けれども避難所に入らなかった人、在宅の人、津波をかぶらなかった人も、同じように食事を買うところがない。食事をするところがない。お店はない。車は津波でながされているし、車で走っていった先にも店はないのです。なので、食料を手にする手段がない人たち。その人たちに自衛隊からの食事の配給というのは一切なかった。

とうとう2週間たったときには、限界に達して、俺たちにも食い物を寄こせとなりました。俺たちも被災者だということで、避難所の人たちと、その周りの住民たちの間で、食べ物をめぐっていざこざがおこったのです。その間に挟まれて大変な思いをしたのが、配膳担当のおばちゃんだったわけです。

100食のカレーを薄めて、500食のカレースープに

後で聞いた話で、自分が持っていった100食のカレーを全部水で薄めて、500食のカレースープにして、避難所にいる人たちに振る舞ったと。5倍に薄めたカレースープはどんな味なのか、自分もちょっと想像がつかないけど、本当に薄くて味のしないものだったと思います。

それでも自衛隊から配給されるみそとは違う風味のする飲み物だったので、本当にそのカレーがうれしかったと言われたときには、もう、えも言われない気持ちになったというか、自分の認識の甘さが嫌になったというか、本当にごめんなさいという気持ちでいっぱいで、のちのち、きちんと500食カレーをつくってお届けしました。

その避難所が、たまたまそういう状況だったのではなくて、その山元町には、もともと行政指定の避難所というものが10カ所ぐらいあったのですが、それでは人が入りきれずに結局20カ所ぐらいの避難所があったのです。避難所には50人規模、100人規模のものもあれば、大きいところになると1,000人規模の避難所もあって、その人たち全てが同じ状況だったというふうに聞いています。

そのことが分かってから、1軒1軒、自分たちができる範囲で、毎日違う避難所にカレーとか、シチューとかを届けるということを、ずっと続けていました。そういう自分たちの活動を耳にした石巻の人からSOSの連絡をもらいました。その人たちのSOSの内容というのが、震災から1カ月以上たっていたのですが、食べるものがないということでのSOSでした。

食べられない在宅避難者

震災から1カ月たって、本当に悲惨な避難所の食事を見てきたけれども、そういう自分でも、食べられないというのはどういう状況なんだろう、飯が食えないというのはどういうことなんだろうというのも、理解はできなかったのです。けれども、行ってみて、「あっ」というふうに気付かされのが、実は、その人たちが在宅の被災者の人たちだということです。

自分が最初に避難所に炊き出しを持っていったときに、周りの在宅の人とのいざこざがあったということを聞いていたはずなのに、それでも思いが至らなかったというか、在宅の被災者という人たちの存在を忘れていたという自分が、やっぱりいたのです。

地域コミュニティー崩壊

けれども、その石巻に行ってみたら、山元町の状況とは桁違いというか、行けども行けども在宅の被災者の人であふれていた。この人たちに支援を自分たちが全て届けることはできない。無理だということが分かっていたので、行政とか、よその支援団体に頼ろうと考えました。

そのために、まずやらなくてはいけないことは、困っている人たちをコミュニティーにしなくてはいけない。要は、在宅ということで、まちにはいるのだけれども、津波と地震と冠水で、もともとあった地域コミュニティーが崩壊して、まったく機能していない状況です。

町内会長、区長さん、本来まちにいるべきリーダーの人たちが避難所に入っていたり、2次避難といって遠くに行っていたり、もしくは津波の被害で亡く

なられていたり、本当にまちの中にリーダーがいないという地域がたくさんあったので、そういう人たちに頼らずにコミュニティーを再構築するという作業を、ずっと続けてやっていきました。

その人たちは、自分たちで名簿をつくってもらって、外部に対して、ここには何人の人間がいますということを自分たちで把握してもらう。それを持って行政もしくは支援団体に対して情報発信をすれば、支援団体なり行政は、その情報をもとに、その人たちに、その人数分の食料なり何なりの支援をしてくれるだろうと考えたのですが、結論というか、結果だけを言うと、どこからも支援をもらうことができませんでした。

在宅避難者

在宅の避難者の人たちを正しく認識をしてもらえなかったことも原因の1つになると思うのですが、行政の言い分としては、食うに困っているなら避難所に来なさいと。けれども、なぜ石巻市でたくさんの在宅被災者が生まれたのでしょうか。いまとなっては、「言った、言わない」の世界になっていますが、とにかく被災者で避難所があふれていました。

学校に逃げた。公民館に逃げた。寝る場所がない。体育館、玄関、庭先、そういうところに人が行っても寝るところがなかったから、お願いなので家が残った人、2階に住める人は戻ってください。ここにいるべき人は、家がなくなった人。そういう人が残るようにしてくださいと言われて、そういえば自分の家の2階が残っていたなと思い当たった人は、自ら進んで避難所を出られたのでした。

戻れない避難所

けれども、避難所から出たら食えない。飯が来ない。そういうことに後で気付くというか・・。飯は来るはずじゃなかったのかと思ったのだけれども、後からやっぱり避難所に戻りたいという人たちは、もう閉め出されてしまった。「いや、いまさら避難所に来られても受付できません」という状況が、そこに

あったのです。

　もしくは、その混乱のさなかに、大きな町内会の人が、ここの公民館に行ってください、この町内会の人は、ここの小学校に来てくださいという感じで、町内会単位で避難先が決められていたのだけれども、その人たちが本来避難するべき場所が津波で流されてなくなっていた場合には、隣町とか、よその避難所に行くことになってしまいました。

避難所から出る選択

　そういう人たちは、だいたいちりぢりばらばらになって、大きな避難所に受け入れられるのだけれども、マイノリティー、少数の人たちというのは本当に困っているという状況のなかで、いろんなことが後回しにされる。食事が来ても、いちばん最後に回される、お風呂の順番も後に回されるということで、もうそこにはいたくないという状況に追い込まれて、自ら出ていくという選択をされました。

　もしくは、体の不自由な人、ご高齢の方を抱えている人、小さな赤ちゃんを抱えている人というのは、もうその避難所を出ていかざるを得ない状況に追い込まれてしまうというように、先ほど井口さんの話にもあった、福祉避難所が立ち上がるのは結構後になる。その前に動く先があった人、帰る家があった人は、もう避難所を出てしまったのです。

　好きこのんで、この被災した家の2階がいいと言って帰っていった人は本当にいなくて、さまざまな理由があって、この在宅の避難という道を選んでいったというのが現状でした。

在宅被災者の発見から行政へ

　その在宅の被災者の人たちに対しても、7月ぐらいには、何とか石巻の場合、弁当配給がはじまりました。やっていたのだけれども、その情報が正しく伝わらなかったために、当初 26,000 食用意されていた弁当が、時間の経過とともに、6月ぐらいの時点で 6,000 食まで落ちていました。

第4部　在宅避難世帯とコミュニティづくり

　それは、何も20,000人の人が自主再建できたわけではなくて、20,000人の人たちが知らず知らずのうちに弁当が届かない状況にされていたのです。というのも、行政が、この弁当を配給するのに選んだルートというのは、区長さんを通じてお弁当を配るという方法だったのです。
　区長さんというのは結構大きなまちのくくりになるので、その区長さんの家に500食とか1,000食の弁当が朝晩届くことになるわけです。区長さんが、住民の人、被災者の人に、その500食のお弁当を毎日届けて歩くという作業を強いられることになる。
　けれども、想像してもらえれば分かりますが、大変な労力です。朝のお弁当が届いて、それを本当に配り終わったと思ったら、夜の弁当が届く。自分も被災者で、家も片付けなくてはいけない。いろいろなことをしなくてはいけないなかで、弁当を配って1日が終わるというのが嫌になって、本当は困っている人がたくさんいるのが分かっていて、もう弁当は要りませんという状況になってしまった・・。
　被災者の人たちは、なんでこの弁当が届いたのか、なんでこの弁当が来なくなったのかまったく分からない状況だったのですけれども、後から、そのお弁当の出先が、実は石巻市の市民協働推進課で、「災害救助法」を適用した弁当配給を、在宅の被災者の人にも拡大解釈して届けていたということが分かりました。
　私たちは、その当時、石巻市で200以上のグループで、7,000人ぐらいの在宅被災者を見つけていたので、このグループを地域コミュニティーとして認めて、弁当を配給してほしいというお願いをしました。石巻市では、それを認めて、弁当の配給を再開してくれました。何とか食べるに困らない状況になりました。

在宅被災者の支援の多様化

　ずっと在宅の被災者の支援活動を続けてきて、時間の経過とともに困っていることが多様化してきました。それまでは、食べることに困っていた状況が、

いろんなこと、仕事がないとか、健康のこととか、家のこととか、その人その人にとって困っていることが変わってきましたので、支援をするにも一様な支援というかたちではなくて、その人に合った支援活動が必要ということでした。

アセスメント調査の必要性

適切な支援をするためにはアセスメント調査が必要だということで、何とか生活に関して言えば、自分たちでも対応できるけれども、健康のこと、心のケアというのは、そういうことが得意な専門機関等の方々にやっていただかなければ適正な調査はできないと考え、さまざまな支援団体にアプローチし、一緒に取り組むお願いをしました。

本当にさまざまな団体に断られました。断られた理由というのが、1つは、いったいどれだけの在宅の被災者の人たちがいるのか分からなかった。それを知るためにも調査をしなくてはいけないのだけれども、推定で最低でも4,000世帯はいるだろうという前提のもとに、どれだけの人が必要なのか、どれだけの時間がかかるのか、どれだけお金が掛かるのかという試算をしたときに、それだけの人はいない、それだけのお金はない、そもそも無理だという、さまざまな理由で本当に断られました。

石巻医療圏健康生活復興協議会

この調査を進めていくのに、どうしても医療機関の人とつながりたかったので、諦めずにいろんなところに交渉した結果、石巻市で在宅の訪問医療介護をしていた祐ホームクリニックの武藤先生と知り合うことができました。

その先生が言った言葉が、「それは誰かがやらなくてはいけないことだから、やりましょう」と。できる、できないは、後から考える。人の問題、お金の問題、いろんな問題があるけれど、それは後から考えましょう。まずやりましょうというふうにおっしゃっていただけたので、何とか石巻医療圏健康生活復興協議会というものを立ち上げることができました。

本当にやると決めて、立ち上げて、さまざまな人たちに協力をいただくことができました。富士通にはクラウドデータベースということで、調査した結果を管理するデータベースを提供いただきました。イオン、ユーマート、ヤマト運輸、西濃運輸、この方たちは買い物支援サービスを被災地に落としていくということで、協力というか、支援のアプローチをいただくこともできました。

中古車情報

車を流されて車がなくなった。東北は田舎で車社会です。車がないと本当にどこにも行けないというところなので、車が欲しいということになります。災害当初、詐欺みたいな車屋に、1週間も走ったら壊れてしまうような車を売りつけられる、そういう詐欺まがいの商法に遭って、本当に泣きっ面に蜂という状況になった人たちがたくさんいました。

けれどもリクルートが、あそこは『カーセンサー』という中古車の情報誌をやっているところなのですが、本当に高品質の中古車を適正価格よりも安く、被災地の方のために提供してくださるということで、自分たちには車が必要だと思う人の情報を出し、リクルートからご提供いただきました。

心のケア

健康面では、もちろん祐ホームクリニックがいろいろ関わってくれたのですが、石巻の医師会、薬剤師会も応援してくれました。心のケアで言えば、イスラエイドがあります。イスラエルという紛争地域にあって、紛争地域だから、いろいろ心の問題を抱えている人、PTSDとかで悩んでいる人たちがたくさんいる地域なのですが、そういう心のケアでは世界最先端のノウハウを持ったところが協力をしてくれるということで、いまでも心のケア活動というのを一緒にやらせてもらっています。

建築価格の高騰

そのほかに、被災地では自分の住む家も直せないという状況になっていま

す。在宅の被災者なので自分の家が壊れてしまっています。ニュースなどで見たことがあるかもしれませんが、本当に家の窓という窓、ドアにブルーシートを張っている。床が抜けている。床がない家。1階が、家によっては2階部分も津波に漬かってしまって、津波にのみ込まれた家というのは、床下に泥が入るので、見かけ上、床が残っているところでも1回床をはいで泥出しという作業をしないといけないのです。

　床をはいで泥を掃き出してしまわないと、家の基礎から腐ってしまうことになるので、その作業をするのですが、床をはぐのは素人でもできるのだけれども、床を張るのはやっぱりプロの大工さんでないとできない。

　大工さんにお願いしたくても、被災地に大工さんというのは本当に足りなくて、笑い話でも何でもないのですけれども、自分の家を直してほしいんだけどと、いろいろな住宅メーカーとか建築会社に電話をすると、「いまお申し込みされると、3年後に伺うことになります」と。これが現実なのです。

　その背景の1つは、地震被害、津波被害があると、建築業に携わっている人がほとんど土木もやっているので、公共工事をするために人が持っていかれるという問題です。

　それと、そもそも津波と地震で、この東日本大震災で約83万戸の家が壊されました。この83万戸というのは、どういう数字かと言うと、日本全国で新しく立てられる建築物というのが年間約80万戸で、それを上回る数です。それを地元の宮城、岩手、福島の大工さんだけで何とか直しましょうと言っても、単純計算でも20年から30年かかる。それだけマンパワーが足りない。

　じゃあ、県外から呼べばいいんじゃないかということで、県外の業者さんとかにもいろいろ声を掛けました。けれども、石巻市で震災前の大工さんの日当が約14,000円だったのが、いま現在28,000円を超える日当になっているのです。

　この日当がなぜ上がったかと言うと、大工さんが寝泊まりする場所がないのです。復興事業、復興事業ということで、本当にいろいろな人が、石巻に限らず被災地に訪れてきてくれていて、そのかげで大工さんの泊まる場所がない。

やっと寝床が確保できるのが、車で1時間以上離れた場所。そこに泊まらざるを得ない。

ホテルの値段というのも、この辺だと 4,000 円、5,000 円というのがビジネスホテルの値段だと思うのですけれども、向こうだと、いま 6,000 円、7,000 円でも泊まれないという状況になっています。

その宿泊費、交通費も含めて考えると、日当が上がる。この日当が上がるとどういうことが起きるかと言うと、本来 300 万円掛ければ直るはずだった家が 600 万円払わなければ直せないという状況になってくるのです。

けれども、実際に支払われる応急修理制度で払われる金額。負担支援金で払われるお金は、そのことを想定していないので、金額自体が上がることはないのです。なので、お金の価値というのが半分になる。それで、被災者の人の流動資産、固定資産も含めて、だいたい家という資産はもう流されて、壊されて、価値がゼロになってしまって、不動産も津波をかぶったということで、高く買い取ってもらえる土地でも、震災前の約 60% になっています。

価格が決まっていないところもまだあって、自分が持っている資産を動かすこともできない。けれども、家を直さなくてはいけない。みなさんも聞いたことがあると思いますが、二重ローンという問題があります。もともと持っていた家、土地のローンが終わっているかと言うと、終わっていない。なので、そこからの借金ができないのです。

家を直せるとしたら、その助成金でしか直せないのだけれど、最大もらったとしても 150 万円です。けれども、被災地で家を直そう、リフォームしよう、元通り住める家にしようと思えば、黙っていると 500 万円から 1,000 万円のお金が掛かるのです。

なので、いま、みんなが何をしているかと言うと、もらえる最高額の 150 万円のお金で直せるところだけ直すということをやっていて、その人たちが真っ先に直しているのが、お風呂とトイレ、プラス何とか日常いられる一部屋。これも 150 万円というお金では、本来直せないので、この金額で請けてもらえるところがないのです。

ないけれども、何とか県外の建築業者さんにお願いをして、お金は取ってもらっていいから、被災地支援だと思って適正価格で直してほしい。困っている人を助けてほしいということをお願いして、いま何社か、もうけゼロ、もしかしたら赤字じゃないかなということでも仕事を請けて、やってくださっているところがあります。

まだまだ在宅の被災者の方が抱えている問題はたくさんあるのですが、限られた時間のなかで全てお伝えすることがちょっと難しそうなので、そろそろまとめていきたいと思います。

在宅被災者のアセスメント調査

この在宅被災者のアセスメント調査というのが、先ほどの井口さんをはじめ、本当にたくさんの人に登録をいただいて、何とか3月まで4,000世帯を調査することができました。

調査の結果、回った家の数というのが約8,000世帯。留守だったり、調査そのものを、「うちは調査してもらわなくてもいいです」という拒否をされたところ、併せて約8,000世帯を調査しました。

けれども、これで全てかと言うと、この石巻だけでも、まだ回っていない地域があるのです。回っていない地域を含めて、在宅被災者は推定で、12,000世帯ぐらいあるのではないかなと思われます。これは石巻市だけでの話です。

この在宅被災者が12,000世帯。じゃあ、仮設はと言うと、仮設は7,500世帯あるのです。民間賃貸の借り上げ住宅、普通のアパートを仮設代わりに使うという制度があるので、その民賃と呼ばれる仮設が6,500世帯あります。なので、仮設住宅で暮らしている人よりも、在宅の被災をして過ごしている方の数の方が圧倒的に多いのです。

石巻モデル

けれども、石巻は『石巻モデル』という本にもなったぐらい、ちょっと特殊な場所というか、本来は、社会福祉協議会が立ち上げたボランティアセンター

第4部　在宅避難世帯とコミュニティづくり　　237

でボランティアの受付をしますよという仕組みになっているのですが、この石巻市の場合は、本当に日本全国から、大小合わせて多くの支援団体が集まりました。

石巻災害復興協議会

　石巻では、ボランティアセンターという大きな団体を受け入れることができないということで、石巻災害復興協議会という協議会を立ち上げました。ここに大きなボランティア団体とか、小さなボランティア団体も含めて、様々なボランティア団体で受け入れをして、人数の割り振りをする役割を持つということで立ち上がりました。

　加盟団体数が約340団体、3月の時点で、まだ活動を続けていますよというのが約80団体。この80団体のうち、仮設住宅を支援しますよという団体が約60団体で、在宅を支援しますというのが5団体しかないのです。在宅の支援をしている団体が、それで足りるはずがないというか、圧倒的に足りないのです。もう皆無に等しい状況。

　一方、行政で仮設住宅に対する支援は、本当にこれでもかということで支援が入ってきます。仮設住宅にあるコミュニティールームのイベントをカレンダーに書き込んでいるのですが、毎日何かあるという状況です。けれども、在宅の被災者は集会所もありません。人が集まれる場所がない。

移動コミュニティーバス

　自分たちが支援の一環で移動コミュニティーバスというのを出して、その壊れた町内会に集会所代わりにバスを持っていって、その中でお茶っこと呼ばれるコミュニケーションを取っていただく、人が集まってもらうためにバスを出して、その中でお話をしていただくのです。

　そのお話の内容が、1年たったいま、本当に2軒先、3軒先のお宅のおじいちゃん、おばあちゃんが集まってくる。いわゆる隣近所の人たちが集まってきて話をすることが、あの津波があったときに、どうやって逃げたのか。いまま

でどうしていたの。隣近所の人がですよ。遠くの親戚の人と話をしているわけではないです。本当に2、3軒隣の人たちとの話の内容が、それなのです。

　なので、震災後コミュニティーがまだ本当に再生していないこと、多くの支援がまだまだ必要なんだということを、この状況のなか、私の話のなかで感じ取ってもらって、自分のできる支援というのを考えて、何かしらやっていただければいいなと思います。

　本当に自分ができることを見つけて、やっていただければありがたいと思います。以上です。ありがとうございました。

　　　　　　　　　　　　　（いとう　けんや　一般社団法人チーム王冠代表）

第4部　在宅避難世帯とコミュニティづくり

●鼎談・質疑応答●

●進行　鼎談・質疑応答に移りたいと思います。鼎談者につきましては、基調報告をお願いしました井口さん、伊藤さん、そして、社会福祉学部教授の武内一先生に加わっていただきます。武内先生には、コーディネーター・司会も務めていただければと思います。

　基調報告だけでは十分に伝わらなかった部分もあったかと思いますので、皆さんから出された質問を含めて進めてまいりたいと思います。それでは、よろしくお願い致します。

●司会（武内）　では、バトンタッチさせていただき、武内の方で進めさせていただきます。私と伊藤さん、井口さんとの出会いは、皆さんのお手元にございます東日本大震災シンポジウム配布資料の9ページを開けてください。伊藤さんと初めて出会ったときのことが書いてあります。

　まず、伊藤さんへのご質問が4件あります。あと、井口さんの方にも1件ございます。

　では、伊藤さんの方から、まずご質問にお答えいただくということで、お願いしたいと思います。

●伊藤　1つ目のご質問を読みあげます。「在宅避難者のコミュニティーづくりは、どのように行われているのか」、「お話にあったお茶っこは、どのぐらいの頻度で行われているのか」、「リーダー不在の状況を誰が担っていくのか」というご質問です。

　まず、在宅避難者のコミュニティーをつくっていくときに、やはりコミュニティーであるからにはリーダーが必要です。このリーダーをつくっていくときに、なるべく私たちは地区長さんとか町内会長さんでない方を探しました。

　というのも、地区長さんというのは、まちの名士の方がなられていたりする

ケースが多くて、その人が困っているか、困っていないかと言えば、困っていることは困っているけれども、それほど大きく困っているという状況ではない場合が少なくありませんでした。

そこで、困っている人たちのなかで、誰がリーダーになるかということをしっかり話し合いしていただき、リーダーと言っても、連絡係という程度に考えてもらって、まとめ役をしてもらえばありがたいということで、お願いをしました。

リーダー宅へ物資や情報を届けて、逆にコミュニティーの方から、変化、状況をヒアリングしました。在宅の被災者といっても、まちを離れていく人、またこの場所に戻ってくる人と、人の出入りがあり、その辺を把握しなくてはいけないということもありました。

コミュニティーのなかに、どうしても孤立しそうな人、体が不自由な人も含まれてくるので、私たちが情報支援、物資支援をしたときに、リーダーさんに、ぜひ、体の不自由な人、高齢者、孤立しがちな人を見回ってほしいということをお願いしました。

私たちがつくった地域のコミュニティーというのは、まだ活動しているというか、存在しています。

「お茶っこ」という地域の方々の気楽な集まりは、本当は毎週ぐらい頻繁に行うことができればと、思っているのですが、それを支える、バックアップできるスタッフがいないということで、まだまだ目標に達していません。「お茶っこ」を1回も開けていない地域も、まだ何十もあるので、ひとつひとつやっていきたいなと思います。

2つ目のご質問です。「アセスメント調査は、まだまだこれから行うべきこと、継続していく重要なことだとは思いますが、現在、それ以外で、最も重要な活動は何ですか。また、これから最も必要になっていくだろう活動は何でしょうか」。

これは、全てがいま心のケアに集約できるんじゃないかなと考えています。災害が起きて、災害が終わった、というふうに過去のことのように言う人がい

第4部　在宅避難世帯とコミュニティづくり

ます。私は、まだ東日本大震災の被災のさなかにあると思っているのですが、そのなかでも本当にたくさんの人が心に傷を負ったり、いま、いろんなことで悩んでいます。

その悩みというのは心の問題になり、自ら命を絶つという選択をする人も、軽い言葉に聞こえるかもしれませんが、そういうことに追い込まれている人というのがたくさんいます。

抱えている問題の全てを解決することは、私たちにもできませんが、その知り得たなかで何か1つ、例えば仕事が見つからない、庭の草がどんどん生えてきている、ということへの支援はできます。いま被災地で草が生えてくるということは、虫がわいてくるということで、草を刈り取らないことで周りに迷惑が掛かる。それが自分で解決できない。本当に、そんなささいなことでも悩んでいる人がいるのであれば、何か1つでもいいから、解決できるのであれば、それをひとつひとつ解決していこうと思います。

問題は多岐にわたっています。それを解決するのは医師だったり、法律家あるいは法テラスであったり、大工さんであったり、福祉に携わる人だったり、さまざまな人だと思うのですが、みんなができることをひとつひとつやることで、そういう問題を解決していけます。被災者の人たちの心を軽くできるのではないかなと考えています。

3つ目のご質問です。「避難所を仕切っていた方々は、どのような役職の方なのですか、在宅支援で特に留意しないといけない点は何ですか」。

避難所を仕切っていた方というのは、行政区分によっていろいろ、さまざまありました。行政職員がこれを担っていたというのは、自分の記憶ではないです。いたかもしれないけれども、自分が回った限りではないです。

本当にさまざまな場所が避難所に指定されて、その1つは体育館でしたが、そのときには体育館の館長がやっていました。かと思えば、文化センターみたいなところは、自分たちは避難所の運営管理ができないから、外部のスタッフ、たとえばボランティア団体に、全てを任せるということをやっていたところもあるし、行政で臨時職員を雇って、その人に一任するというかたちを取っ

ているところもありました。さまざまだったけれども、行政職員が職責でやっていたというのは、自分はちょっと記憶がないです。

ボランティア団体の人が仕切ってやっていたという場所は、結構うまく回っていたとも聞くし、そうではなかったというのも聞くし、これは自分は適切な答えができないかもしれないですね。

4つ目のご質問です。「もとの土地に戻るということは、子どもや孫が、また同じ目に遭うということが分かっていながら戻るということ。自殺行為になるのではないのか。物理的に見て、海から4キロ離れ、40メートル以上の高台に住まなければ、全国の沿岸に近くに住むのは不可能であることが分かったから、それを教訓としていないのか」という質問です。

これはたぶん言っていることは間違っていないというか、正しい、そのとおりとうなずくことはできると思いますが、そんな簡単なものではないです。それが分かっていても、自分がこの仕事、たとえば漁師を続けたいと思えば、やはり海に住まなくてはいけない。海に、災害と自然とともに生きることが自分の生き方だという人もいるのです。

そもそも高台移転、高台移転ということで、決まり切ったワードのように、それが正しいことのように言われていますが、いまだに被災地で高台移転をしたところというのはありません。それはなぜか。高台移転する場所がないのです。

「高台移転しましょう、高台移転のための行政説明会があります」ということで説明会が行われたり、いろんなプランが挙げられていますが、震災後1年たって、「じゃあ、こういうスケジュールで2年後、3年後、ここの場所に皆さんを移します。復興住宅は、ここに建てます。入居申し込みの方がいますか」というような話は、まだゼロです。

結構こういう話が出ると、ああ、そういうふうに進んでいくんだな。じゃあ、どこまで進んでいくんだろう、というふうになっていると勘違いをされるし、そういうニュースばかり流れてきます。

本当にまだ高台移転の説明会、「もし皆さんがよければ、ここに住みません

第4部　在宅避難世帯とコミュニティづくり

か、ここに住むのはどうでしょう」というのは、小さな浜でたまたま山の方に土地があるというところで、少しずつそういう話が出ているところはあるのだけれども、石巻市とか、そういう都市部では、蛇田地区で、井内地区という候補はいろいろ挙がるんだけれども、実際にここに決まりましたという話は、本当にゼロです。

　ですので、そういう高台移転、高台に住みたいということを望む人も、いまのところは選択肢がないから海の近くに住まざるを得ません。それを望んでいない人も確かにいるし、また元の場所に住みたいという人もいるし、本当にさまざまな方がいらっしゃいます。

●武内　もう1つ、井口さんの方にもご質問があります。

●井口　先ほどの伊藤さんのお答えに少し補足させていただきます。私は避難所を1つしか知らないのですけれども、そこの避難所では、石巻市の職員が毎日交代で詰めていました。

　この質問は2つあります。1つは、「避難所の生活ですけれども、困難を強いられていた要介護者はどういう方でしたか。具体的にどのような困難を強いられたのでしょうか。」という質問でした。

　私たちの避難所は看護師が24時間詰めていました。医療の必要な人たちがたくさんいらっしゃいました。

　例えば、透析の患者さんたちが、今日は透析日というふうに、バスでまとまって石巻赤十字病院に通って透析をしてこられるよう支援したり、糖尿病でインスリン注射をされている方にはお集まりいただき、私たちが朝、血糖を測ったり、血圧測定したり、そういうことをしていました。

　もう1つの質問は、「独り暮らしの高齢者の方々の避難所での状況」ということです。私が行ったときには、被災から2カ月たっていて、ご近所さんというか、隣同士が仲良くなられて、そこで高齢の方もいろいろなサポートがされるようになっていました。おにぎりを取ってきてあげたり、ちょっと立ち上が

るときにお手伝いされたり、近所同士で助け合っておられました。
　むしろ、いま在宅の方々を訪問していてうかがうのは、避難所にいることができなかったご事情です。例えばトイレが近くて、トイレに行くのに皆さんに迷惑を掛けるから、そこにいられないとか、障害のある方で、声を出したら、もう避難所では生活できないとか、そういう話をたくさん聞きました。避難所で暮らせないから2階だけ残った壊れた家に戻ったとか、車の中で過ごしたとか。そんなふうにして、避難所では暮らせないから在宅にならざるを得ないような状況がたくさんあったということを、いま1軒1軒お訪ねして、よく聞かされます。

●武内　ありがとうございます。
　時間が来てしまいました。今日はお二人のお話を通じて、石巻の実際に被災した皆さんの生活が少しリアリティーを持って皆さんの心にも伝わってきたのではないかなと思います。
　一言ずつ、最後にお願いしたいと思います。井口さんから。これからも現地で活動されるのだと思うのですが、その心を動かすものというのは何かというのを、お話の最後の方にもありましたけど、もう一度聞かせてください。

●井口　いままでになく、私はすごく、いまの仕事というか、活動にやりがいを感じています。何かをしてあげるとかではなくて、本当に皆さんの温かい心に触れて、とてもうれしいなと思うことがたくさんあって、住民の皆さんが喜んでいただけたら、すごく自分もうれしくなるし、ああ、今日はやったなという充実感があります。
　私は、これからも石巻で頑張ろうと思って、今日区役所に行って、京都市から住民票を出して、あしたは石巻に転入届を出そうと思っています。明日からは石巻市民になって頑張ろうと思っています。

●武内　ありがとうございます。

今日は学生がたくさん来ています。伊藤さんには、学生に何を一番伝えたかったのかを、学生としてやるべきことを含めて、最後にお願いします。

●伊藤　私は、例えば九州や京都で大災害が起きた場合に、たぶん現地へ飛んでいくようなタイプの人間ではないと思います。たまたま自分の目の前で大惨事が起きて、本当に誰かがやらなくてはいけないという状況に出会ってしまいました。

　自分がやらなくてもよかったのかもしれませんが、それでも自分が何かの役に立てるのであればというか、何かできるんじゃないかということで、とにかく一生懸命、あしたにつなごう、そう思いました。あしたになれば大きな力が働いて、それが行政だったり、大きなNGO、NPOだったり、誰かがこの状況を変えてくれる、助けてくれると思って活動をしていました。

　あしたにつなぐため、私たちは食べるということにこだわりました。いま振り返ると、物資支援は、食料品がほとんどでした。

　けれども、本当にある時から、もしかしたら誰も来ないかもしれない、もしかしたら誰もやらないかもしれない、そう思うようになり、であれば、この状況を変えなくてはいけないと考えるようになって、自分たちがやるしかないと腹をくくりました。

　そう思うと、本当に多くの人を巻き込まなければと考えて、そのために自分が動かなくてはいけないということは当たり前のこととなり、大きな動きをつくろうと今までやってきました。

　いろいろなテレビ局の取材を受けたりもしたのですが、そのなかで関西のジャーナリストの大谷昭宏さんが、「いま被災地に必要なものは、若者と、よそ者と、変わり者。この人たちの力が必要なんだ。」ということを訴えていたのが、私の心に強く残っています。

　本当に若い人にはいろんな可能性があります。楽な道もあるかもしれませんが、やるべきことをみつけて、使命感を持って、自分の道を歩んでいる人もいると思います。被災地にたくさん困っている人がいて、自分が動くこと、自分

が行くことで救われる人がいます。そこにやりがいというか、生きがいというものを感じる方がいれば、ぜひ悩まずに動いてほしいと思います。

　本当に困難なこと、大変なことが、そこにはあるかもしれない。けれども、たぶんどこにいても自分が楽だと思う仕事を選んだとしても大変は大変で、人生、歩いていけば壁には必ずぶつかるものです。

　であれば、役に立てるというか、本当に手応えを感じられる場所だと思うので、そういう被災地に身を投じるというのも、選択肢の1つに考えればいい。いまであればボランティアとして、被災地に足を運んで、自分がどこまでできるのかということも試すことができるので、そういうことも考えて、夏休みに、ぜひ来ていただければと思います。

●武内　ありがとうございました。

　チーム王冠に直接ホームページから連絡を取ってもらってもいいし、私、武内の研究室まで来ていただいてもつなぎますので、「行くぞ」という声が上がるのを期待したいと思います。

　鼎談には時間が足りなかったのですけれども、お二人とも、最後までお付き合いいただきまして、本当にありがとうございました。

（終了）

第 5 部

大規模災害時における保健・医療支援のありかた

2012 年 10 月 6 日（土）

● 趣旨説明 ●

藤川　孝満（佛教大学保健医療技術学部長）

● 基調講演 ●

大規模災害時における医療支援のありかた－中越地震の経験を踏まえて－
庭山　昌明（医師、新潟県小千谷市魚沼市医師会元会長、新潟県医師会理事）

● パネルディスカッション ●

被災地で本当に必要とされる保健・医療支援を実行するために
司会・コーディネーター：藤川　孝満（佛教大学保健医療技術学部長）

パネリスト

庭山　昌明（医師／新潟県小千谷市魚沼市医師会元会長／新潟県医師会理事）
坪田　朋子（理学療法士／宮城県理学療法士会　地区担当局長）
報告 1　東日本大震災における理学療法士の活動と今後の課題

石本　　馨（作業療法士／JOCV リハビリテーションネットワーク／日本キリスト教海外医療協力会）
報告 2　災害時における保健・医療支援～作業療法士の立場から～

柴田　洋美（看護師・助産師／日本プライマリ・ケア連合学会　東日本大震災支援プロジェクト PCAT）
報告 3　妊産婦、乳幼児を持つ家族への災害時支援

全体討論

●趣旨説明●

佛教大学保健医療技術学部長
藤川 孝満

　ただいまご紹介にあずかりました、保健医療技術学部の藤川でございます。
　このシンポジウムを開催するに当たりまして、東日本大震災によってお亡くなりになられました方々には心からの哀悼の意を表しますとともに、いまなお避難生活を送られている方々には心からお見舞いを申し上げ、被災地の一刻も早い復興をここに祈りたいと思っております。
　平成23年（2011）3月11日14時46分。忘れもしない、三陸沖を震源とするマグニチュード9.0のわが国観測史上最大の地震が発生しました。震源地はまさに広く、震源域も岩手県沖から宮城県沖までの南北約500キロ、南西200キロの、およそ10万平方キロメートルという広範囲に及んでおります。
　巨大な津波と原子力発電所事故を引き起こし、未曽有の複合的な被害をもたらしました。長年にわたって守り、受け継いできた土地や、懸命に築いてきた絆、人ひとりの生活、力を合わせて生きてきた家族、一人一人の人生、そして、素晴らしい町並み、地場産業を一瞬のうちに奪い去った地震のすさまじい状況には、いまだ言葉を失うしかありません。
　警察庁のまとめによりますと、先ほども学長の方からありましたが、平成24年（2012）8月29日現在の震災による死者は1万5,869名。軽傷者は6,109名。行方不明者は2,847名です。まさに未曽有の大震災で大災害です。被災地に深い悲しみや絶望感を与え、いまだに具体的に先が見えてこない地域づくりに多くの方々が苦悩されている現実があります。
　また、医療、福祉施設においても、この震災により甚大な被害を受けております。生活そのものの再建と安定が急がれているなかではございますが、生活が再建できないことでの困窮と、先の見えない不安、社会的役割やつながりの

喪失による孤立感などが重なって、無気力化による長期的な健康問題におちいる人が増えていることを耳にします。それに対処するきめ細やかな医療とか、医療体制、生活再建の支援が常に求められています。

　また、福島第1原子力発電所の問題は、未だ災害の途中であり、周辺一帯の福島県住民の方は、いまだ長期の避難を強いられている特殊な現状におかれております。このような状況を踏まえ、本学におきましては、大規模災害時における保健医療支援について再考する機会になればという思いのもとに、このテーマを設定し、平成16年（2004）10月23日17時56分に起こりました新潟県中越大震災から東日本大震災に至る震災を通しまして、大規模災害時における保健医療支援の在り方について検討することに致しました。

　まず第1部では、大規模震災時における医療支援の在り方について、新潟県中越地震において医療支援を受けられた側でもあり、東日本大震災においては支援をする側の最前線におられた経験を通しまして、魚沼市医師会元会長、現在は新潟県医師会理事であられる庭山昌明先生に基調講演を頂きます。

　第2部におきましては、「被災地で本当に必要とされる保健・医療支援を実行するために」というテーマにつきまして、震災の地で実践されておられます3名のパネリストの先生方をお迎えし、それぞれの専門領域の立場からお話を頂きます。

　坪田朋子先生からは、「東日本大震災における理学療法士の活動と今後の課題」について。石本馨先生からは、「災害時における保健・医療支援」について、作業療法士の立場からお話を頂きます。そして、災害ボランティア助産師と、妊婦・子育て支援活動を実践されておられる柴田先生からは、「被災地での母子保健・医療」についてのお話を頂きます。

　その後、4名のパネリストの先生方と会場の皆さまとを交え、被災地で本当に必要とされる保健・医療支援についての検討をしていきたいと思っております。

　このシンポジウムを通しまして、保健医療技術学部と致しましては、大規模震災時における医療支援の在り方について、改めて考え直すよい機会となりま

したら幸いでございます。簡単ではございますが、これをもちまして趣旨説明とさせて頂きます。本日はどうぞよろしくお願い致します。

● 基調講演 ●

大規模災害時における医療支援のありかた
－中越地震の経験を踏まえて－

庭 山 昌 明

　ご紹介を頂きました庭山でございます。
　私はこの半世紀の間、4回の大地震の他に大水害、豪雪を何度も体験しております。本日は前半を大地震の経験を踏まえて、Ⅰ　私の大震災体験。Ⅱ　中越地震の特徴と概要、Ⅲ　医師会の災害対応の流れ、その時医師会は一体どのような対応をしたのか。Ⅳ　災害支援医療チームとの連携はどのようにおこなわれたのか。Ⅴ　避難住民の工夫等を、後半では東日本大震災におけるⅥ　支援のあり方、Ⅶ　被災地の実情の理解、Ⅷ　東日本大震災被災地への支援の実際、Ⅸ　提言、Ⅹ　今後の課題について、お話しさせていただきます。

Ⅰ　私の大震災体験

・新潟地震
　　　昭和39年（1964）6月16日　13：02
　　　震度6　マグニチュード7.5（当時）
　　　死者26名（山形県も含む）液状化現象・昭和シェル石油火災
　1964年。この年を境に我が国は大きく変わりました。まず、新幹線が開通し、高速道路、そして、東京オリンピックが開催されました。新潟では春に国体が開催され、間もなく新潟地震が起こりました。
　この地震の特徴の1つであった液状化現象により、アスファルト道路がうねり、路面の亀裂の間から噴出する真っ黒な地下水に足を取られ転倒、濁流の中

第5部　大規模災害時における保健・医療支援のありかた　　253

に飲み込まれそうになりました。あの時の恐怖は忘れられません。また、昭和石油から火災が発生し、数週間も燃え続けました。空一面が暗く、毎日が日蝕のようで、余震と共にとても不安な日を過ごしたことを鮮明に覚えております。

・新潟県中越地震

　　平成16年（2004）10月23日　17：56
　　震度7　マグニチュード6.8　死者68名

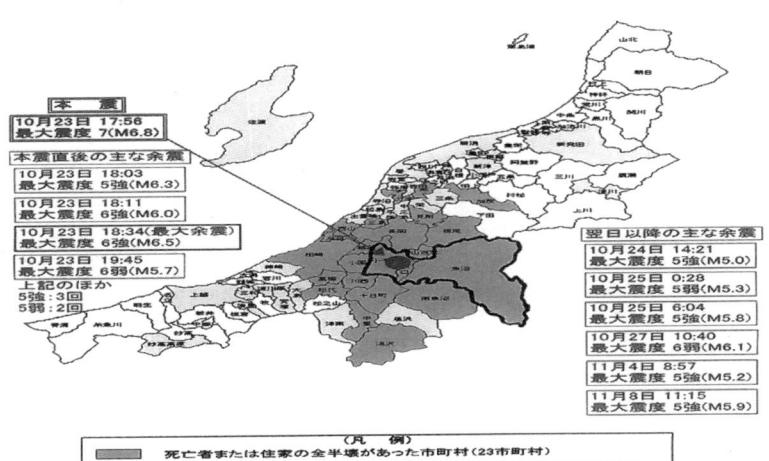

・大きな余震が長期間続いた。広大な中山間地での地震

　新潟地震から約40年後に中越地震に遭遇しました。中越地震のときは、たまたま震源地医師会の会長であり、多くの貴重な体験をいたしました。
　阪神・淡路大震災は、大都会型の直下型の地震でした。

図1

それに比べて、中越地震は、広大な中山間地（東京23区の約2倍）で、極端に医師数の少ない小規模医師会（医師数百人足らず）に起こった大規模災害でした。観測史上まれにみる余震の大きさ及び回数でした。
・同日中に震度6強2回、6弱1回
・その後
　震度6弱1回、5強4回、5弱3回
・発災後1ヶ月間にM5以上25回、
　体に感じる地震（有感地震）800回
　阪神淡路大震災の3倍以上、観測史上最大（当時）

・新潟県中越沖地震
　　平成19年（2007）7月16日　10：13
　　震度6　マグニチュード6.8　死者11名
　　世界最大級の東京電力柏崎刈羽原発
　　屋外の変圧器からの出火
　　DMATの活動

中越地震のわずか3年半後に、まさかと思った中越沖地震が発生しました。この時一番気になったのは、そこに世界最大の原発があったことです。幸い原発事故は起こらなかったのですが、とても心配しました。

DMATが本格的に活動を始めたのは、この震災からでした。

新潟地震と中越地震は、支援を受ける側として皆さまのお力を借り、その後の中越沖地震と東日本大震災は、支援する側としての経験をしました。

　注）DMAT＝Disaster Medical Assistance Team の略

Ⅱ　新潟県中越地震の概要

中越地震の概要

この地震の特徴であった観測史上最大の余震発生について後日の研究でわか

った事は、この地震は1つの地震ではなく、4つの地震が同時に起こり、骨折に例えるなら、複雑骨折みたいなものだったということです。

当時の医師会会長として正確な情報の収集、指揮、命令系統の確立等の難しさを痛感しました。被災地では、発災当日より数日間の情報の多くはテレビを通じてのものであり、特に急性期では国や県から、直接情報や指示はなく、逆に現地の情報を一方的に求められました。

テレビからの情報は、大いに参考になりましたが、日を追ってメディアの視点と現場の実情が少しずつズレてきました。震源地の川口町の実状はほとんど報道されず、錦鯉や闘牛用の牛がヘリコプターで吊上げられる映像の発信地は山古志村からのものが多くなり、震源地川口町の被災状況はほとんど報道されなくなっていました。

このような現実を目の当たりにし、現地で何が起こりどのように対応したのか、被災現場の災害医療の実態を可能な限り正確に記録として伝え残す必要を痛感しました。

災害の記録は数多くありますが、震災の災害医療の記録、特に広大な中山間地における小規模医師会の記録は、ほとんど目にしたことがありませんでしたので、この災害及び災害医療の検証を行い、それを記録として残すことが非常に大事だと思ったのです。そこで余震の続く翌年の2月の後半にシンポジウムを開催しました。

地元の医師会員も、「今時こんなことをやったって誰も来ませんよ。50、60人も集まればいい方じゃないか。まだ余震もあるし、場所も無い事ですしね。」という意見もありましたが、私は大事なことだからやろうと言って、強引に押し切り開催しました。関東、関西を含めて200数十人の方が、座る所もない中で数時間におよぶシンポジウムに参加いただき、心から感動いたしました。

そのシンポジウムをまとめ、約300頁の記録集として発刊、全国に配布しました。日本医師会からもこの本のサーマリーを英訳し、世界医師会を通じ配布されました。

この写真は小千谷市の体育館で、被災地最大の避難所です。
　これをご覧になって、何かおかしいとか、どこか変だと思われることはありませんか？

図2

　ご覧のように、誰もダンボール等で仕切りをしていないんですね。大都市での講演では、プライバシーはどうなるんだということを必ず質問されましたが、豪雪地では常日頃、近所の人達とのコミュニケーションが無いと生きていけないのです。プライバシーを主張したり、段ボールで仕切りを作ったりする人は一人もいなかったのです。
　日本でも有数の豪雪地の人々が、半年近くにも及ぶ冬期間の雪と戦い抜くには、日頃の近所の人々とのコミュニケーションが最も大切なのです。長年に亘って雪と戦って得た人々の知恵なのです。
　ましてや、大災害が起こったときは、コミュニティーの繋がりが日頃以上に強くなり、大きな力を生む事を再認識いたしました。

何の仕切りもないのですから、「隣のおばあちゃん、今日はどうしているんだろう」とか、「何か困っていることはないだろうか」とか、「具合が悪いんじゃないか」とか、自分自身の目と耳や手で確かめ合い、助け合っていたのです。

豪雪地魚沼の集落の人たちにとっては、長い歴史のなかで培われた、ごくごく当たり前の行動だったのですね。

中山間地の災害

　　死者と火事の少なさ
　　10ヶ月以上も続いてやまぬ余震による PTSD
　　19 年ぶりの豪雪による雪崩・崖崩れなどの 2 次・3 次災害
　　車中泊によるエコノミークラス症候群による死亡者
　　コミュニティの力（自治会の働き）
　　保健師の普段の地道な活動
　　豪雪地での助け合い精神

この中で特徴的な出来事として、震災が原因でのエコノミークラス症候群による死亡者が出たことです。第 1 例の方は 43 歳、女性でした。3 人続けて亡くなられました。いずれも主婦の方でした。

新潟地震から 50 年、阪神・淡路大震災から丁度 10 年後でした。一般市民の多くは家屋の崩壊による圧死を避けるために、多くの市民が夜になると屋外に出ました。家族が別れ別れになってはいけないと、軽自動車に 4 人ぐらい乗り、一家が寄り添って車中で夜を明かし、それが何日も続きました。エコノミークラス症候群による死亡者は、いずれも 3 日以上の車中泊をした人でした。

図3は中越地震の時に発行された、「通行許可書」です。私共の医師会は、当時小千谷市と魚沼市と北魚沼郡で構成されていましたが、震災により交通網が寸断されてしまいました。現魚沼市の医師会は、小千谷市に比べ被災程度は軽く、数十人の医師が医療支援活動で小千谷市への移動が可能でした。

　しかし、配られた許可証はたった3枚のみでした。しかも、有効期限が平成16年（2004）10月26日から1ヶ月足らずの11月23日までで、湯沢IC 小千谷ICの間と限られていました。高速道路での走行には料金が発生するので、それを無料化するにはこのような許可証が必要であり、3枚しか発行出来ないとの事でした。あの大災害時に、国はこのような判断と処置をしたのです。

　現在はこのようなことはないと思いますが、本日ご来場の皆様は是非とも住んでおられる地域で、有事の際にこのような事が起こらないことを確認しておいてください。

図3

奇跡が起きた！　（図4）

　信濃川沿いの国道が山崩れで崩壊し、母子3人が生き埋めになったんです。

　当時3歳の皆川優太君という男の子が、閉じ込められたんですね。こういうところに閉じ込められると、当時一般的に生存出来るのは70時間が限度だろうと言われておりました。ところが、90時間以上生きていたんですね。

　救出には、東京都の特殊レスキュー隊が捜索にあたりました。

　実にすごいと思ったのは、ファイバースコープを崩壊した岩の隙間から挿入し、特殊な集音装置を使い音を拾ったんです。異様とも思える静けさの中から呼吸音、心音までキャッチしたんですね。発生後90時間以上過ぎており、3

第5部　大規模災害時における保健・医療支援のありかた　　259

図4

歳児は泣く事も出来ず埋もれていた所を、最新鋭の装備を持ったレスキュー隊員が音を頼りに内視鏡で見つけ出したのです。私もテレビ画面を食い入るように見つめ、隊員が優太君を抱き上げた時には涙が出る程感動しました。一方で、余震が続く中での2次3次災害が心配で、一刻も早く隊員全員と優太君が安全な場所へ移動する事を心から祈りました。

　ほっとすると同時に、子供の強靭な生命力にあらためて驚かされました。テレビ報道で集中的に長時間放送されましたから、ご覧になった方もいらっしゃるかもしれませんね。災害救助の信じられない程の進歩・発展を実感した忘れられない瞬間でした。

　皆川優太君、奇跡的な生還をした彼もあれから8年、私の住む魚沼市で元気よく成長しています。

Ⅲ　医師会の災害対応の流れ

1. 医師会活動の骨格

　図5に示したような形で対応しました。
　この時から始められた日赤を中心とした支援チームと私共医師会との連日の

260   3.11 社会と人間に問われるもの

図中のラベル:
- 広報
- 保健師 保健班
- 保健師 医療班
- 小千谷市 医師会
- 医療機関情報 患者情報 医療チームのバックアップ など
- ミーティング
- 施設管理情報
- 日赤医療チーム
- 日赤災対本部
- 他医療チーム
- 避難住民
- 診療状況、要望 クレームなど

図 5

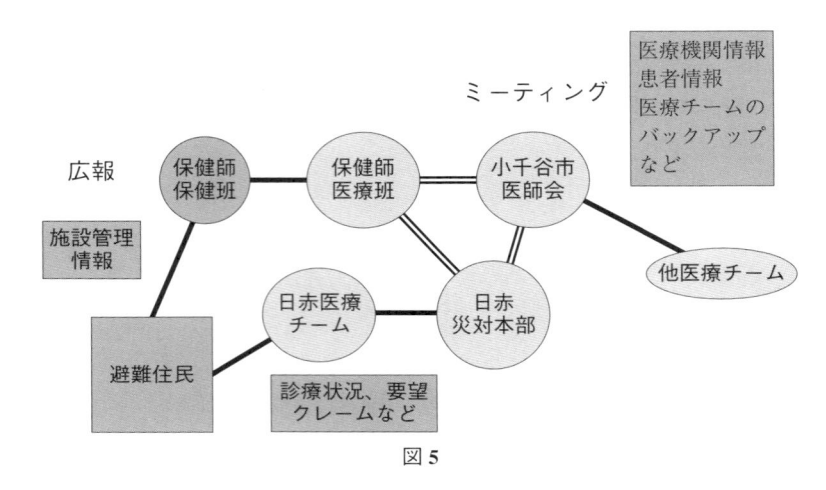

　ミーティングは、今回の東日本大震災に於ける石巻日赤でのミーティングとして引き継がれています。
　ところが、小千谷市で行われたこのミーティングには、先の通行証がないと小千谷市にさえ行けない為、魚沼市から参加出来たのはわずか 3 名のみでした。本当にばかばかしい話で、非常に憤慨しました。
　特に大規模災害時には多職種の人たちの、協力連携が絶対必要です。図 5 のようなシステムを作り、支援チームと地元保健師さんとの連携を密に図ることが重要です。この当時はまだ、JMAT も DMAT もありませんでした。この 3 年半後に DMAT ができました。
　毎日、日赤本部、およびその他の医療チームと朝夕ミーティングを繰り返しました。このミーティング方式が、その後の我国での大規模災害時においてルーティン化されました。
　東日本大震災に於いても、石巻日赤を中心に行なわれた事は皆様ご存知の通りです。
　私共の JMAT 魚沼チームの中で石巻へ向かったチームは、前日のミーティングに参加出来なかった為に、到着 1 日目は殆んど仕事が出来ませんでした。その頃（3 月 25 日頃）、日赤石巻病院では全国からの支援チームが 70 チーム

以上になり、これ以上来られても収拾がつかなくなると考え、日赤側のミーティングでそろそろチーム数を絞らねば、との検討がされていたのです。支援に向かわれる皆さんは、事前に出来る限り正確な情報を得てから行動してください。

注）JMAT＝Japan Medical Association Team の略。

2. 医師会の目指したこと

地域医療機関の1日も早い復旧復興を目指し、医療（診療）情報を毎日更新公開し、インフルエンザ対策や、マスコミへの対応にもかなりの時間を費やしました。救護所と避難所の巡回も当然毎日行いました。

IV 災害支援医療チームとの連携

主な支援チーム
　　日本赤十字社チーム
　　独立行政法人国立病院機構チーム
　　各大学病院チーム
　　東京都をはじめとする各地、都道府県チーム
　　白鬚橋病院チーム
　　その他　　　　　　　　　　　　（敬称略）

ライフライン

中越地震当時（2004年10月）、発災と同時に立ち上がる災害対策本部は自治体の首長が対策本部長となり、自治体職員のみで構成されていました。そこには医師会も保健所も消防署さえも加わっておりませんでした。行政はひたすらライフライン（ガス、水道、電気）の復旧復興に努めましたが、人命に関する「命のライフライン」には、一切関与しませんでした。このことに関しては、何年も前から私自身も言い続けてきましたが、何の返答も得られませんで

した。「それはまた別問題です」と。私は発災2日後の10月25日の月曜日の早朝、消防署と保健所に連絡し、医師会と3者で別の災対本部を立ち上げました。これが非常に役に立ちました。

中越地震災害医療検証シンポジウムの開催（図6）

2005年2月27日、中越地震における災害医療の検証シンポジウムを余震の続く中で強行いたしました。

第1部は、「被災地では何ができ、何ができなかったか」

大きな被害を受けながらも、被災者の診療にあたった診療所、病院の実状と対応を。保健師はどのような動きをしたのか。全員被災者でもあった地元の医師会の行動。

第2部「災害医療支援はどのように動いたか」

災害支援チームが、どんな支援をどのように行ったのかを、具体的に発表していただきました。

第3部「これから地域で何をするべきか？」

特別講演には、元神戸市医師会会長、現在兵庫県医師会会長の川島龍一先生に、資料を貸していただきたいと電話しましたら、「いや、私が行きたい」と言われ、講演をしていただきました。阪神・淡路大震災後、今もって続く孤独死についてのお話は大いに参考になりました。

このシンポジウムの記録をまとめ、2006年2月「小千谷市魚沼市川口町医

図6

第 5 部　大規模災害時における保健・医療支援のありかた

図 7

師会の医療活動の記録」295 頁 A 4 判を編纂し、刊行いたしました。(図 7)

V　避難住民の工夫

　輪番制：各項目ごとに毎日 1 人の担当者が責任を持つ
1. 屋外トイレの水補給
2. 老人の水洗トイレの指導
3. 徘徊老人の監視
4. 補助物資の受け取り分配
5. ゴミ管理と指導
6. 消防との連携
7. 避難民の健康監視
8. 行政との連絡と対応

これらの事を被災者自身が考え行動したのです。豪雪地に生き抜いてきた地域住民のコミュニティー力の大きさ、力強さを再認識しました。

　ここから後半に入ります。

Ⅵ　支援のあり方

　災害支援は組織戦なのです。1人で行って、何もかもやろうとするのは無理な事です。ところが、医療関係者、特に多くの医師は組織行動をするのが苦手なようです。それらを踏まえて支援に向かってください。
① 　情報は待っていてもやってこない。取りに行くものです。
　これが私の持論です。
　国や県が、被災地に情報や報告を求めるのは間違いです。（特に急性期では）被災地では、情報を発信出来る余裕などありません。情報というのは、自ら取りに行くべきものです。
② 　災害の種類と時間的経過によってニーズが異なる。
　「いつ」「どこに」「誰が」（どのようなニーズに対応するために）
　東日本大震災発災後、私はかって講演に伺った被災地の医師会長や友人達のところに、連日連絡を試みました。最初に連絡が取れた塩竈市の医師会副会長の鳥越先生に、現地の実情を詳しくお聞きし、その上で発災4日後 JMAT 魚沼を立ち上げました。
　今回日本全国から延べ千数百の JMAT チームが支援に向かったといわれていますが、その中でも私共の JMAT チーム魚沼は、十数番目の速さで被災地に到着しました。新潟県でも最小の医師会から、5チームの JMAT チームが現地に向かいました。現地医師会副会長の鳥越先生に直接連絡が取れた塩竈市医師会へ第1、第2班が向かったのは、3月19日でした。
　大事なことは、災害の種類と時間経過によって相手方のニーズがまったく異なっていくということです。

いつ、どこに、誰が、どのようなニーズに対応するために出ていくのかを検討した上で、支援に向かう事がとても大事なことだと私は思っています。
③　すべて自己責任・自己完結型が大原則です。
④　いつ、どんな形で行動を完了し、撤収するかをあらかじめ決めて出発すべし。

　支援チームがあまりに頑張ってやってくれますと、あそこの病院に行くと、いつ行ってもタダで、いつでも何でもやってくれるということになってしまい、彼らが撤収できなくなった経験をしています。やはり、支援に行かれる方も、よく地元の事情を分かっていただいて、いずれは被災地も自立してやっていかなければいけない訳ですから、そのこともぜひ考えて出発してください。
　多くの支援者は救急医療をイメージして参加される場合が多いのですが、急性期を過ぎると圧倒的に慢性疾患の対応や感染症予防や治療、在宅の災害弱者への対応が主な仕事となってきます。それ故地元の保健師との連携、OT（作業療法士）、PT（理学療法士）の人達との協力が大切です。

Ⅶ　被災地の実情を理解して

①　多くの支援者は救急医療をイメージして災害地に向かう。
　東日本大震災の被災地では、DMATの活躍の場が極端に少なかった。新潟県医師会で受けたDMAT（新潟県から出動した（DMAT）は12チーム）隊員からの報告では、現地に行ってみたところDMAT本来の仕事である、外科治療の対象者がほとんどいなかったとの事でした。被災地では、亡くなっているか、元気で何とか高台へ逃げのびたかのどちらかというのが今回の大きな特徴でした。
②　現地では、市民はもとより医療機関も行政機関も保健所も被災している。
③　避難所（行政で設置したもの、その他のもの）がどこにいくつあったのか。
　例）宮城県塩竈市・・・行政：13か所、その他：28か所

塩竈市へ行ってみたら、13 カ所のほかに 28 カ所の民営の避難所があり、公設の避難所と比べて医療支援、支援物資の供給等に関し、余りにも大きな格差があることを知り、魚沼チームは地元医師会と相談、主に民営避難所の支援を行いました。3 日間で約 300 人の人達の診療を支援しました。
④　在宅被災者の情報等
　在宅被災者の情報を得るのが非常に難しいです。地元医師会、保健師などの持っている情報は非常に重要ですが、彼らの多くも被災者であることを理解していなければなりません。

Ⅷ　東日本大震災被災地への支援

　　新潟県医師会　JMAT 魚沼チームとして
　派遣期間　2011 年 3 月 19 日から 21 日（第 1 班・第 2 班）
　　　　　　2011 年 3 月 24 日から 26 日（第 3 班）
　　　　　　2011 年 4 月 2 日から 4 日まで（第 4 班）
　支援先　1、2、3 班　塩竈市医師会他
　　　　　4 班　石巻市（日赤を中心）
　車のボンネットに「新潟県医師会 JMAT」とステッカーを貼り出動（図 8）
　医師（赤色）、看護師（緑色）、薬剤師（黄色）、事務管理者（青色）と色分したユニフォームを着用（図 9）

図 8

第5部　大規模災害時における保健・医療支援のありかた　　　267

図9

塩竈市　わが家の防災マニュアル

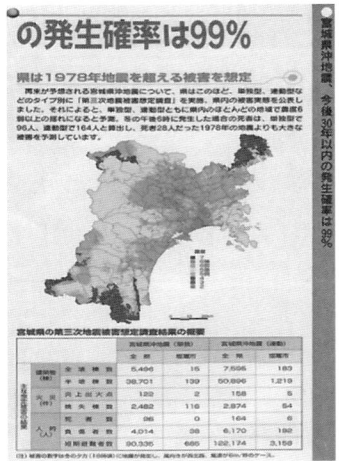

図10

塩竈市　わが家の防災マニュアル（図10）

塩竈市の防災マニュアルです。

非常にわかりやすく素晴らしいものでした。

IX　提言

- 災害医療ではトップダウンの指揮・命令系統を確立する。
 （出来れば国レベルのヘッドクォーターを設立してほしい。）
- 必要な情報をいち早く収集・整理し発信し共有する。
- 自治体及び都道府県医師会の責任ある立場の人が被災地に常駐する必要がある。
- わが国の要請主義・報告優先の方針を再考する必要がある。
 （被災地では市町村の職員のみならず、保健師、看護師までもが、本来の業務以外に県や国への資料作成や報告書作りに追われていた。せめて災害時には専門職にある人たちは、本業の職に専念してもらうべきである）
- 災害時保健医療従事者には統一した支援元都道府県がわかるナンバー等を付加し、医師、看護師等の職種がわかるような色分したユニフォームを作る。

X　今後の課題

1. 災害のシミュレーションと訓練
2. 情報伝達システムの構築
3. 施設・設備の耐震対策
4. 連携と支援体制の強化
5. 高齢者・災害弱者への対応
6. 地域の災害医療システムの再考・改革
7. 原発事故対策

今後の課題として、前記のように上げさせていただきましたが、突然起こる

第5部　大規模災害時における保健・医療支援のありかた

大規模災害時には、分厚いマニュアルはほとんど役にたちません。

3秒	3分	3時間	3日
地震だ！	揺れがおさまった。	みんな無事か。	無理はしない。
・落ちつけ ・身をかくせ	・津波から避難 ・車で逃げるな ・火元の確認 ・家族は大丈夫か ・ラジオをつける ・靴をはく	・余震に注意 ・隣近所で助けあおう ・ブロック塀やガレキに近づくな ・漏電、ガス漏れに注意	・水、食料は備蓄でまかなえ ・災害情報を入手 ・行き先メモを玄関に ・こわれかけた家に入るな ・ゆずりあいの心を持とう

図11

　三重県で2回講演をさせていただき、その2回目の時に戴いたものが「地震防災必携」という名刺サイズの8枚綴のマニュアルです。その中には、3秒、3分、3時間、3日単位の具体的な対応方法や心得が記載されています。

　全県民に配布され、常に携行するように指導されていました。災害時の伝言ダイヤルや私の記録等、情報の収集方法や連絡手段が、裏面には8枚にわたり、「避難ルート、家族で防災会議、住まいの安全、避難所における心得、帰宅困難者心得、災害時要救護者への配慮、津波に対する心得、東海地震に関連する情報」が記載されていました。私の知る限り最も実用的なマニュアルだと思います。

　あらためて、大規模災害にあたっての支援は、全て自己責任、自己完結型が大原則です。移動手段、食事、宿泊、医薬品等あらゆる場面を想定した準備を整えて、何時何処へ、何を目的に、何時帰るのか、綿密な計画を立て、行動してください。

　ご静聴、ありがとうございました。

　　（にわやま　まさあき　新潟県小千谷市魚沼市医師会元会長／現新潟県医師会理事）

● パネルディスカッション ●

被災地で本当に必要とされる保健・医療支援を実行するために

司会・コーディネーター
藤 川 孝 満
（佛教大学保健医療技術学部長）

●司会（藤川）　このセクションのコーディネート司会をさせていただきます藤川でございます。何とぞご協力の方、よろしくお願い致します。

　平成7年1月17日に、死者6,434名、負傷者43,792名を出しました阪神・淡路大震災。そして、先ほどの基調講演でもありました新潟県中越地震、東日本大震災。私たちの周りで起こっている震災に対して、特にその後の支援体制について、さらに早急に検討していかねばならないような状況が現在あると思います。

　例えば教育の現場では、阪神・淡路大震災に被害に遭った学校である兵庫県立舞子高等学校というところには、震災7年目（2002年）に、全国で初めての防災を専門的に学ぶ環境防災学科というのが設置されました。このような社会的な動きとともに、私たち一人一人がどう考え、現状をどう把握し、自己責任において考えて動く力、いわゆる考動力が必要となると思います。

　以上により、基調講演を踏まえまして、「被災地で本当に必要とされる保健医療支援を実行するために」というテーマの下、今回のパネルディスカッションを進行させていきたいと思っております。

　パネリストの先生方には基調講演をいただきました医師の庭山昌明先生、震災支援に実際に現在も加わっておられる理学療法士の坪田朋子先生、作業療法

士の石本馨先生、看護師・助産師の柴田洋美先生をお迎えしております。

　進行と致しましては、まず最初に3人の先生方から講演を頂戴し、その後、4名のパネリストの先生方と会場の皆さまを交えまして、被災地で本当に必要とされる保健医療支援について検討をしていきたいと思っております。

　それでは、早速ではございますが、おひとり目のパネリストである坪田先生からよろしくお願いを致します。

　先生は理学療法士であり、現在、宮城県理学療法士会理事、地区担当局長としてご活躍をされております。テーマは「東日本大震災における理学療法士の活動と今後の課題」です。先生、よろしくお願い致します。

報告1　東日本大震災における理学療法士の活動と今後の課題

坪田　朋子

　皆さん、あらためまして、こんにちは。ただいまご紹介いただきました、理学療法士、宮城県理学療法士会地区担当局長の坪田朋子と申します。本日は短い時間ですけれども、どうぞよろしくお願い致します。

　また、本日はこのような大変貴重な機会をいただき、心より感謝申し上げます。特に西日本の方では、あまり支援活動の実際というのは知られていない部分もたくさんあると思います。

　実際、現場でどのように理学療法士が活動したのかということをお伝えできる、大変貴重な場であると思っておりますので、ぜひこの機会に。次に何かないことが一番なのですが、いま藤川先生がおっしゃいましたけれども、皆さんおひとりおひとりが考えて、次の機会には出動できるように、お話をさせていただければと思います。

　こちらにいらっしゃっている方、あるいは、ご関係者の方で、このたびの震

災で被災されました方もいらっしゃると思います。心よりお見舞い申し上げます。また、日々支援活動に協力をいただいている皆さま、全国からたくさん宮城にお越しいただいております。心より感謝申し上げます。

では早速ですが、「東日本大震災における理学療法士の活動と今後の課題」について、お話しさせていただきます。

まず初めに、簡単な自己紹介をさせていただきます。震災以前は、私は一般の病院に勤務する、ごく平凡な一理学療法士でありました。主にデイケアでのリハビリテーションを担当しておりまして、その関係で、一応専門は介護予防なのですけれども、地域リハビリテーションに、ある程度力を入れて取り組んでいるということで、宮城県理学療法士会の、当時は社会局という局がありまして、社会局長という立場におりました。

震災後、私は仙台の山の方におりましたので、津波とは、もうまったく。海岸からは、もう10キロも20キロも離れているような山の麓に自宅も勤務先もございましたので、水は来ていないのですけれども、やはり大きな地震の被害には遭いまして、長くライフラインが途絶されたという生活を強いられました。

その中で、宮城県理学療法士会の中にも災害対策本部が立ち上がりました。先ほどの庭山先生のお話にもありましたが、いろんな組織で、いろんな災害対策本部が、それぞれで臨時で立ち上がったのですけれども、宮城県の理学療法士会としても、行政とか、ほかの団体の災害対策本部とは別に災害対策本部を立ち上げました。

その一員として、避難所や仮設住宅や、あるいは1階が浸水して2階が大丈夫だったお宅でそのまま生活されているといった、さまざまな被災者の方がおられましたので、その方々に対する支援活動に参加することになりました。

今回の災害対策本部の役割は、理学療法士のボランティアさんを現場のニーズに合わせて派遣を、どこにどのぐらい、いつ、どこで、何をという、先ほど庭山先生の話にありましたけれども、そのような情報を自分で集めて、理学療法士のボランティアさんも募集し、その人をどこに派遣するかを自分で考え

第5部　大規模災害時における保健・医療支援のありかた

て、現場のコーディネーターと調整をしながら、宮城県の沿岸各地にボランティアを派遣するという、現場の最前線のコーディネーター役を務めさせていただきました。

こちらの写真ですが、昨年（2011）の5月上旬に気仙沼市にお越しいただいたボランティアさんが撮影されたものです。昨年の5月上旬ですので、震災から2カ月弱経過したところです。被災地ではやっと生活の基盤が整ってきたころの写真で、がれきの中を学生さんが携帯をいじりながら通学するという、日常と非日常と混在しているさまが、この時期の現地の様子を非常によく表しているなと感じました。

いろいろなところで、こういったかたちでお話をさせている機会を得ているのですけれども、その都度この写真をご紹介させていただいて、日常と非日常の混在を考えながら、ずっと私たちは支援活動を展開してきたんですということで、お話をさせていただいています。

前置きはこれぐらいにして、本題に移ります。まずは、当会、宮城県理学療法士会の活動経過を大まかに見ていただきたいと思います。スライド上は、宮城県理学療法士会は「宮城士会」と略して表記しております。

平成23年（2011）3月11日に発災致しまして、その4日後、当会、宮城士会では災害対策本部が設置されています。このときは、まだ本部長と副本部長2人の合計3人で、まだ私は災害対策本部の組織には入っておりませんでした。

このときの災害対策本部の主な役割は、宮城県士会の理学療法士の安否確認が主なお仕事で、沿岸部に支援活動をするとか、しないとか、そういう話は、まだまったくこのときには出ておりませんでした。

3月20日に宮城県の健康局保健福祉部から正式にリハビリテーションの支援の要請がありました。宮城県士会として沿岸部に理学療法士を派遣して、リハビリテーションの支援活動を行ってくださいと言われましたので、じゃあ、やりましょうということになって、3月24日、ちょうど2週間後に臨時の理事会が開かれまして、災害対策本部が編成されました。このときに私が災害対

策本部入りをしたことになります。

　そこから10日余り、急きょ、宮城県士会としてボランティアさんを募集して、宮城県士会のボランティアとして登録をしてもらって、各地から沿岸部各地に派遣をするというかたちになりました。

　今回の被災地は非常に広範囲でありまして、全部、宮城県の端から端まで派遣するのはちょっと難しかったので、非常に情報が整理されて届いてきた自治体から順番に、行きやすいところからどんどん行くようなかたちで、最終的には4つの市、1つの町、4市1町に宮城県士会の登録ボランティアを派遣いたしました。

　その後、日本理学療法士協会の協力も得られるようになりまして、半年間ぐらいは宮城県士会のボランティアさんと、協会に登録しているボランティアさんと、それぞれ私のもとで一括してコーディネートして、宮城県各地に理学療法士のボランティアを派遣していました。

　協会ボランティアは約半年で撤収しまして、その後、宮城士会のボランティアで1年間、支援活動を続けましたけれども、今年の3月31日で宮城士会としてのボランティア派遣はいったん終了というかたちになっております。

　このほぼ1年間にいらっしゃっていただいたボランティアさんは、その後何度も個人的に自費で、もともと支援活動に入っていただいた宮城県の各地区に、また来ていただいて、3度、4度と何回も足を運んでいただいて、引き続きたくさんの支援活動をいただいています。

　次に、避難所の様子です。こちらも同じく5月上旬の気仙沼市の、ある避難所です。震災から2カ月経過していますので、避難所自体は、先ほどの庭山先生がお見せいただいた体育館の写真に比べると、だいぶスペースにゆとりがありますけれども、震災直後は、もうびっしり足の踏み場もないという、先ほどの新潟と同じような状況です。パーティションも何のしきりもないという状態。衛生状態も非常に悪いという状態だったそうです。

　私も震災後1、2週間は、自分の水と食料の確保に奔走しておりました。電気が1週間後ぐらいには戻ったのですけれども、電気が戻ってもテレビをゆっ

くり見る余裕はまったくなかったのです。

　情報源はラジオしかなかったので、震災直後の避難所の様子を報道しているテレビを見ていないので、おそらくそれは、こちらにいらっしゃって報道をご覧いただいていた皆さんの方が、この避難所の様子なんかはよく報道されていたと聞いておりますので、もしかしたら皆さんの方がご存じかもしれないのですけれども、このような状況でした。

　同じく気仙沼市の別の学校の体育館の避難所になります。支援物資の提供が行われていて、整然と列が出ている。このテントは授乳とか着替え用のテントというかたちで、避難所の生活環境はだいぶ改善され始めています。

　避難所は、多くは行政が設置するのは学校や公民館なのですけれども、さっきもお話ししたとおり、お寺とか、大きなお屋敷にみんなが集まって、自主的な避難所みたいなのがたくさん集まっています。そのお寺の住職さんとか、大きなお屋敷の住民さん、あるいは学校や公民館の職員さんという方が、避難所の運営を主に行っておりました。

　その後、行政がどこで、どんな避難所が立ち上がっているかというのが把握されて、行政がほぼ一括して管理して、支援物資を分配したりするようになるのですけれども、そうなるまでは、本当に避難所の格差が非常に激しくて、来るところにはあり余るほどの支援物資が来て、来ないところには一切来ない。この避難所の格差というのは非常に大きく見られておりました。

　それぞれの役割分担はこのようなかたちです。保健師さんはこのようなかたちで、医師と共に看護師さんも巡回してきて、診察したり、服薬指導をされたりというかたちです。

　さっきも庭山先生の話にありましたけれど、自然発生的にリーダー的な存在が生まれてきて、支援物資の分配とか掃除とか、生活の細かなルールは住民さん主体で、避難所がしっかりと秩序を維持するためにルールが整えられている。

　これは本当に東北人の粘り強いとか、我慢強いというような気質が、大きくいい方に影響していて、非常に秩序が保たれて、避難所で支援物資を奪い合う

とか、そういうことは一切なく。もちろんいろいろな問題はありましたけれども、おおむね秩序を維持しながら避難所は運営されておりました。

　医療支援に関しては、地元の自治体とか、中核病院とか、多くの災害医療派遣チームによって大変充実して行われていました。ではリハビリテーションの支援はどうなっていたのかというところで、そろそろ理学療法士の活動についてお話をしていきたいと思います。

　私も現地に2週間後に、まず情報収集で行きましたけれども、リハビリテーション支援については、まず理学療法士という職業が、どういう職業なのかということを説明することから始める状況でした。

　今回の被災地の沿岸部は、もともとリハビリテーションの資源が非常に少なくて、理学療法士は病院とか施設とかにほとんどいるのです。地域に出て活動している理学療法士は非常に少ないので、病気とかけがをしないと理学療法士には会えない。そういうような土地の特性がありました。

　避難所でお声掛けをしに行くのですけれども、理学療法士の坪田ですと言うと、ほぼ確実に怪しまれます。「おまえは何者だ。理学療法士なんて聞いてこないぞ」というかたちで一切、「もういまは、それどころじゃないから、いいから、いいから」と話もしてくれないような状況でした。私は、それで本当に理学療法士という名前が認知されていないんだなと思って、それから先は「リハビリの仕事をしている者なんですけど」と言うようにしたのです。

　リハビリの仕事ですと言うと、今度は、「手足を、痛い、痛いと言っているのに曲げたり伸ばしたりする人なんでしょう」とか、「体操する人なんでしょう」とかと言われて、ううん、それもちょっと違うんだよなと思いながらも、そういう手足の曲げ伸ばしをしたり体操とか、いまはそれどころじゃないから、全然必要ないから、「しっ、しっ」という感じで、全然受け入れてもらえないのです。

　住民さんもそうなのですけれども、県内にいる理学療法士の仲間からも、「こんな混乱した避難所にいて理学療法士なんか邪魔なんじゃないの。迷惑になるだけじゃない」のというふうに言われて、「何であなた、そんなふうに避

第5部　大規模災害時における保健・医療支援のありかた

難所に行くの」みたいなことをよく聞かれました。

　確かに、行っていてもなかなか受け入れてもらえないし、理学療法らしいことは一切できませんでした。べつに理学療法士らしいことがやれたからどうだったわけではないし、やれなかったから駄目だったとか、そういうことも一切ないのです。行かなければ駄目だという話をこれからするのですが。

　そのようなちょっと厳しい状況を打破したのは、現地コーディネーターの存在でした。今回の現地コーディネーターは、地元の保健福祉事務所、保健所とか、中核病院に勤務する理学療法士が、その役割を担いました。

　もちろん彼らは、先ほどの庭山先生の話にもありましたけれども、激しく被災していながらも、自分の足で1軒1軒避難所を回って歩いて、どこにどれぐらいの避難者がいて、どこにどれぐらいの物資が来ていてと、ほぼ徒歩で、ほとんどの避難所を回って現場の情報を仕入れながらも、現地の人に理学療法士ってこういう仕事なんですとか、こういうこともできるんですということを、ひとりひとりに丁寧に一生懸命説明をして回って、理学療法士は怪しい者ではございません、皆さんの生活が少しでも楽になるように何かできることはありませんかというようなことを説明して歩いてくれました。

　そのことによって、われわれの宮城県士会としての災害対策本部も、では現地の状況が調ったから、そこにボランティアを派遣しましょうというかたちになって。その現場のコーディネーターと災害対策本部にいる私、大本のコーディネーターの2人のやりとりがあったからこそ支援活動が展開できたのです。この現地コーディネーターがいないと、もう一切、支援活動を展開することはできなかったと思います。

　なので、今後の大災害に備えては、この現地コーディネーターを1人でも多く養成しておくということが、宮城県士会としても、日本理学療法士協会としても、おひとりおひとりの理学療法士としても、今後の大きな課題になるのかなと思っております。

　実際、具体的に理学療法士が、どのような活動を行ったかということです。このバケツですね。ホームセンターで売っているような、1個300円ぐらいの

バケツなのですけれども、これを業者さんから無償で支援物資として500個ぐらい、もっとかな、とにかくたくさんくださいと言って、いただいて、それを避難所に配って歩きました。

　腰掛け代わりとしても使えますし、床からの立ち上がりのときの支持物としても使えますし、水くみのときにも、このバケツを開けて水をくむこともできますし、いろんなかたちで、このバケツは大変重宝がられました。

　津波によって装具、つえ、靴、コルセットといったものが全部流されてしまいましたので、そういった支援物資もたくさん宮城県にも送っていただきました。そういったものを新たに、では、こういうのはどうですか、と。いままでこういうのを使っていたけど、しばらく動かなかったから動きづらくなっているから、いままではつえだったけど押し車にしてみたらとか、いろいろな装具の提案をさせていただきました。

　避難所が落ち着いてくると、避難されている方を、ある1つのスペースに合わせて集団体操をしたり、地域住民同士、あるいは、われわれと被災者の皆さんとの交流の場ということでリハビリ体操ですね。一番理学療法士っぽいことができた避難所もありました。

　5月の終わりぐらいから仮設住宅への移住が始まったのですけれども、ごく普通の学生さんの1人暮らしのお部屋にあるようなお風呂だったので、高齢者にはその浴槽はとてもまたげるような状況ではないのです。

　手すりなども一切ないので、突っ張り棒を浴槽のところに突っ張って、浴槽台を入れて、滑り止めマットを入れてという住宅改修を主に、仮設住宅への移住が始まると、これが私たちの大きな仕事となりました。

　お風呂周りの改修以外にも、ここにちょっと手すりがあるといいよねとか、仮設住宅の中はつかまるところは全然ないので、そこに後付けで手すりを付けるといいよねというようなご希望をお聞きしながら、手すりを脱衣所や、ちょっとした段差があるタイプの仮設住宅もありましたので、そういうところに付けてもらったりもしました。

　ということで活動をまとめると、このようになります。こういう活動は、多

くの人が抱いていた、超急性期に避難所に行って理学療法士は何をするのという疑問なのですが、ある程度落ち着いたところに突然現れて、「理学療法士なんです。こういうことを手伝わせてください」と言うのは、地域住民にとっても、突然やってきて何だよという、非常に遠い存在であります。

やっぱり超急性期から入って、避難所を運営している皆さんとコミュニケーションを築いて、住民の皆さんともお話をして、だんだんと信頼関係を築きながら、われわれが理学療法士として理学療法っぽいこともできる適切なタイミングを計る。

いま、そろそろ出番かなといったときに、「いや、実は私、こういうことがちょっと特技としてあるんだけど、ちょっとつえ、どう。やってみない」みたいな感じで話し掛けるというかたちの入り方でないと、後からだと絶対に受け入れてもらえないと思います。

特に東北は非常にガードが堅いので、最初からお付き合いをしていないと、なかなか支援活動ということで、うまく機能するのは難しいのではないのかなと思います。なので、それまでの間は、理学療法士として理学療法を何かしよう、何かしようと押し付けるのではなくて、まず、とにかくお話を聞くということに尽きると思います。

最後に、今後の課題です。何度も申し上げましたけれども、理学療法士って何なのという説明から始めなくてはいけないという状況は、この大災害時にやっている場合ではないんですね。

なので、日々そういう活動を皆さんが地域に出ていって、理学療法士ってこういうことができますと。こういう訓練とか、こういう体操とかではなくて、いろいろ理学療法士ってできるんですよということを、地域住民の方に知っていただく努力というのが非常に必要です。

そのためには、ただ、のこのこ行くというわけにもいかないと思いますので、日ごろから多職種との連携です。特に、町内会、消防団、民生委員さんという、避難所の運営に何かあったときに関わる、大きな力を発揮するであろう人たちと、日ごろからのネットワーク構築を進めていく必要があるのではない

かと思っております。

　だいたいその単位ですけれども、地域包括支援センター圏域でネットワークづくりをするのが限界かなと思っています。今回は保健所圏域でやったので、ものすごく広い圏域で、つながりを維持するのに難しい市町村もありました。できるだけ小さい単位の地域包括支援センター圏域で、こういった圏域にある全ての施設、有事の際に絶対一緒に動かなければいけない人たちですから、そういう人たちとしっかりとつなぐために、それぞれの接着剤、つなぎ役として理学療法士が機能していく必要があるのではないのかなと思いました。

　日ごろから、こうやって地域住民の方に受け入れていただいていると、さっき庭山先生の話にもありましたが、すごい大きな日赤のブースがあっても、やっぱり地元の顔を知っている、いつもお世話になっているお医者さんがいてくれた方が安心なんですね。

　なので絶対、理学療法士もそうだと思います。日ごろから知っている、あ、あの人が理学療法士で、あの人が連れてきたボランティアさんだったらいいねと。じゃあ、その人の話を聞いてみようかということで、活動が非常にしやすくなると思いますので、そういったかたちで理学療法士が日々、地域の資源をつなぎ合わせる役割として活動していくのがいいのではないかなと思っております。

　以上で発表を終わります。ご静聴ありがとうございました。

　　　　　　　　　（つぼた　ともこ　理学療法士・宮城県理学療法士会　地区担当局長）

●藤川　どうも、坪田先生、ありがとうございました。闊達な発言で分かりやすく聞かせていただきました。引き続きまして、石本先生、よろしくお願い致します。

　石本先生は作業療法士、社会福祉士として、JOCVリハビリテーションネットワークを通しまして、現在も福島県二本松市で被害者に対する支援活動を実践されております。テーマにつきましては、「災害時における保健・医療支援

～作業療法士の立場から～」です。よろしくお願い致します。

報告2　災害時における保健・医療支援
～作業療法士の立場から～

石　本　　馨

　ただいまご紹介にあずかりました、JOCVリハビリテーションネットワークの石本と申します。学生時代を過ごした京都に、また久しぶりに戻ってまいりまして、こうしてお話をする機会を得られたことを本当に感謝しております。ありがとうございます。

　まず、私が所属しているJOCVリハビリテーションネットワークの簡単な紹介からさせていただきます。

　JOCVリハビリテーションネットワーク、この発表では「リハネット」と略させていただきます。これはそもそもリハビリテーション分野で国際協力を経験した人間を中心として構成された会で、主に情報交換とか交流の場だったのです。

　ただ、このメンバーの中に阪神・淡路大震災の支援活動をした者、海外での被災地、例えばスマトラ島沖地震とか、パキスタン、ハイチなどの地震での支援経験を持っている者などが結構多くいたために、リハビリテーション分野における災害支援ということをテーマに、ずっと勉強会を継続しておりました。

　その矢先に今回の東日本大震災が発生したということで、私どものようにすごく小さな組織ではありますが、その小さな組織ができることを考えていこうということで話し合いました。

　それぞれ実際に経験をした者が一様に言いますのは、とにかく災害からの復興というのは長期にわたる。そうすると、細く長く関わっていける、細く長く支援していける存在が必要なのではないかということで、私たちのテーマを、

細く長く、そして顔の見える活動をずっと続けていこうということにして実際に支援に入れる場を探しましたところ、福島県二本松市を中心に活動させていただく機会を得まして、現在も継続して活動をしております。現在は、毎月第2、第4の日曜日にリハネットのメンバーが交代で支援活動を展開しております。

　福島県二本松市というのはどういうところかと言いますと、いま二本松市のところを赤い丸で囲ってあります。二本松市自体は津波の被害は直接には受けておりませんが、被災地ではあります。それプラス、沿岸部にあります浪江町、南相馬市、いわゆる原発地域から避難して来た方が、この二本松市に来られて、いま二本松市の避難所や仮設住宅は、ほとんど浪江町から来られた方が中心となって入られております。

　ですので、避難所、あるいは仮設住宅の中は被災された方がいっぱい。でも一歩外に出ると、もちろんライフライン等の被害はありましたが、沿岸部に比べれば、それほど被害のない二本松市民が普通に生活しているというようなギャップの中で、被災者の方が日々生活を送っていらっしゃるというのが現状です。

　私どもは、発災後、約1カ月目のところから支援活動に入りました。ちなみに私自身は、生まれは新潟なのですが、名古屋に住んでおりまして、ほかのリハネットのメンバーも東京、関東、あるいは北海道、九州といった、いわゆる被災地以外のメンバーがとても多いんですね。そういった人たちが活動を継続していけるためには、やはり月に2回、日曜日というかたちが現実的だろうということで、こういう日程になっております。

　発災後1カ月目から現地に入りまして、避難所が閉鎖される7月までを、まず避難所での活動ということで、3カ所の避難所を現地の方に紹介をしていただきまして、そこに隔週の日曜日に訪問するというかたちをとりました。

　実際にどういうことをやっていったかと言いますと、先ほど坪田先生もおっしゃっていましたが環境調整ですね。それまで結構独り暮らしの女性の方、特に高齢のおばあさんがとても多いのです。そういう方は、いままで平屋の広い

おうちで昔なじみの家具につかまったり、いつもあるところに椅子があって、そういったものにつかまりながら何とか生活をしていたのが、突然避難所に来ざるを得なくなった。

　そして、全然違う環境の中で生活をしなければいけないということで、環境が変わることによって、いままで何とか独り暮らしができていたのが、できなくなってしまう、あるいは障害が発生してしまうということがすごく多かったのです。

　それを少しでも防ぐためにということで、環境調整をしていきました。例えば段差の解消、トイレの手すりを付けたり、あるいは手すりを付けるアドバイスをしたり、避難所の自分の身の回りの道具の位置を変えるだけで立ち上がりやすくなったりということ。そういった細かいことを1つ1つ、気が付いたことをどんどん言っていきました。

　2つ目にマッサージだとか、ADL訓練。例えば楽に立ち上がるための練習、トイレまで転ばずに安全に歩くための練習、楽に着替えができるための練習といったものを、本人さんだけではなくて、家族の方にも一緒に入ってもらって、家族の方も楽に介助できるようにということを指導してまいりました。

　何でマッサージかと言いますと、実は、先ほど坪田先生もおっしゃっていましたが、外からいきなり理学療法士や作業療法士が入って、何かやることありますかと言うと、絶対「何ですか」となるのです。その「何ですか」と聞かれて、それに答えるための時間も、すごく惜しかったものですから、とにかく、私たちマッサージやりますと言って入っていったんですね。

　リハビリと言うと、「いや、私、そんな病気重くないから」とか、「障害ないから」と、そこでシャットダウンされるのですが、マッサージと言うと、「ああ、最近、やっぱり肩が凝っているから、ちょっともんでもらうかな」という感じで、割と気楽に来ていただきやすいのです。声を掛けてもらいやすかったのです。

　そういったこともあって、まずは、取りあえずマッサージしますと自分たちから言って、マッサージをしている中で、来てくださった方に実際に生活ニー

ズがあるかないか、あるいは、どんなことに困っているかということを、いろいろ話を聞いていきましたところ、ぽつぽつ出てきた。その出てきたニーズに関して対応していったというのが実情です。

　3番目に、腰痛ベルト、サポーター等の提供です。これもやっぱり着の身着のままで逃げてきた方がほとんどですので、ちょっとした軟性コルセット、サポーターが1つあれば、かなり楽に動けるのにという方がすごく多かったので、こういったものも東京から買って持っていくということを致しました。

　発災後1カ月というところで、避難所には、交代はされていたのですが、常駐で看護師さんや理学療法士さん、作業療法士さんとかが常駐とか、巡回のかたちでいらっしゃる方が結構多かったのです。

　そういった常駐の専門職の方と情報交換をしまして、私たちが被災地から遠いところから毎月2回来るということを知ってもらった上で、では今度、理学療法士さん、作業療法士さんが来たときに、この人を診てもらおうとか、この人のことについて相談しようというような関係が生まれてきました。そういった情報交換も積極的にやっていきました。

　これは私たちが直接携わったわけではないのですが、発災翌日から入っていた作業療法士さんの話を聞きますと、とにかく避難所の環境を、お年寄りや障害を持っている方が住みやすいような環境調整。あとは、とにかく体力の低下、うつといったものを防ぐために、生活リズムを確立するとか、運動不足を解消する。例えば、毎日決まった時間にみんなでラジオ体操をするとか、避難所の中での生活を整えていくというところに積極的に関わった作業療法士さんもおりました。

　あとは、被災者ひとりひとりへの声掛け、傾聴というのがすごく必要とされました。これは実際に私もそうだったのですが、マッサージをしていると、だんだん止めどもなく話が出てくる。

　よくよく話を聞くと、同じ被災者には、相手も同じ被災者だから話せない。相手にもすごくしんどい思いをさせてしまうということで、ずっと我慢していたのが、外から来る人間だったらいいだろうという感じだったのかな、ちょっ

と心を許してくださったのか、すごく話をさせてくださったりということが多かったです。そういった外から来る人間としての役目というところも、こういうかたちで果たすことができるのかなと思いました。

被災者の方の顔出しの写真は、さすがにちょっと載せられないので、楽しく活動している写真しか、実は持ってきていないのですが。これですね、「マッサージ、あした午後2時」、こういうのを用意していますというのを、実は避難所の方がつくってくださったのです。定期的に訪問していますと、こういうものをつくって待っていてくださったり、それに合わせて自分のスケジュールを調えてくさったりという方もいらっしゃいました。

こういうふうに実際に座ってマッサージをしながらお話を聞いたり、炊き出しに参加をしたりということで、それこそ医療職という枠にとらわれずに、とにかく地元の人にどんどん知ってもらおうというかたちで活動をしていきました。

2011年8月の1カ月は、いろんな調整期間がありまして行っていなかったのですが、その年の9月から現在に至るまで、今度は仮設住宅の方で、2カ所の仮設住宅を訪問して活動をしております。

やっていることは、マッサージとか体操というのは変わらないのですが、そのほかにいろいろな作業です。例えば、料理、裁縫、編み物といったものを最近は始めております。何でこういうものを取り入れるようになったかと言いますと、マッサージに参加されている方から、「仮設でやることがないんですね。それがすごくつらい、しんどいんです」というお話を伺ったのです。

よくよくお話を聞きますと、やっぱり高齢者の方で、被災前は自分の畑でいろんな作物をつくって、毎日毎日体を動かしていた。それが、避難所、あるいは仮設住宅に移ると、今後はやることがない。暇でしようがない。

体を動かさないと、とにかくいろんなことを考えてします。それプラス、体も最近はすごく重い、腰が痛い、肩が痛いということで、「もう、やることがなくてしんどいんです」ということをいろんな方がおっしゃったのです。

では、マッサージの順番を待っている間に何かつくってみましょうかという

ようなところで、料理とか裁縫ということを始めたところ、それを目的に集まってこられた。そうすると、料理とか裁縫をやっていると、それを通して、またいろんなニーズがでてくるのです。

　実は、「うちの仮設の隣のおうちのおばあさんが脳卒中で右半分がまひなんだけど、最近全然顔を出さないのよね」とか、そのうちに認知症のおばあさんを元気なおじいさんが連れてきたりというふうに、本来のリハビリの対象となり得る方が、どんどん集まって来始めました。

　やっぱり高齢の方が多いのですが、いろいろ人生経験もすごく豊富なんですね。そうすると、逆に私たちの方がすごく年下で、ぺいぺいな訳ですから、例えば料理の仕方をいろいろ教えていただいたり、裁縫のやり方を教えていただくという立場で被災者の人に関わると、被災者の方がすごく喜んでくださいました。

　「あ、何だ、あんたそんなこともできないの」みたいな感じで教えてくれるのですが、そのときの教えてくださる表情が、すごく生き生きされていたり、あとは2週間後に伺うと、今度は、もっとこんな方法をやってみるいいじゃないというふうに、被災者の方の方からいろんな提案をしてきたり、被災者の方がどんどん元気になっていくという場面に出合いました。

　ですから、こちらが一方的に何か支援するというだけではなくて、逆に私たちが相手の方から教えていただくという立場を取って、被災者の方のできることを、結果的には引き出していったというかたちになりました。

　お話のあった方には、家庭訪問をして環境調整をしたり。あとは、特に仮設住宅ですと、仮設住宅の中で自治会ができてしまって、実際に外の、本来の二本松市の自治会との連携とか関係というのがすごく希薄だったということで、自治会、あるいは、ほかの団体と一緒にイベントをやろうかということを提案してみたところ、それがすごく盛り上がりまして、昨年度末に祭りをやることになってしまって。でも、こちらは言い出しっぺで、実は何も動けなかったのですが、ただ、すごく盛り上がったということもありました。

　この作業でつくった作品をまとめて、実は東京でバザーがあったのです。そ

のバザーで出品したところ、それもすごく大好評で、逆に、バザーで皆さんがつくった作品がこれだけ売れましたということを紹介したところ、またすごくやる気になってくださって、ああ、こんなことができるんだねということを喜んでくださったということもありました。

　これは仮設での様子です。左の下の部分、こういうふうにちらしを貼っていただいて、次回はいつといつと来ますというかたちで周知をしています。集団で体操をしたり、この仮設は集会場をいつも借りていまして、集会場の片方で作業をして、もう片方でマッサージなど、いわゆる機能訓練をしたりということをやっています。

　これは作業の様子です。高齢の女性の方が多いなというのが、一目で、見て分かっていただけるかと思います。こちらの人はさくら餅をつくったり、これはみんなでつくったエコバッグなのですが、バザーで売ったりしていました。

　この人は理学療法士さんなのですが、たまたまマッサージで来ていた、こちらの男性の方が手品が趣味ということで、手品を披露してくださいよと言ったら、すごく喜んで披露してくださって、この人に理学療法士さんが臨時で弟子入りをして習っていったという絵なのですが、こちらの方もすごく喜んでおりましたね。

　実際に被災者の方の様子ですが、こういった活動で来られるという方は圧倒的に高齢者、しかも女性が多いです。あとは、たまたま、いま行っている仮設住宅が障害を持っているお子さんが比較的多い。近くに養護学校があるからという理由で、その仮設住宅のところに障害を持っているご家族が集められたというような背景があるのですが、女性の高齢者の方とか、障害を持っている方が多いところです。

　いわゆるリハビリの対象となる脳卒中、頸髄損傷といった方だけではなくて、環境や生活パターンで変化したことによって腰痛が出たり、関節痛が出たり、体力が低下したり、それプラス不安、うつ、認知症の症状が悪化したりという方が多いです。

　先ほど坪田先生、庭山先生が東北人気質というところで、すごくいいところ

を紹介していただきましたが、私は新潟市生まれなので、逆に私の立場から東北人気質の悪いところを言わせてもらうと、我慢してしまうんですね。なかなか出さないんです。やっぱり出せないのです。最初から自分のしんどいところ、困ったところをぱっと言うということは、まずできませんし、やりません。

ですので、こういったマッサージとか作業を通して、関係づくりをしていく中で徐々に、ぽつぽつと話が出てくるということが圧倒的に多いのです。とにかく、何かその人に懐にぱっと飛び込むきっかけを持っていくのが必要なのではないかなと思いました。

こういったことを通して、だんだん被災者の方が最初は本当に消え入りそうな声でお話をされていたのが、大声で笑ったり表情が豊かになったり、隔週日曜日に来ることで友達が増えたとか、これをきっかけに体を動かすようになったとか、昔やっていたことがまたできるようになってうれしいとか、裁縫なんて10年ぶりと言いながらやっている方もいらっしゃいました。

客観的な面でいいますと、体力の向上、体調への配慮。あとは、認知症の方がいらっしゃったのですが、認知症状が改善したりというような効果もありました。

こういったことを通して、私自身が被災者支援を通して感じたことを最後にお話しさせていただきます。まず作業療法の役割って何だろうということを、今回のことを通して考えますと、障害が発生する、重症化することを予防する、防止するというのが、やっぱり一番大きな役割なのかなと思いました。これが超急性期から積極的にできることだと思います。

では、具体的に、短期的には急性期の段階ではどんなことができるのか、どんなことをやるべきなのかと言いますと、環境調整とか、避難所や仮設といった環境に即した日常生活動作を指導したり、自助具や補装具を提供したり、体に合ったようにフィッティングをしたりできることなのではないかと思いました。

長期的には、メンタルケアとか、環境の変化や気分的な変化によって潜在化

した力を引き出していくとか、将来に対して少し明るい見通しを持っていただいたり、あるいは人間関係を橋渡しするというのが、作業療法としてできることなのかなと思いました。そして、これは長期間支援することにより効果が増大したのではないかなと、今回の経験を通して思いました。

　ただ、課題としては、男性の高齢者の顔がすごく見えにくいというところで、男性の高齢者の方を引っ張り出すような仕掛けというのが、もっと必要なのではないかなと思っています。

　以上で発表を終わります。ご静聴ありがとうございました。

（いしもと　かおる　作業療法士・社会福祉士・JOCV リハビリテーションネットワーク）

●藤川　どうも、石本先生、ありがとうございました。具体的な実践内容と関係の取り方がすごく伝わってきたと思います。ありがとうございました。

　続きましては、柴田先生の方から、よろしくお願い致します。

　柴田先生は看護師、そして助産師として東日本大震災支援プロジェクト（PCAT）を通じまして、震災時で長期間にわたり妊産婦子育て支援活動の実践もされております。テーマにつきましては、「妊産婦、乳幼児を持つ家族への災害時支援」です。よろしくお願い致します。

報告3　妊産婦、乳幼児を持つ家族への災害時支援

柴　田　洋　美

　ご紹介いただきありがとうございます。日本プライマリ・ケア連合学会の東日本大震災プロジェクト、これは通称 PCAT（ピーキャット）と読みます。その妊産婦支援チームのコーディネーターをしております柴田と申します。

私は自宅が京都なので、こちらに帰ってきて、こうして皆さんに、関心を持っていただいて、お話を聞いていただけるのはとてもうれしいなと思っています。よろしくお願いします。

　私はまったくこういった災害活動はしたことがなく、京都で産婦人科病院の勤務と、地域で新生児訪問というのをしておりました。

　私は実家が仙台にあるものですから、東日本大震災があったときは、地元の様子はどうなっているのかと心配でした。家族は無事だったのですが、被災地の妊産婦、赤ちゃんはどうしているかなというのがとても気になり、活動したいなという思いに駆られるようになりました。

　日本助産師会の災害登録派遣をしましたが、なかなか要請が来なくて、ちょっとしびれを切らして、看護師を募集していた団体からの派遣で、石巻市という沿岸部の被害が大きかった地域にある避難所で1カ月看護師として活動しました。

　その後、日本助産師会から派遣要請が来まして、助産師として1週間、妊産婦支援活動に参加しました。その活動は、短期派遣でずっとつないでいたのですが、それですと地元の方の負担が増してしまうことがとても感じられました。やっぱり地域に根を張って、地域の様子を理解しながら活動を進めていくのが有効なのではないかと思い、長期活動に乗り出すことになりました。

　このPCAT、PCOTというのは、日本プライマリ・ケア連合学会という、家庭医とか総合診療医が入っている学会が母体です。このプロジェクトは、東日本大震災を機会に立ち上がりました。

　特徴としましては、多職種の医療者で構成された災害支援チームです。医師、看護師のみならず、薬剤師、臨床心理士、時には鍼灸師、理学療法士さんなんかもいらっしゃいました。メンバーの多くは、介護が必要な避難所での活動などを主にしておりました。

　初期のプロジェクトチームは、活動を始めたとき、産婦人科医が全然いないということに気付きました。災害時でもお産というのはありますので、そういったところで、やっぱり妊産婦、子育て支援チームが必要だということで、日

本助産師会とか、東京助産師会との共同で立ち上がりました。

妊婦とか乳幼児も災害弱者として扱われるかと思いますけれども、やはり妊産婦ですと、なかなか自由に体が動けなかったり、胎児の影響がどうなっているかと心配でも、病院も被災しているので、なかなか検診が受けられないという不安もあります。

妊娠中にはできるだけ避けていたようなカップラーメンとか菓子パンとか、そんな食べ物しかないので、そういったところでも妊婦さんは赤ちゃんに影響がないかな、自分の体は大丈夫かなと心配になることがあります。

そして、乳幼児とその家族ですが、やはり泣き声が心配で、ちょっと肩身の狭い思いをされたり、母乳は、何もないところでも赤ちゃんにとっての一番のライフラインなのですけれども、それもなかなか授乳ができるスペースがすぐにはなかったり、ミルクをあげている赤ちゃんですと余計、清潔な水や容器が必要になってくるので、そういったところでの心配もあります。

私が行った避難所では、赤ちゃんと避難所で一緒に過ごすことが難しく、赤ちゃんだけ親戚のおうちに預けられて、ご両親だけ避難所で過ごされているというケースもありました。

アレルギーのあるお子さんについては、配給物資では食べる物が全然なくて、本当に命の危険を感じたとおっしゃられる方もいらっしゃいました。

私はこの避難所では看護師として、救護所みたいなスペースで皆さんの健康相談にのっていました。やっぱりここでも赤ちゃんとか妊婦さんはいらっしゃっいました。先ほど言ったように災害弱者でもあるのですけれども、赤ちゃんや子どもは、みんなを勇気づけてくれる存在でした。

お子さんがぐずることはあまりなく、赤ちゃんを見ると、みんなが優しい気持ちになれたり、前向きな気持ちになれたり、ちょっとすさんだ環境の中で、ぽっと明るい光がともるような影響を、子どもたちは与えてくれていたと思います。

私の活動する石巻市、東松島市、女川町、それが全部同じ医療圏に属する沿岸部の地域です。こちらは分娩施設が5つあったのですけれども、そのうち4

カ所が津波で浸水して、うち 2 カ所は廃業してしまいました。いま、産婦人科というのが全体的に少ない中で、また津波ということでダメージが大きくなってしまいました。

　子育て支援センターという、行政が設置している、幼稚園に行く前の子どもたちとその親子が遊ぶ場、集う場という感じなのですけれども、それも浸水したり、3 カ所が流出しました。

　子どもが遊んだり集えるはずの公園や広場も流出されたり、仮設住宅の用地になってしまって、なかなか子どもたちの遊べる場、集う場というのがなくなってしまいました。そこでやっぱり母子の孤立化というのがとても心配されました。

　私が長期活動を始めてからですが、その始めたときは、もう現地で活動するチームというか、スタッフは私だけになっておりました。なので、まずは地域の様子を知らなくてはいけないなというと思い、まずは地域のいろいろな人と関わりを持っていきました。

　地元の母子に関わる方々とお話を聴きに行ったり。話に行くというよりは、さりげなくというか、サロンとかするのだったら一緒に行ってもいいですかという感じで。私は、幸い助産師とか看護師というのは割とメジャーな仕事らしくて、結構受け入れてもらいやすかったので、それはラッキーだったなと思います。

　そうやって母子の健康相談のイベント、講座、新生児訪問も続けていきました。どんなところが、まずは困っているのかなと私は思っていたのですが、新生児訪問で意外だったことには、異常分娩がとても少なかったんですね。私は京都でも新生児訪問をしているのですけれども、それに比べてもだいぶ少ない印象を受けました。過去の諸外国のデータですと、災害による周産期予後の悪化というのが報告されているので、それとはまた違う何か強さがあるのではないかなと感じました。

　また、新生児訪問のときには「エジンバラ式産後うつ病質問票」を用いて、お母さんの精神状態というのを見るのですけれども、それでも、うつ病ハイリ

スク者が少なかったのは意外なほどでした。

　後に、この4月ぐらいに東北大の先生が出された研究発表で、産後5カ月から1年ぐらい経過したお母さんの調査では、うつ病のハイリスク者が増加したという結果も出ているのですけれども、新生児時期に限って言えば、うつ病のハイリスク者は、ほとんど見られないぐらい少ない様子でした。

　そのお母さん方がおっしゃっていたのは、必死になって生きようとしているうちに過ぎたとか、妊婦さんということでたくさんの人が助けてくれたとか。検診は受けられないけれども、自分の子が元気かどうかというのは自分の体で分かったというふうに、すごく本能とか身体感覚が研ぎ澄まされた状態だったのではないかなと思いました。それに、またこの自然を受け入れる力だとか、多世代同居も多かったので、家族での支え合いも多かったのではないかなと思います。

　その中でサークル支援として、アンパンマンミュージアムバスツアーという企画をしました。被害の大きかった地域の子育てサークルだったのですけれども、やっぱり震災でみんなばらばらになってしまったり、子どと外出をするのが怖くなってしまったそうです。そこで医療者が付いていれば、ちょっと安心ということだったので、私と医師が同行して、一緒にアンパンマンミュージアムに行ってきました。皆さんは、久しぶりの外出で楽しまれたようです。

　そのときに気付いたのですが、そのときに一緒にジュニアリーダーという中高生のボランティアの団体とか、子育てサポーターという、お孫さんのいるようなおばちゃん世代の方々も同行してくださいました。この中で、この地域というのは多世代の支え合いみたいなのが、もともと機能していたんだなと思いました。

　地元子育て支援者というのも、とても一生懸命活動されていまして、やはりご自身も被災されているのですけれども、心は守られている場所だと感じてほしいとおっしゃって、ご自身の母子を守る力を高めようと、災害対策のワークショップとか、母子への心のケアセミナーとか、自分たちの力を高めようという試みを一生懸命されていました。

元々の活動場所がなくなってしまったというところもあったのですけれども、玄関ホールで活動したり、建物が丸ごとなくなった子育て支援センターの方は、仮設の集会所に出向いて活動なども起こっていました。
　そのときに気付いたことは、やっぱり今何が必要かというのは地元の方が一番よく分かっていて、何が困っているかと思うよりは、一緒にその方々の言葉に耳を傾けながら、日々変わっていく課題を共に考えるということが、いつかは一番ニーズに即した支援につながるのではないかなと考えました。
　そうやっているうちに、先ほども申し上げましたように、困っていることというよりも、支え合いとか、家族の絆とか、いろんな地域の強みがあることに気付いていきました。いろんなところでお話を伺っていくうちに、医療者だけではなく、母子に関わるさまざまな分野の方々との人脈が築けていきました。これはなかなか病院にいるだけでは分からなかったのですが、こうやってニーズを探る中で、いろんな方と関係ができたのは、とても貴重だと思っています。
　そういう中で地域の方々がやりたいことを拾っていきました。中には、地元の勤務助産師の方で、こういった場合だから地域に出て親子が安心できる時間をつくれるよう、「ベビーマッサージをやりたいんだけど」とおっしゃるのです。地元の人は、かえって外で活動できる場所が分かりにくかったりもしたので、そんなところをつないでいったりしました。
　震災がもたらしたもの。皆さまの姿を見ていて感じたのですけれども、いままで気付かなかった自分たちの課題に気付いたり、本質的に何が必要なのか、何が大事なのかということを、皆さんが必死に考えていらっしゃいました。
　いっぱい支援は来ているのですけれども、支援を受けるだけではなくて、自分たちがほかの人たちの役に立ちたいとか、生きがいを持ちたい、誇りを持ちたいというふうに、もらうだけの支援はもういいよという動きが、出てきました。震災復興といいますが、元に戻りたいというのではなくて、見つけた課題に立ち向かって、よりよくしていきたいという人々の様子もすごく伝わってきました。

第5部　大規模災害時における保健・医療支援のありかた

　地域の強みは、こういった家族の絆とか、自然と共に暮らした強さとか、多世代の関わりとか、震災以降に皆さんが自分たちでやりたいという意欲の高まりだとか、そういったものがパワーになっていると思います。
　活動の中で見えてきた課題ですが、地元の産婦人科医院は、もともと少なかったのに、震災でさらに失われてしまったこともありまして、3つの病院にお産が集中して、産婦人科医や助産師は多忙になって疲れてしまったり、退院日数を短くしなくてはならない状況になったりして、ケアの低下も懸念されていました。
　保健センターのスタッフも不足していましたし、何より気になってきたのが地域による格差、被災状況による格差というのが、皆さんの中でだんだんと影を落としてきたのです。もともと、被災状況が違うことには、みんな敏感だったのですけれども、その中でも何とか一緒にやれないかな、何とか助け合えないかなと模索しているようであったのが、そのうちやっぱりちょっと無理なのではないかなという雰囲気になってしまいました。
　横の連携が乏しかったり、地域での昔からのしがらみみたいなのもあって、なかなか地元では横で連携するのが難しい状態でした。
　その中で、私が必要ではないかと思ったのは、まずは地元支援者の疲労がありますので、支援者向けのメンタルケアセミナーです。また、地元の行き詰まりとか閉塞感に関しては、どんな先が待っているのか、どんな未来に向かっているのか、そういったビジョンを共有できることが、ここから先に向かっていけるための力になるのではないかと思いました。
　地域の医療者のリソースは少ないのですけれども、それを最大限に生かす方法はないのだろうか。また、医療者ではなくても、母子支援者を増やす方法はないのだろうか。地域の人々が支え合える仕組みはないかなと、それを探っていきたいと思いました。
　その中で外部の人間ができることを考えたとき、なかなか地元の人同士ではしがらみがあったりして、関係をつくるのが難しい部分もあるのですけれども、私のように外部の者ですと、いろんな方と自由に会ったり、お話ができた

りしますので、垣根を越えたネットワークづくりのきっかけづくりはできないかと思いました。

一方、その地元のビジョンをつくるというのは、地元の人でないと意味がありません。地元のリーダーで、そういったことをしたい方はいらっしゃらないかなと思っていました。そんな中で出会ったのが、NPO ベビースマイル石巻の荒木さんという方です。

この方は2人のママで、妊娠7カ月のときに被災をしました。サークルのリーダーだったお友達を震災で失われ、その方お友達の遺志を継いで、出産直前に未就園児親子のサロンを開催しました。産後も間もなく復帰されて、親子の集い場をつくっていらっしゃいます。

その方に、今したいことはどんなことですか、こんなネットワークづくりには興味がありますか、とお尋ねすると、「それこそ私のしたいことです」とおっしゃり、支援者のネットワークをつくっていこうということになりました。

それが、この「お産と子育てに強いまちづくりプロジェクト」です。みんなで名前を考えて、「絆」（Bond）と「生まれる」（Born）ボンボンカフェ（Bond Born Cafe）プロジェクトという名前で活動しています。

メンバーは、多職種の出産・子育て支援者です。世代も30代前半から70代までいろんな世代の方が集まり、課題と情報を共有したり、意見交換をしたり、といつもわいわいやっています。

ただ、ビジョンづくりといっても漠然としてしまうので、コミュニティーカフェをつくろうという目的で、それに向けて、みんなで知恵を絞ったり意見交換をしています。それから、災害時にも役立つ子育てのリソースマップ作成プロジェクトも進めています。

こちらの写真はコミュニティカフェのイベントです。地元の方とのいろいろな交流を持つために、グループホームでも、こういった子育てカフェをしました。こちらの方は小学生などが外で遊ぶイベントで、一緒にコラボさせていただいて、いろんな世代との交流ができるようにしています。

そうやってメンバーと課題共有をする中で見えてきたことは、復興のために

は、子どもが生まれないと復興していけないということです。「お産と子育てのしやすいまちに人は集まる」というのをスローガンとして掲げています。

もともと医療者の少ない中で、どうやったらリソース活動ができるかと考えたときに、産前産後を支えるのは医療者だけでなく、お母さんでもできるし、周りの方々にもできることがあります。また、子育ても、いろんな方々が関われることなので、みんなの力を借りていこうと考えています。

多くの人が支援者になれる仕組みづくりを考えていきたいと思っています。お年寄りの方も赤ちゃんに触れると本当に元気になることが多く、グループホームでのイベント時は、踊りだしたおばあちゃんもいらっしゃいました。また、こうやって出産と子育てを地域でつながって支える関係づくりは、災害時への対処にもなります。

地元の方がおっしゃっていたのですけれども、震災は悪いことだけじゃないと。皆さん大変な中で過ごされているのですが、本当に自分にとって必要なものが見えてきたり、自分の役割は何だろうということを考えたときに、震災が大きなきっかけになったとおっしゃっています。そんなしんどい中でも、痛い思いを乗り越えようとしながら、新しいまちを生み出す被災地は「お母さん」のようだなと私は感じました。

復興期の外部支援者の役割としては、地元の方々のお気持ちに寄り添いながらも、外の視点から全体像を見ること。地元の人々が力を発揮されてるようにエンパワーすること。言葉に出るよりも、深いニーズを地元の方と探っていったりすることが必要なことではないかと思っています。

それから、地元が持続可能な地域内外の連携をサポートするというのも大事な役割です。そのために医療者としての役割は必要最小限にし、できればしないで、医療は地元のリソースを生かす感じでやっていけるのがいいなと思っています。

現在の活動としまして、地元の支援者の層を増やすという意味で、保健師や保育士対象の母乳育児支援講座をしています。また、震災後は、亡くなった方が周りに多かったので、お産の話がなかなかできない状態だったのですけれど

も、今だからこそお産の語り場をつくったりもしています。

　あとは、地元支援者のメンタルケア、小児科講座、それから地元主体のイベントサポート。

　それから、今度、「子どものまち」という子どもの職業体験のイベントがあります。その中で医者希望の男の子が、命の授業をしたいと言ってきて。はじめにお産の劇をしたいと言ってきたんですね。その過程で、産婦人科医にインタビューをしたり、赤ちゃんを抱っこしたら、とても乗ってきたみたいで。自分が命の誕生の授業をしたいと言い、紙芝居をつくったりしています。

　そんなふうにいろんな世代、いろんな職種の方に、子どもとか赤ちゃんから希望を持っていただけたらいいなと考えています。

　すみません、まとまらなくて。ご静聴ありがとうございました。

（しばた　ひろみ　看護師／助産師／日本プライマリ・ケア連合学会
東日本大震災支援プロジェクト PCAT）

●藤川　どうも、柴田先生ありがとうございました。ネットワークづくりの大切さ、そして子育てサークル、子育て支援サークルとか、特に地元子育て支援者の重要性が伺えました。ありがとうございました。

● 全体討論 ●

●司会（藤川）　早速でございますが、全体討論会に移ろうと思っております。先生方、よろしくお願いいたします。フロアの先生方も、もし質問等がある場合につきましては、名前等を提示していただいて、挙手にてよろしくお願いいたします。

　17時が定刻になっておりますので、その時間を1つの目安として進めたいと思います。よろしくお願いいたします。

　まず、先ほど基調講演を含めて4人の先生方から講演があったわけですが、先生方の実践の中で共通のキーワードとして情報という言葉があるように思えました。具体的にはどのようなことかというのをお答えできる先生から、よろしくお願いしたいのですが。

●庭山　大規模災害時における保健医療支援においては、より早くいかに正しい情報を得、その情報を基に支援行動に移るかが大切ですが、被災現場は情報を発する余裕はありません。それゆえ情報は送られてくるものではなく、自ら取りに行くものだと思っています。

　東日本大震災に際しても、発災4日目に初めて現地の医師会の副会長先生と連絡が取れ、現地の被災状況を知り、現地のニーズに最もふさわしい準備をして、内科医2名，看護師，薬剤師等で2チームを作り、2台の車で現地に向かいました。

　災害時の情報というのは、被災者自身が最も知らない場合が多いという性質を持っています。現場から離れた人達はメディアを通し、どんどん新しい情報が入ってきます。一方現地に行かないと判らない情報も多くあります。特に災害初期の情報分析判断は難しいですね。

　同じ情報のようでも災害のSTAGEにより情報の持つ意味が変わってくることもあります。

●藤川　情報は取りに行くということでよろしいでしょうか。
　ほかの先生方から、何か情報についてあれば、よろしいでしょうか。

●坪田　現地のコーディネーターと全体のコーディネーターの私とのやりとりの中で、非常に情報が錯綜したり混乱したりするので、情報の出どころをしっかりと確認をして、本当にその情報は信頼していいものか、どうかというのが、お互いに疑心暗鬼になるというか、混乱してしまうので。やっぱりこの情報は信頼できるかどうかという、その出どころをしっかりと確認して、デマとかもたくさん飛び交いますので、そういったところに注意が必要なのかなと。
　コーディネーター同士では、お互いの言っていることだけ信用しようというふうにルールをつくって取り組んでおりました。出どころの確認をということで、お願いしたいと思います。

●藤川　そうですか。
　インターネット等が発達しておりまして、そういう中での非難、中傷、信頼性のないデータ等があるということも含めまして、信頼性、出どころというところを確認した方が良いということでよろしいでしょうか。

●坪田　はい。

●藤川　あとの先生方、どうでしょう。いいですか。

●石本　情報を取りにいく側の立場から言いますと、やはり地元の人の方がよく知っている情報もあれば、医療コーディネーターですとか、医療職の人だからこそ、よく知っている、得られる情報というのもあるわけですね。ですから、そこら辺の整理はちゃんと自分の中でつけておくということ。
　逆に、ここにいる方々、多くの人は医療関係者とか、これから医療関係者になる方だと思いますので、ちゃんと情報を整理したうえで客観的な事実だけを

相手に伝えるというトレーニングを日ごろやっておくと、いざというとき、とても役に立つのではないかなと思います。

●藤川　情報は取りに行くだけではなくて、整理して取りに行くということでよろしいでしょうか。
　先生の方からは、よろしいでしょうか。

●柴田　やっぱり地元の方というのは、地元の目の前の問題の解決に必死で、なかなか幅広い目で見られないというところがあるので、そういったところは外から見た者が客観的な目で見られる面もあるかなと思います。

●藤川　情報は、待っているだけではなくて、行く人たちが根拠をもとに、しっかりと自分の方から、取りに行くということでまとめさせていただいてよろしいですか。
　まだたくさん聞きたいことがあるのですが、もう1つ、こちらから聞かせていただいて、フロアの方からと思っております。
　庭山先生の方から基調講演の中でもあったのですが、防災会議というのは所属の長とかが出席。災害対策本部というのは、すぐにできるわけなのですが、構成が行政側の意味で、このことを考えますと、医療健康に関するような重要な初動期間で、完全な判断ができないような傾向にあると思います。
　そのような中で4人の先生方から、災害医療コーディネーターという言葉が何度も出ました。このコーディネーターの必要性と、その役割についてというところで何かあれば、先生方、一言お願いしたいのですが。どなたか、先生。じゃあ、こちらの先生。

●柴田　ちょっとおっしゃっている意味に添うかどうか分かりませんが、私が派遣される前に、派遣前研修というのがありました。その人の役割が適切かどうか。そのポジションに適切かどうかというのは客観的な判断も必要だと思い

ます。ちょっとすみません。まとまらないので。

●藤川　いえいえ。
　先生の発表の中でも、また論文等の中でも、支援を受ける側として毎週派遣スタッフが代わると、それを受け入れる側としても、そういうところの負担というのが長期間になると出てくる。そういうところで適材適所、いわゆる判断をできる人が必要だということも先生の中であったので、そのように捉えさせてよろしいでしょうか。

●柴田　そうですね。本当にそういった意味で、地元の受ける側の負担を減らすためも、有効な活動とするためにも、コーディネーターが必要です。でもなかなか急に長期で活動できる時間がある医療者がいないのが現状です。私はたまたま3月に仕事を辞める予定で、ぶらぶらしていたのがよかったのですけれども。
　なかなかそういった面で、準備が難しいのかもしれませんが、事前にコーディネーター養成研修とかがあれば良いと思います。

●藤川　ありがとうございます。ケア・リハ支援の中のコーディネーター的な作業がやっぱり必要だということです。
　ほかの先生方から、いかがでしょうか。

●庭山　コーディネーターは絶対必要です。ただし、誰がなるかという事が問題です。例えば新潟県に例を取りますと、中越大地震以後保健所長がコーディネーターをやっております。ご存知のように保健所は各市町村にはありません。県内に十数ヶ所しかなく、複数の保健所長を兼務している場合もあり、子弟の教育等も考え多くの保健所長が新潟市に住んでいます。土、日、祝日は多くの保健所は所長不在です。いつ発生するかわからぬ非常事態に対応し、災害現場での医療のコーディネートは無理です。大きな責任と権限だけを与えられ

ても十分な仕事は出来ません。ご本人にとっても気の毒ですし、被災者にとっても不幸です。

　新潟県では保健所は県庁と同じく、地域振興局の一部署（福祉保健部）となり、保健所長は医師であっても福祉保健部長の下にいる一医系技官という立場に置かれており、一切の決定権がないのです。

　こんな訳で、災害コーディネーターは絶大な権限を持ち、必ず災害現場に常駐し、トップダウンで指示命令を下す事のできる人を、国又は都道府県が責任を持って派遣すべきだと思います。

●藤川　どうもありがとうございました。

　国単位でやるということになると、これはいまから本当に地道に、今度の震災も含めて国の方に訴えていくということが重要になるかと思います。また、これを皆さんもしっかりと考えられて、何かの機会に、国の方に、自治体の方に訴えられるチャンスがあったら、よろしくお願いしたいと思います。

　いろいろなお家事情はあるは思いますが、それはそれとして、人を優先にということで。　あと、先生。

●坪田　よろしいですか。じゃあ。

　宮城県は、今後30年以内に99パーセントの確率で宮城沖地震が来るということで、大変な防災意識が高い県で、それの準備をしていたのです。宮城県としましても、震災の直前の1月終わりから2月にかけて、災害医療コーディネーターを3名ほど任命して、その直後に震災でした。

　その災害医療コーディネーター3名は中核病院の医師だったのですが、それぞれの地域で大変ご活躍をされて、いろいろな活躍のされ方があったのですけれども、非常に機能したと思います。

　私が関わった自治体の中で一番機能したのは気仙沼市で、気仙沼市立病院の脳外科の先生が災害医療コーディネーターでした。そこに東京都の医療救護班のチームが、災害医療コーディネーターの支援でずっと継続的に入っておられ

て、気仙沼市に入るいろんな団体のうちの1つが理学療法士会、宮城県士会、日本理学療法士会、OT、ST、健康運動指導士、さまざまな団体が全部、そこに情報が集約されて、非常に機能的分配をして、分業、協業をコントロールして、かなりうまく機能したという例がありました。

そういった例もあるよということで、宮城、うまくいったところもあるらしいよということで、情報として付け加えていただければと思います。

●藤川　ありがとうございます。宮城の方につきましては、コーディネーターの概要ということで、ちゃんと項目立てて設定されているようなバックグラウンドもあるとは聞いております。

あと、よろしいですか、先生。

それでは、17時の方もちょっと近くなっているのですが、もう1つ、これはぜひ聞いておいた方がいいのかなと持っていますが。

これから、この中でも支援に参加したい、もしくは行きたいという方がたくさんいると思います。それで、これから支援に行くにあたっての自身の健康管理とかメンタルヘルス、準備、心構えとでもいいますか、そういうものがありましたら、経験がある先生方から、何かあったら一言アドバイスをいただけたら幸いですが、いかがでしょうか。

●柴田　私の学会の方では、派遣前に派遣前研修というのがありまして、そういった災害支援者が起こりやすい反応ですとか、活動で起こりやすい場面を想定して、グループワークをしたり、ロールプレイをしたり、そんな研修を行っていました。

やっぱり私も初めの避難所に1ヵ月行って、戻ってきたときに、あまりにも環境の違いがあって、何が本当かよく分からないというか、時空がねじ曲がったような感じがしたり、自分が地元に帰ってきて幸せなのが申し訳ないみたいなのとか、そういった感覚にとらわれたこともあります。

現地に行っても、例えば自分は被災していないから、周りの人の気持ちが分

からないんじゃないかとか、そんなことを思うこともあります。本当は立場が違うから、お互いの役割を補え合えるというところがあるのですが。支援者仲間と話す機会がなかったり、そういった心理的反応があるものだと分からないと、ちょっと精神的につらくなることもあるかもしれないので、研修があったら受けられることをお勧めします。

　兵庫県こころのケアセンターで、『サイコロジカル・ファーストエイド（PFA）』というのが翻訳されていて、それを自由にネットからも見られますし、私どものプライマリ・ケア連合学会でも、不定期ですがその研修会をやっていますので、興味のある方は、どうぞお問い合わせください。

●藤川　ありがとうございます。
　いま柴田先生が言われたように、被災地とあまりにも違うような環境とか、身近な人との感覚のずれに、本当に行った人は時空が回りくねったような違和感があって、行った人自身が日常生活を維持するのが大変だということも、実際にあります。
　PTSDとか、サバイバーズ・ギルト、いわゆる生き残った者の罪悪感というのも、実際に死を直面しておりますので、自分が助けられなかった、流されているのを見た、溺死しているのを見ているというつらさを、被災地の方が、またそこで支援者になっているという事実もあるので、いま先生が言われたようなことも１つの、これから行かれる方については、心構えとして置かれていた方がよいかと思います。
　あとはよろしいでしょうか。

●石本　いいですか。
　ボランティア保険に入っておかれることをお勧めします。各市町村の社協に行きますと、500円ぐらいで１年間ボランティア保険に入れますので、それに必ず入って行かれる。もう社協に行きますと５分ぐらいで、すぐに入れますので、それに入って行かれるということ。

そして、1人では行かない。先ほど先生がおっしゃったみたいに、PTSD は大なり小なり絶対あります。そのときに、誰かと一緒にて、誰かと一緒に帰って来るということで、そのときの状況というものを、少なくとも誰かと一緒に行くことによって、その人とは共有できるわけです。言葉にして誰かと共有するというとで、かなり精神的なダメージは防げます。
　実際に、1人でボランティアに行って行方不明になってしまったとか、そういったことも防げますので、必ず1人では行かない。誰かと一緒に行くということと、その誰かと一緒に行った人との間では、自分の思いを吐露できるということを、お互いで確認し合っておかれるといいんじゃないかなと思います。

●藤川　ありがとうございます。
　行く人は、ここの一言です。ボランティア保険に入るべし。500 円で入れるということで、それはちょっと頭のこの辺に入れておいてください。短期記憶じゃなくて、長期記憶の方に。それと、特に1人で行かないということで、よろしくお願いしたいと思います。
　それでは、もう1点、こちらから庭山先生の方にお聞きしたいことがあるのですが、庭山先生におかれましては、新潟県の中越地震においては、医療支援を受けられた側という立場。今回の東日本災害においては、支援する側の最前線におられた両方の経験をお持ちだと思います。受け入れる側の支援者に対する注意とか、逆に支援をする側として、今回気を使われたこととかがもしあれば、ちょっとお教えいただきたいのですが。

●庭山　私はこの約 50 年間に大きな地震を4回経験いたしました。新潟大地震、中越大地震では支援を受ける立場で、その後の中越沖、東日本大地震では支援をする立場としての経験をしました。
　支援を受ける立場から申し上げますと、被災地では医師はもちろん全ての職種の人が被災者であるということを理解して支援に来ていただきたいという事です。支援は「チーム単位」で行っていただきたい。

もう一つは出来るだけ明確な目的を持って、いつ、どこへ、何のために、どんなニーズに対応するために、といったことを十分に考えた上で行動していただきたいですね。
　災害医療支援では、STAGEによってニーズが全然異なります。超急性期と慢性期では、同じ場所、同じ人のところに行くにも現地のニーズは違う場合が多いのです。被災者として支援を受けた経験からこのように考えております。
　これらの経験を踏まえて、東日本の被災地へ向かいました。現地の医療者と直接連絡を取った上で、その時々のニーズに最も適した対応を心がけ、県内最小の医師会から4回5チームを派遣いたしました。
　話は一寸それますが、中越地震の際、発災4ヶ月目余震の続く中で支援に来ていただいた代表チームの方々と地元医師会とで「シンポジウム」を行い、本日お持ちしたこの本（約300頁）にまとめました。「検証」「記録」は大切なことだと思います。

●藤川　ありがとうございます。
　全員が被災者であるということの認知と、チームで行くということ、それと目的を持っていくということですね。よく行ったきりで、いつ帰るのか解らないような。まさに登山をする方と一緒だと思うんですね。入るときに入山届をして、下山をするときには下山する。目的は頂上に登ること。危ないときには、すぐに帰る。自分の責任において。まさに、そのようなこととも思います。
　ちょっと時間もせまっていますが、いままで先生方がここで講演をいただきましたが、それらを踏まえましてフロアの先生、もしくは学生の皆さんからお聞きしたいということがあれば、時間の許す限りここで受けたいと思いますが、いかがでしょうか。
　なお、質問等ある人は、挙手にて、先ほど言ったように氏名の提示だけよろしくお願いいたします。よろしいでしょうか。
　また、僕の方から質問したいことが、いくつかあるので、ちょっと考えてお

いてくださいますようお願いいたします。
　坪田先生、石本、柴田先生は、いわゆる PT、OT、看護という役割で、いま関わっておられると思うのですが、実際、先ほどの発表の中で、OT だからできること、PT だからできることというところでの話とか、関わり方というところの話をいただけたと思うのですが、特に先生方が専門職種として、これはできるよということがあれば。
　「一個人として、まず行くこと」というのが柴田先生からあったと思うのですが、専門職ということを出さずにということもあったと思います。それは傾聴、耳を傾けるとか、常に人が一緒にいるだけでもいい。それが専門職であれば安心をするというバックグラウンドもあると思いますが、お三人の先生が行くにあたって、これだけはできるよというのが、もしあれば一言ずつお願いしたいのですが。

●坪田　セラピストに関して言えば、動作が見られるというところが、やっぱり最大のメリットだと思いますので、その方がどのような動作を行っていて、いかにその負担を軽減できるかというところが真骨頂だと思います。やはり行って、まずお話を聞きながら、さりげなく動作分析をして、さりげなく何かの補助具を提案するというところが、やっぱりセラピストとしては一番の、ステージに関係なく、いつでもどこでもできることなのかなと思っております。

●藤川　さりげなくということですね。

●坪田　さりげなくです。

●藤川　さりげなくということですね。
　それでは、バックグラウンドは、先ほどもあったように OT、PT と言っても分からない。認知度が低いというところの地域性もあったと思いますが、石本先生はよろしいでしょうか。

●石本　理学療法士よりも、さらに認知度の低い作業療法士としては、やはりその方が困っている日常生活動作に、その場ですぐ対応できるというのは、作業療法士の一番の強みだと思います。そこにある道具で、いまその場で解決するということが作業療法士はできます。それはすごく感じます。実際に行って感じましたので、それはもう作業療法士としては自信を持っていいのではないかなと思います。

　もう一点は、心を動かす。相手をその気にさせる、やる気にさせるというところです。よく作業療法士仲間で、作業療法士って人たらしだよねと言うんですけど。相手のその気、被災者の方をこっちが引っ張るというだけではなくて、その気にさせていくというところを作業療法士の強みだと思いますので、その手段として、いろんな作業なり日常生活動作へのアプローチなり、マッサージなりがあると思いますので、ぜひ相手の心を動かす、その気にさせる。

　心が動けば、あとは被災者の方の力がどんどん発揮されていきますので、その最初の後押しですね。ちょっと押すというところを作業療法士の強みとして考えていただけるといんじゃないかなと思います。

●藤川　ありがとうございました。創発する力というのを、皆さんがここで養っていくということでよろしいでしょうか。

●柴田　助産師としては、妊娠から、思春期からかな。避難所で家族計画について相談されたこともあって。確かにああいった状況でも、そういったことは大事なので、卵から妊娠、出産、乳幼児までは幅広く相談に乗れるかなと思います。

　また、助産師というだけでお産のときにそばにいてくれる人という感じのイメージがあるようで、女性の方にとっては自然に安心してくれたり、いろんな相談をしてくれたりという話しやすさはあるかなと思います。

●藤川　ありがとうございます。

いま看護学科の学生さんもおられると思うので、いまの言葉を真摯に受け止めて、これからの糧になればよろしいかと思います。

それでは、時間の方もかなり超過したので、最後に1点ということで。庭山先生にお聞きしたいのですが、保健医療に関わる方々に期待される支援とその在り方について、何かあれば一言アドバイスをいただけたら助かります。

●庭山　支援の在り方ですか。

●藤川　はい。

●庭山　支援の在り方ですが、全て自己責任、自己完結型であることが大原則です。移動手段、食事、宿泊、医薬品等あらゆる場面を想定した準備を整え、何時何処へ何を目的に、出来る事ならば何時それを完結して戻るか、といった事まで綿密な計画を立て行動することが必要です。

それにあたって、可能な限り正確な情報を得、チーム単位で支援に向かう事、単独行動は極力避けて下さい。単独行動は、被災地にとって迷惑な事が多々あります。多職種の方々と横の連絡を密に取り合って行動する事が必要です。また、災害のSTAGEによる現地のニーズの変化も十分に理解して行く必要があります。

最後に、基調講演でもお話ししましたが、大規模災害における保健・医療支援にあたって、国家全体で考え直していただきたいことがあります。まず縦割り行政の改革です。災害医療ではトップダウンの指揮・命令系統を確立する。（出来れば国レベルのヘッドクォターを設立して欲しい）
必要な情報を一早く収集し、支援者や被災現場に発信し皆で共有出来るようにして欲しい。

国もしくは自治体、及び都道府県医師会の責任ある立場の人が被災地に常駐する必要がある。我が国の要請主義、報告優先主義の方針を改善するべきです。（被災地では、被災者である市町村の職員のみならず、保健師看護師まで

第5部　大規模災害時における保健・医療支援のありかた　　311

もが、本来の業務以外に国や県への資料作成や報告書作りに追われていた。せめて被災時には専門職にある人達は、本業の職に専念してもらうべきであること。）

　ちなみに、中越地震の発生2ヵ月後に東京都庁及び日赤本社、東京都医師会その他6ヵ所にお礼に伺った際、都庁の高官から中越地震の経験から得られた重要なことを話して欲しいと言われまして上記に記したようなことをお話ししました。

　その後、3ヵ月弱で開催した私共医師会での検証のシンポジウムに際し、東京都の支援チームの代表が「今後東京都は、大規模災害が発生した際の医療支援に際しては、自衛隊といえども日赤といえども東京都の保健局及び東京都医師会の配下に入ってもらう。」との発表があり、東京都はすごいところであると驚きました。このようなことを東京都が出来るのですから、国で出来ない訳がありません。

　大規模災害時においては情報の収集・伝達・共有や指揮命令系統の一本化が最も大切な事だと私は思います。

　最後に、本日参加いただいたパネリストの方々からのご発表、非常に参考になりました。良い勉強をさせていただき、ありがとうございました。主催者の先生方及び皆さまに感謝申しあげます。

●藤川　分かりました。ありがとうございました。
　支援の仕方というのが、その地域地域、又は災害の在り方によって違う。それに合わせたような支援をということでよろしいでしょうか。
　それでは時間になりましたので、先生方が、もうこれでよければ、ここで終わりたいと思います。
　まとめといたしましては、コーディネーターの重要性ということが1点。そして、支援する場合については、支援者が情報というのをしっかりと明確に、自分で取りに行って確認をするということ。それとチームで行く。保険にも入る。それと、各専門職はできることがあるので、それをしっかり実践してくる

ということで、まとめさせていただきます。

それでは先生方、今日は本当に長い時間、どうもありがとうございました。また皆さま、どうもご協力ありがとうございました。

これでパネルディスカッションを終了したいと思います。

(終了)

第6部

3.11以後を考える「新しい社会の構想力」

2012年11月10日（土）

● 趣旨説明 ●

的場　信樹（佛教大学社会学部長）

● 問題提起 ●

辰巳　伸知（佛教大学社会学部准教授）

● 第1報告 ●

エネルギー政策と日本社会

植田　和弘（京都大学大学院経済学研究科長）

● 第2報告 ●

これからの社会のあり方－中国古典文学研究者の視点から－

中原　健二（佛教大学文学部長）

● 第3報告 ●

新しい社会の姿をどう描き、どう実現するか－大震災が示唆する文明の転換－

内藤　正明（滋賀県琵琶湖環境研究センター長）

● パネルディスカッション ●

コーディネーター：辰巳　伸知（佛教大学社会学部准教授）

●趣旨説明●

佛教大学社会学部長
的 場 信 樹

　本日は私どものシンポジウムにご参加いただきまして、ありがとうございます。私の方から本日のシンポジウムを開催するに至った経緯と趣旨につきまして、一言説明させていただきたいと思います。

　このシンポジウムの企画が始まりましたのが 1 年ほど前、3.11 から半年ぐらい経過したころでした。それ以来一年間、後ほどパネリストとして登壇する中原健二文学部長と 2 人で、3.11 が私たちに突き付けたものは何かということで話をしてまいりました。その一端は後ほど中原先生の方から話をされると思いますけれども、結局、論点は 2 つのことだったのではないかと思います。

　1 つは、3.11 によって、いわゆる原発の安全神話が致命的な痛手を受けたわけですが、同時に、神話を支えてきた科学技術や専門家に対する信頼も地に落ちたと言うことができると思います。

　なぜ安全神話が生まれたのか、そして生まれただけでなくなぜ定着したのか、そのなかで、科学技術や専門家はどのような役割を果たしたのか。科学技術の専門家の役割をどのように考えればいいのか。こうした問題について、これまで他の分野の専門家も含めてですが、市民レベルできちっと詰めてこられなかったのではないかという問題意識、これが 1 つです。

　もう 1 つは、3.11 によって地に落ちたのは、「原発の安全神話」だけではありませんでした。世界一安全な国という「日本の安全神話」も地に落ちました。同時に 3.11 は、大方の人々にとって、科学技術が発展し経済が成長すれば豊かになるという確信が揺らいだ瞬間でもあったと思います。

　科学技術と経済成長によって豊かさを実現するという神話。これは日本で百数十年間、ヨーロッパでは数百年間にわたって続いてきているわけですが、で

はそれに代わるどのようなビジョンが準備されているのか、これも 3.11 によって私たちに突き付けられた問題だと思います。

　まとめますと、科学技術と専門家のこれからのあるべき姿はどのようなものなのか。市民と専門家がどのようにして新しい社会を構想していけるのか。これらの問題を考え続けていく出発点として本日のシンポジウムを企画致しました。

　その際、私たちが注意したことは次のことでした。このようなテーマで議論をするときには、どうしても話が抽象的になりがちです。できる限り現場の実態を反映した具体的な問題提起をしていただく、そういう方にお願いをしたい。ということで、今回 2 人のゲスト、おひとりは植田和弘先生、もうひとりは内藤正明先生ですが、お二人に大変お忙しいなかお越しいただくことができました。

　皆さんもよくご存じだと思いますが、植田先生は原子力政策やエネルギー政策に関する政府の審議会であるとか、あるいは、自治体のプロジェクトでご活躍です。軸がぶれない、しかも柔軟だということで、テレビのニュース番組を見てファンになったという人がたくさんおられる、そんな先生です。

　もう一人の内藤先生は、「循環共生社会システム研究所」という NPO を主宰されています。プロジェクトや組織の立ち上げのために、文字通り全国を飛び回っておられます。難しい研究の内容を分かりやすく、しかも短時間のうちにお話をしてくださる先生ということで評判の方です。

　内藤先生は、いま別の会場からこちらの方にちょうど向かわれているところですので、少し遅れて参加されます。

　このシンポジウムについては、コーディネーターとして社会学部の辰巳伸知先生にお願いしました。難しい役回りで大変恐縮ですが、よろしくお願いしたいと思います。

　それでは、最後にゲストの先生方にお礼を申し上げまして、本シンポジウムの趣旨説明とさせていただきたいと思います。

● 問題提起 ●

佛教大学社会学部准教授
辰 巳 伸 知

　佛教大学社会学部の辰巳と申します。
　問題提起ということなんですが、いま的場社会学部長が言われたことと結構重複してしまうのですが、レジュメを用意しましたので、それを見ながら進めたいと思います。10分ぐらいです。
　念のために申し上げておきますと、私の問題提起は1つの私見なので、これからのシンポジストの方々の発言を拘束したり、無理やり誘導したりというような意図はあまりございません。だいたいこういう筋道で考えたらいいのではないかというようなことをお示しするということです。
　3.11以後の新しい社会のビジョンをどういうふうに考えるのかというのがこのシンポジウムのテーマなのですが、東日本大震災、および原発事故が、そのためのどういうようなチャンス、チャンスと言うとちょっと語弊がありますが、になり得るのかというのがこのテーマについて考える際には不可欠だと思います。
　私自身は社会学、社会理論、あるいは社会哲学というような分野を専門にしているわけですが、そういう分野では、既に時代の変化というのは、とっくの昔に始まっているんですね。だいたい1970年代の前半から後半にかけて大きな社会の変動があったというふうに考えられています。
　概念としては、ポスト産業社会とか、情報社会、リスク社会、あるいはエコロジーという言葉や、ポストモダニティ、ポストフォーディズムという、さまざまな概念が編み出されて、駆使されて、現代社会というものが論じられてきたということがあります。
　しかし、それから40年ぐらいたっているのですが、それ以前の、いわゆる

産業社会といわれる古いタイプの社会とは異なった新たな、明確な、かつ具体的な社会のビジョンは出てきておりません。

社会学、社会理論の分野でもそうです。いわゆる社会構想というようなかたちで、新たな社会のビジョンの提出は必ずしもされてこなかったということがあるし、もちろん政策立案のプロセスのなかで、そういうものが提起されて実現されたということもあまりないのではないでしょうか。

でも社会はもう既に変動している。人々の社会意識というのも変わってきているのだけれども、それに応じたかたちで新しい社会が構想されていないのが現状ではなかろうかと思います。

原子力発電所というものは、実は高度成長期にはほとんどなくて、1970年代以降に雨後のたけのこのように建設されてきたわけですね。つまり、必要ではないような時期につくってきたというようなことも言えるかもしれません。

1970年時点で、大阪万国博覧会で初めて原子力の灯とかというのが、敦賀原発からも送られて、あのときは全国で2、3基ぐらいしかなかったと思うんですが、いま福島第1を除けば50基、この狭い島国、地震列島にあるということがあります。いささかグロテスクな話ではないでしょうか。

3.11の事件、出来事というのが、そういう私たちの社会に対する構想力が、いわば煮詰まっているというか、全然動かないところに風穴を開けるのではないかというような予感も若干いたします。もしそうだとすると、どういうような新しい社会のビジョンが開けるのかということが大きな課題だと思います。

もう1点、3.11の出来事について考えるとき、これは私見で異論もあるでしょうけれども、地震や津波による被害と福島第1原発の事故は切り離すべきではないか、という点を指摘したいと思います。

もちろん連動して起こった出来事ではあるし、津波や地震によって多くの人命が失われた。こういう地震大国では、南海トラフが動いて実際にもっと大きな被害も想定されるということも言われております。それに対してどういうふうに防災を考えていくのか。どうやって被害を減らす必要があるのかというようなことは、もちろん重要なテーマです。

第 6 部　3.11 以後を考える「新しい社会の構想力」　　　　　　　　　　319

　それは認めた上で、でも、私たちのいままでとは違う新しい社会のビジョンというものを考えるときに、より重要な、より大きなインパクトを与えるものは、おそらくは原発事故であろうと考えます。
　原発事故によって、原発をどうするのか。あるいは、今後のエネルギーをどういうふうに考えるのかということ。そういうエネルギーの大量生産、大量消費を前提にした、われわれの生活とか社会の仕組み、ライフスタイル、意識とかということがらともつながってくる問題だというように思います。
　もちろん、このシンポジウムで地震とか津波のことは考えなくていいとかというようなことを申し上げているわけではございません。もちろん、それは大きな問題ですが、一緒にしてしまえば焦点がぼやけてしまうのではないかと思いますので、この点を問題提起のなかに含ませていただきました。
　新しい社会を構想するというときに、どういうふうに考えたらいいのか漠然としています。手掛かりも分からないということもあるでしょうから、取りあえず一番最後の方に 3 点、私自身の考えをレジュメに書かせていただきました。
　この 3 点に尽きるかどうかとか、あるいは、このような整理の仕方はおかしいのではないかというような、そういう異論はあるとは思いますけれども、問題の提起ということで、たたき台のようなものとして考えていただいても結構だと思います。
　3 点あります、その 1 番目ですが、経済成長をどう考えるかということ。いまだに日本もそうですし、他の先進諸国、あるいは新興国でも、経済成長至上主義というのはまったく改まっていない。とにかくわずかでもいいから GDP を上げていくというようなことが強迫観念のように取りついてしまっているということがありますが、果たして経済成長というのは本当に今後する必要があるのか。経済成長ということを前提として社会をデザインしていいのかというような疑問が湧いてきます。
　縮小社会という概念があります。1 つの大きな問題として、人口減少社会というのが確実に今後加速していきます。どんどん人口が減っていく。生産年齢

が少なくなっていく。

　外国人労働者を入れるか、どうとかいうような議論はありますけれども、働き手が少なくなるということとあわせて、国内の需要もどんどん減っていきます。つまり人口が少ないですから、ものをつくっても売れない。

　ということは、それに見合ったようなかたちで社会をデザインする。つまり、縮小社会を前提にして、経済成長を必ずしも目指さないような社会のデザイン、将来設計というのがあり得るのではないか。あり得るとしたら、どういうかたちでそこに持って行くかということですね。

　私自身が好んで使う言葉なのですが、緩やかな衰退を模索すべきだということ。つまり、成長とか発展とかではなくて、衰退。緩やかな衰退というようなことがどういうふうに考えられるのかというのが大きな問題としてあると思います。この問題は、いろんな問題系のなかの一部であり、出発点かなというふうに思っています。

　効率至上主義の問題であるとか、あるいは、何でもかんでも競争すればうまくいくんだとかというような競争社会の問題ですね。競争社会に対しては、対概念として共生社会という言葉もつくることができるかもしれませんが、言葉だけ対にしても、むなしいだけであって、もうちょっと緻密に、その辺をどう考えていけるかという問題もそこに含まれています。

　2番目が、中央集権体制か分権的体制かというような統治機構の在り方。いま永田町では第3極が話題になっていて、その旗印が「地方分権と脱官僚」であり、それだけなんですけれども。もちろん統治機構の問題も重要です。単に地方に分権したらいいだけではなくて、地方のなかでも、さらに分権化、そういうものが必要ではないかとかいうような議論もあります。

　特に原子力発電所の問題、事故後にクローズアップされた問題としては、エネルギー供給の問題ですね。集中型のエネルギー供給対分散型のエネルギー供給。言うまでもなく、いままで電力会社の地域独占でもって集中的に大量に電気をつくって、長い送電線を使って都会に持って来るということをやってきたわけですけれども、これが果たして今後の日本の社会のビジョンとして妥当か

否かという問題があります。

　意志決定のプロセス、これもそうですね。中央が決めて地方におろすというようなやり方も考え直さなければならない。

　第3点ですが、「科学・技術」ですね。ちょっと中黒を入れてあえて区別していますけれども、科学・技術をどう考えるということが第3点です。科学・技術、および、それらをめぐっての専門家依存を続けるのか、専門家任せなのか、あるいは、それを対象化、相対化して、別の仕組みをつくっていくのかという問題があります。

　そもそも科学とか技術とかというものは、ニュートラルな中立的なものかどうかというのも、実は科学論、科学史のなかでいろいろ議論もあるわけですね。そういう問題も含めて、科学とは何なのか、技術とは何なのかということは真剣に考える必要があるだろうと思います。

　ちなみに、皆さんご存じのように、ドイツというのは、べつに原発事故を起こしたわけでもないのに去年の福島事故以後早い段階で脱原発にかじを切りました。脱原発にかじを切ったきっかけとなったのが、メルケル首相が諮問機関に諮問してその答申を受け入れたことにあります。

　どういう諮問機関だったかというと、通称「倫理委員会」といわれている諮問機関。正確には「安全なエネルギー供給に関する倫理委員会」という委員会が原発をやめるべしというような結論を出した。それに政治が従った。

　その倫理委員会の構成なんですけれども、17人メンバーがいるわけですが、原子力の専門家は1人もおりません。どういう人が入っているかというと、例えば、哲学者であったり、宗教家であったり、あるいは社会学者だったりというような人が入っていて、原子力の専門家は意図的に排除されている。

　そういうなかで、倫理委員会という名称が示しているように、倫理の問題として原子力発電所、あるいはエネルギー問題を考えていくというようなことを実際ドイツではやったということです。

　それをどういうふうに考えるか。ちょっと日本の社会では何か実現しそうもない。実現しそうもないとするならば、なぜなのかということも考える必要が

あるかなというふうに思っております。
　以上、私からの問題提起とさせていただきます。

● 第1報告 ●

エネルギー政策と日本社会

植田 和弘

　ご紹介いただきました植田です。いま辰巳先生の方から、かなり包括的で大きな問題が提起されました。私の報告はそれに全面的に答えられる報告ではありませんが、提起していただいた課題については、討論のときに少し補足させていただくということでお願いしたいと思います。

　私の話は、エネルギーでも特に、先ほどちょっと触れておられましたエネルギー政策と日本社会ということです。

　私は、先ほどのような議論は、あまり一般的に議論するのはどうなのかなと思います。私たちがいま直面している状況は、やはり福島原発の事故や大震災を受けてということを抜きには議論できないのではないかと思います。それで私の報告は、日本の今後の社会をいかに構想するかというようなことを考えるとき、福島原発事故から何を受け止めるべきかとかというところから出発したいと思います。

　福島原発事故が何を提起したかというときに、なぜ起こったのかということは抜きにできないと思いますが、これはまだ全面的には分かっていません。事故調査委員会の報告書が幾つか出まして、いずれも重要な指摘がございます。

　規制される側に対して、規制する側が規制の罠にかかっていたんだという指摘もありますし、人災だと、そういうふうな言い方もございます。あるいは、日本の組織文化の問題というようなことも提起されました。国策民営という政策的な問題も大問題だということだと思います。

　未解明な部分も残っておりますし、これから解明していかないといけないということだと思うのですが、以上のようなことに加えまして、2つだけ、私が

強調したいことがあります。

1つは、福島原発事故を受けて日本人の電気に対する考え方が変化したのではないかと私は思っています。どこで気が付いたか、なぜ私がそういうふうに思ったかと言いますと、皆さんも経験があるかもしれませんが、福島原発事故の後、昨年（2011年）の3月以降東京に行きますと、例えば東京駅は非常に暗かったです。私が注目したのは、暗いということに文句を言う人がいなかったということです。「暗いな、明るくしろ」と、こういうふうに言う人はほとんどいませんでした。暗いことは不便だろうと思いますし、いろんな問題もあるかもしれませんけれども、「けしからんやないか」というふうな人はいなかった。

日本はどちらかというと、細かい注文がよくでるところです。例えば、電車の時刻が遅れて文句はよく出る、そういうところだと思うのですが、このことに関しては文句はあまりなかった。

これはなぜかなと、思いました。やや経済学的な言い方をしますけれども、多くの人が電気は、自由財的なものだと考えてきた。自由財というのは英語でfree goodsと言いまして、本当は自由財と訳すのは間違いだと思うのですが、ただで無限に手に入る財のことでありまして、これは経済学は対象にしなくていいのです。ただで無限に手に入るのだから誰も困らない。

タウシッグという、戦前になりますけれども、アメリカの最も有力な経済学者といわれた人の教科書にも出てくるのですが、自由財というものの例としては、水とか空気としてありただで無限に手に入る財と書いてある。タウシッグという人は偉かったですね。しかし将来はこれらも自由財でなくなるかもしれないと書いてあります。先見の明がありました。

いま、水とか空気が自由財という人はいないと思います。もちろん水は自由財ではないと思われると思いますが、空気も自由財ではない。温暖化が進むというのは何故かと言われたら、CO_2を大量に排出しているからです。つまり、大気をわれわれが利用しすぎると将来に大きな負の影響を与えてしまうということなので、本当はただで無限に使えるものではないのです。つまり、水や空

気は自由財ではまったくありません。

　電気はもちろん自由財ではありません。お金、電気代を払わないと電気は使えません。しかし、かなりの人は金さえ払えば電気は来ると思っていませんでしたでしょうか。お金さえ払えば電気は来るもんだ。そういうふうに思っていた人が多いように思います。でも来なくなったんですね。本当は自由財ではないだけではなくて、金を払えば必ず来るというものではない。

　もう1つ福島原発事故で重要なことは、福島の原発でつくった電気は福島では使っておらず、東京に送られていたということです。ですから、東京駅が暗いから東京を明るくしようということは、福島の原発を動かせ、ということになりますね。そういうことを言っていいのかと思うと、少し暗くてもいいのじゃないかと思う人は多かったのじゃないでしょうか。

　つまり、事故までは電気のことを無意識のうちに自由財的に考えていたのですけれども、実は電気はみんなで分かち合わないといけない。自分がたくさん使うと誰かが使えなくなるかもしれない、あるいは、自分が使うということは、福島の原発を動かせということを言っていることにつながるかもしれないわけです。

　今回の福島原発事故はいろんなことを提起しましたけれども、電力に対する人々のマインドが変わったのではないかと思うのです。このことは、この夏の節電や、昨年夏の節電が大幅に進んだ背景の一つだと私は思うのです。

　昨年夏の東京電力管内では18％ぐらいの節電が行われました。もちろん工場の努力とか、いろいろあるのですけれども、それがなぜ受け入れられたかというふうに考えますと、上記のようなことがあったのじゃないかなと思いました。

　もう1点。いま福島原発事故で、何よりも放射能汚染があって、その汚染はやはり除かないといけないので、福島で除染に取り組んでいます。除染というのは何をしているのか。汚染を除くというのが除染というふうにうたっているのですけれども、では、ほんとうに除かれているのか。確かにそこの空間からは除かれているかもしれませんが、なくなっているわけではありません。除い

た廃棄物をどこかに持っていかなくてはならない。ところが、持って行く場所が決まらなくて大変困っています。ですから、除染とは言いがたくて、単に移動しているだけかもしれません。除染ではなく移染です。

　私は今回の福島原発事故を受けて、もちろん原発の事故リスクという問題、安全性に大変大きな問題があるわけですけれども、あらためてもう1つ浮かび上がったことは、やはり廃棄に制約があるということ、なんでも捨てられると思うなということです。原子力発電について、事故の問題は重要な問題ですけれども、多くの人がもう一遍意識したことは、事故リスクの問題に加えて、廃棄物が出るということです。その廃棄物はどうなるのだろうかという問題も、あらためて問いたいと思ったのです。

　ですから、電力に対するマインドの問題。そして、電力、エネルギーというのは、生産と消費、つくったり使ったりするのですけれども、必ず廃棄を伴う。廃棄のない生産はない。廃棄のない消費もない。もし廃棄ができないとすると、本当は生産も消費もできない。そういうことも問うたように思います。

　物質文明の限界といいますけれども、その具体的な表れとして、そういうことだと思います。廃棄できないものは生産できない。すごく当たり前のことのように思いますけれども、そういうルールにはなっていなかったわけです。

　廃棄量が非常に少ない場合は大丈夫かもしれないということですけれども、要するに、物質文明の限界というのは、いくらでも廃棄できるわけではなく、制約があるということです。その制約の範囲内でしかできませんということをはっきり示したように思います。

　さらに、廃棄の制約というのは単なる技術的なことではないのです。廃棄の場所が決まらないというのは、そういう合意が取れないということです。だから、技術で何でも解決できるように思うこと自体に限界がある。そのことがはっきりしたようにも思います。

　そういう意味で、今回の福島原発事故は、いろんなことを私たちに考えさせたと思っていまして、今日のテーマと、そういう点で関わるところがあると思っています。

エネルギー政策は非常にたくさんの観点がありまして、短い時間ですべてのことを論ずることはできません。絞ってお話ししたいと思います。

エネルギー政策に関しては、この夏、選択肢というのを覚えておられる方も多いと思います。皆さんもこの数字はよく覚えて、思い出されると思いますが、0％、15％、20〜25％ というので、テレビでも投票したり、世論調査も何度もやりました。ですから、この数字を覚えておられる方は結構いらっしゃると思います。この数字は要するに原発の比率ですね。

2030年における電源構成に占める原発の比率を0％にするのか、15％にするのか、20〜25％にするのかということを政府のエネルギー環境会議、通称エネ環会議とかといいますけれども、これが提示した。それに基づいて国民的議論をしましょうということで、いろいろ議論をしました。

実は私は、この原案といいますか、0％、15％、20〜25％ という案づくりの委員会にも参加しておったのですけれども、私はこういう案の提示については反対でした。これは一時代前の案の提示の仕方であるということです。

これは電源構成における比率ですから、原発が0％の場合は、例えば火力が65％で、再エネが35％。それから、20〜25％の場合は、火力が50％ちょっとで、再エネが25％。こういうふうになっています。

しかし、そういうパーセンテージがなぜ決められるのでしょうか。私はそこに疑問を持った。かなり昔だと発電所というのは、とにかく大きな発電所から電気を送ってくるので、発電所を計画的につくっていくという発想があります。原発はつくるのに20年近くかかる。すぐにできるわけではない。LNGでも10年近くかかる。

だから、いまつくると決めたら、20年後とか10年後にどういう電源があるか、そして、稼働率が何％か、そういうのを決めると発電量が決まりますので、発電量が決まると全体の電気の消費量、需要量に対して発電量の何割が原発になって、何割が火力になる。こういう話でした。

しかし、いまヨーロッパでは、ある程度実現していますし、一番最初にドイツのアーヘンという所で起こったことですけれども、市民が電源を選ぶことに

なったらどうなるでしょうか。アーヘンでチェルノブイリの後に最初に起こったのは、「安全な電源にしたい」という運動です。電源、発電所はいろいろあるわけで、「どの電気を使うかは市民が選ぶ」と言ったわけです。

そこで重要な点は、「電気代は高くてもいいから選ぶ」と言いました。そうすると供給する側は、火力発電とか原子力発電をつくったけれども、市民が買ってくれなかったら「0％」でしょう。

パーセンテージの話は、どういう発電所をつくってどう電力を供給するかというすべて供給側の話ばかりしているわけです。本当は市民の方が選択するというのは、システムが整備されれば、普通の財だったらマーケットがあって、いくらAという会社がこの品物を売りたいと言っても、消費者がそんなものは買いませんよと言ったら全然売れない。もし電気もそういうふうになっていくとしたら、こんなパーセンテージにはならないのではないか。つまり、パーセンテージは結果なのです。だから、大事なのは仕組みを選ぶことじゃないのか。市民が選択できるような仕組みにしたら変わります。

いまは皆さん、選択するといっても、何のことかと思うかもしれませんが、しかし実際に、もうそういうことが世界的に起こっているわけです。そういうふうになってきたら変わってしまいますよね。

ですから、2030年、どういうシステムをつくっていくか、その選択が大事で、もし消費者が自由に選べるような仕組みができたとしたら、パーセンテージは決められないというのが正確な言い方だと思います。パーセンテージは消費者・ユーザーが選択した最終的な結果になるということです。

ですから本当は、私は電力やエネルギーシステムが大きく転換する時期にあると認識しておりますので、転換の方向をみんなで議論する必要があったのだろうと思います。以上が私の基本的な考えです。

しかし、そうは言っても、こういうふうに原発の比率を議論するのは分からないではありません。なぜかと言うと、多くの国民の関心が、やはり原発をどうするのかというところにあったからです。

「原発はやめてしまうのですか。それとも、少しずつやめていくのですか。

それとも、維持するのですか」と、こういうような原発についての選択を国民的に議論する必要があるという、政府はそういう判断でした。それも一理あると私は思います。ですので、原発の問題点について、少しだけお話しします。

原発は、何よりも「安全なのか、制御可能なのか」が問われたわけです。私は、それが原発にとって一番の基本にある問題だと思います。工学的に言うと、工学というのは、実は私自身も勉強したことがありますけれども、失敗を通じて進歩するという考え方をとっているのです。

何か事故が起こった。そうしたら事故を起こさないようにしよう。事故を起こさない技術をつくろう。技術を進歩させていくというのは、そういうことですね。それが工学的制御可能性問題です。これは非常に重大な問題だと思います。この議論をしたら、エンジニアの間でもちょっと意見が分かれるのでしょう。

私は、社会経済的制御可能性という話をします。これはエンジニアリング的な話とは違います。

原発の事故があった後に、脱原発の議論がでたのに対して、よくこういう議論がありました。「自動車が事故を起こしたら自動車を使わなくするか」という疑問です。自動車は確かに事故が起きますが、事故が起きたからといって自動車をやめてしまうということを私たちはしておりません。同じロジックで行くと、原発が事故を起こしたからといって何故原発をやめるのだという話になります。これはよく言われる話です。

しかし、ここには間違いがある。一般的な意味でだったら、工学的な制御に関しては、失敗を通じて、より安全な自動車をつくるとか、より安全な原発をつくるという発想に行きます。

でも、経済的な意味で「安全」とはどういうことでしょうか。経済的な意味での安全というのは、もちろん「安全」を直接は判断できないわけですね。だから、リスクを評価して損害保険を掛けるわけです。どんな事業でもリスクがあるわけです。リスクがあるから事業者は保険を掛けているわけですね。

原発と比べてどの程度安全かという問題を考えるとき、参照しやすいのがジ

ャンボジェット機です。ジャンボジェット機は落ちますし、落ちたら大変な被害です。大変な被害がでるのでジャンボジェット機を飛ばすのはやめますか。いまはやめることになっていません。

　何故でしょう。損害保険が一応掛かっています。もちろん、事故の確率を下げようとしているわけですが、事故が起きる確率がだいたい分かります。かつ、1回事故が起こった時の被害額もだいたい分かります。ほとんど全員亡くなってしまうわけですし、もちろん補償が十分かどうかという問題はありますけれども、定められた補償基準があるものですから、計算可能です。だから保険が掛かっているわけで、それで飛ばしているわけです。

　原発が難しいのは、そのいずれもが分からないということなんです。だから損害保険会社は保険を掛けられません。なぜかというと、どのくらいの確率で事故が起こるのか分からないわけですし、被害の大きさもわかりません。歴史上、シビアアクシデントでレベル7というのは福島とチェルノブイリだけです。あと5がスリーマイルがあります。そういう経験があるわけですけれども、どのぐらいの確率で起こるかということを、はっきりみんなで合意できるか、そういう計算は保険会社もできないわけです。これが1つ。もう1つは、起こったときの被害額が分かりません。福島の事故はどのぐらいの被害額ですか。まだ誰も分かっていません。計算できるかどうかも分かりません。

　民間の事業は当然保険を掛けておかないと、事故が起こったら成り立たない。その保険が掛けられないということは、基本的に言えば、現在の社会の下ではそれほど危ない技術というか、要するに民間事業として成り立つような技術にはならない、原発に関してこれははっきりしていると思います。これはどういうことを意味するかと言いますと、要するに原発は民間の事業ではできないということなんです。

　このことは、必ずしも原発をやめろという結論には直結しません。なぜかと言うと、全然別のロジックがあります。安全保障のためには原発がいる。あるいは、核抑止力のためには原発がいる。こういう議論があります。経済的な安全という意味では安全ではないとはっきり言えますけれども、経済性以外の議

第6部　3.11以後を考える「新しい社会の構想力」　　　　　　　　331

論があるわけです。
　そうしたら、なぜ原発を動かしている国があるのか。もちろん国営や公社で動かしているところもあります。日本が原子力発電をはじめたのは、ご存じのように、1953年12月にアメリカのアイゼンハワー大統領が国連総会で「アトムズ・フォー・ピース」という演説をしたのが契機です。原子力の平和利用という演説をしまして、それを受けて、例えば京都大学にも原子核工学科がつくられました。そういうことで人材育成もしていくということで進められていくわけです。
　何故「アトムズ・フォー・ピース」という演説をしたのか。それはもちろん、それまでは「アトムズ・フォー・ミリタリー」だったからです。原子力を軍事利用していたわけです。軍事利用というのは要する費用を全部政府が面倒を見るわけです。もう幾ら掛かろうが全部政府が面倒を見ているわけです。最後は税金が担保ですから、どれだけ経費がかかろうがすすめるとなっていた。
　でも民生利用、民間の事業者は危なくて経営できないわけです。それでどうしたかと言うと、損害賠償の上限を切りまして、それ以上の損害が出た場合は政府が全部面倒を見るという法律をつくりました。「プライス・アンダーセン法」という法律です。ですから、背後に政府が付いてくれるから原発は動かせるのです。民間事業として商業的に独立して成り立つわけではなくて、政府が付いてくれて初めて成り立つということです。
　日本の場合は民間事業でやっているではないかというわけですけれども、福島で事故が起こって、東京電力という日本では一番優良だといわれた大企業の1つ、その東京電力が実質つぶれてしまったわけです。今も東電という企業はありますけれど、国の金が入ってやっているわけですから、一種の国営と言ってもいいぐらいのことになっているわけで、民間事業者ではなくなっているわけです。だから、原発事故は東電が一度に破綻するような危なさがあるわけです。
　要するに、事故リスクが大きく、通常の民間事業として経営することはできないものだということを認識する必要があると私は理解をしています。さら

に、バックエンド問題・放射性廃棄物問題も極めて重要な問題だろうと思います。廃棄制約の時代に、ますます大きな問題になってくると私は理解しています。

さらにもう1つ、働く人が被ばくするという「被ばく労働」問題です。これは統計データなども整備されておらず、なかなか分からないのですけれども、重要な問題だと思います。

原発を安全にしようという試みはいろいろあって、例えば、地下原発という提案もあります。地下に原発をつくったら、爆発事故が起こっても汚染物質が外に出ないという発想ですが、私は疑問があります。働いている人はどうするのですか。原発で働いている人が避難できるようにする場合は、そこから放射能汚染は進みます。

私はこの3つの問題、事故リスクと、バックエンドと、被ばく労働という問題は、原子力発電を今後進めていくうえで、非常に難しい問題を提起していると思います。原発は日本の国力のためには必要だとか、抑止力のために必要だという議論がありますが、少なくともこの3つの問題は解決してほしいと思っている次第です。

最後に1つだけ、再生可能エネルギーについてお話しさせていただいて終わりにしたいと思います。

再生可能エネルギーは多面的な意義があると思っています。再生可能エネルギー発電は原子力発電の代わりになる新たな電力供給源というような、要するに「原発の代わりになるのか」ということがよく言われています。それも大事なことですけれども、再生エネルギーの意味は、それだけではないと思います。

そもそも電源としては、再生可能エネルギーは大規模集中型電源ではなくて分散ネットワーク型電源ですので、電源の質が違います。1つ1つは小さいので、エネルギーの選択で風力発電1つと原発1つを比べるのは意味のないことです。でも、つなぐとか、ためるとか、組み合わせるという、そういうことを考えていくと大きな力になるかもしれません。そこは情報通信制御の技術と結

びついた、グリーン・イノベーションの源になる、そういう可能性を持ったものだと思います。

　もう1点、原子力発電の場合は交付金を立地地元に出していましたし、今も出しています。なぜ出すのでしょうか。安全な施設で、雇用効果があり、固定資産税収入もあるのに、何故交付金を出す必要があるのでしょうか。

　よく迷惑施設という言い方があります。迷惑施設を受け入れてもらうのだから地元にとっても交付金のような何らかの恩恵が必要だというような議論になります。原子力発電だけでなく再生エネルギー発電も迷惑施設という面があります。例えば風力発電は騒音がある。低周波がある。バードストライクといって、鳥が風車にぶつかってしまう。景観にも悪い。反対運動もしばしばおこっています。ですから、再生可能エネルギー発電について一方的にばら色のようにだけ言うのは間違いだと私は思います。

　しかし再生可能エネルギー発電は潜在的には、発電施設と地域社会や市民との関係を根本的に変える可能性があると思います。これは技術的な意味でも可能性はまだまだあると思います。7月の初めに、福島の布引高原に立地している風力発電施設を見学しましたが、羽根のところに工夫がしてあって、ドイツのベンチャー企業のものでしたけれども、本当に騒音もほとんどなく、相当改善されています。

　この点で学ぶべき経験があるのが、やはりデンマークです。すでに電源構成の26％ぐらいが風力発電になっています。私がこの問題に関心を持つようになった最初のきっかけもデンマークなのですけれども、10数年前ですけれども、ある本に、農家が3軒寄ると発電所をつくろうと相談すると書いてありました。自分が発電所をつくろうとはどういうことかと思い、調査してみると大変興味深いものでした。

　日本が今年（2012年7月1日）から始めた固定価格買取制度を当時から導入していたわけです。なぜ農家が3軒集まったら発電所をつくるのか。発電所をつくるというのは、厳密に言うと発電所づくりに出資するということです。出資するのはもちろんリターンがあるからです。リターンというのは、固定価

格買取制度で、つくられた電気が買い取られると、その収入が出資した人に分けられるということです。

　これが補助金と違うところで、買取制度は、電気が発電されて買い取られて初めて収入になるのに対して、補助金は建てる時に補助金が来ます。同時に、発電所が動くと騒音が出ます。騒音も自分の問題になるし、収入も自分のものになるのです。つまり自分の発電所になるということで、いわゆる ownership と言われます。

　日本にも、風力発電が 1,700 基ぐらい 3.11 の前にもありました。青森などにもたくさんあったのですけれども、東京資本によるものが多く、利益は東京に、地元には固定資産税収入があるだけという状態でした。そうなると外から来る発電所には反対となるわけです。

　自分の発電所で、収入が得られる発電所なので、動いてもらわないと困る。動いてもらうと騒音が出るので困る。そうすると、自分の発電所ですから、よりよい発電所にしたくなります。そこに制度設計の意義がありそうです。

　日本の固定価格買い取り制度はデンマークと同じ制度には残念ながらなっておりません。しかし地域の人が出資し合って、ファンドをつくって、発電所をつくることもできるようになっています。そういうようなことが進むと、エネルギー施設と地域社会の関係は根本から変わり、そうなりますと、迷惑施設ではなく地域に富をもたらすような施設になるかもしれません。

　以上のようなことを、フクシマ以後の事態を踏まえて、考えた次第です。このことが後の討論に結び付けばというふうに思います。

　ありがとうございました。

（うえた　かずひろ　京都大学大学院経済学研究科長）

● 第 2 報告 ●

これからの社会のあり方
― 中国古典文学研究者の視点から ―

中 原 健 二

　こんにちは。ご紹介いただきました中原です。
　私の専門が中国古典文学なものですから、一応このような題を付けていただいたのですが、これが羊頭狗肉になるかどうかはお聞きいただいてからということにしたいと思います。
　私が文学の研究をしておりまして、非常に難しいと思っていますのは、いってみれば、「あらゆる分野のことを本当は知らなければ文学など分からない」ということを、時に強く思うことがあります。つまり、自然科学のことも本当は知っていなければ、文学なんて分からないんじゃないかとか、社会科学的なことも知らなければ駄目じゃないかなとか思うことはありますので、そう思ってくると何もできなくなってしまうというのが日ごろ、時々感じていることでございます。
　そういう人間から見て今回のことについて、特に私は、1970年の4月に大学に入学したものですから、そのときに大阪万博があって、あれは美浜でしたか、万博で原子の灯がついたとき（8月8日：敦賀原発は開幕式の3月14日に送電）ですので、実はそれから能天気に何十年か暮らして、気が付いたら50何基あったというので、自分がいかに能天気だったかということを痛切に感じたのが1年以上前のことだったので、それから少し勉強したり、いろいろ考えたりしたことをお話ししたいと思います。先ほど的場先生のお話の「専門家」については、あまり触れません。ディスカッションのなかで、もし触れる機会があればと思います。

まず最初に、昨年の3月11日の地震と津波は未曽有の自然災害でしたけれども、原子力発電所、原発の過酷事故まで私たちは起こしてしまった。そして、その事故の収束は、いまだにめども付いていないというふうに認識しています。それから1年半以上たちました。震災と原発の事故の記憶というのが私たちからだんだん薄れていきます。そうすると、ちょっとこれから手直しをして、後はこれまでどおり経済成長でいって、科学技術と市場経済に乗って暮らしていけばいいんじゃないかなと、特に東北から遠く離れている地域の人間は、ついそういうふうに思いがちではないかと思います。

　しかし、先ほど辰巳先生がおっしゃいましたように、すでに70年代から、私たちの大量消費、利便性追求社会が、いかに大きな問題を起こしているかというのは言われてきたことです。それが最近、世界の人口は激増して、半世紀前には、まだ30億人だったのが、いま70億人いるというようなこと、それから、よくいわれるピークオイルに代表される資源の枯渇、市場経済がこのままでいいのだろうかというようなことなど、いろいろ問題が加わってきた。それが、3.11をきっかけに、どう見ても私たちに生き方を本当に、そろそろ考え直して転換しなければいけないのではないかというふうに言っていると思わざるを得なくなったのです。

　さて、そこで、その科学技術ですが、一応学問領域は現在では普通に、人文科学と社会科学と自然科学というふうに分けられます。特に、単に科学というときには、たいてい、たぶん私たちは自然科学を頭に描いているんだろうと思います。この三つの分野とも、簡単に言いますと、人間そのもの、人間の存在とか、人間をつくっている社会、あるいは自然界とか、そういうものがいったいどうなっているのだということを解明したいという、人間の持っている純粋な好奇心から、もともとは発展してきたんだろうというふうに思っています。その意味では同じなんですよね。

　ところが、ご存じのように18世紀の後半にイギリスで始まった産業革命がヨーロッパに広がって、科学と技術とを分けますと、技術の方が飛躍的に伸びて、いろんな機械が産み出される。そして、特に20世紀以後になりますと、

いわゆる自然科学の研究成果などと密接に結びついた科学技術といわれるものが急速に発展してきて、おかげで私たちの暮らしは非常に便利になり豊かになったというふうに思われます。それは言い換えますと、世界のなかでの欧米の軍事的、経済的、あるいは政治的な優位の確立の過程であったとも言えると思います。

　しかし、ヨーロッパ以外に科学や技術がなかったわけではありません。中国では10世紀から13世紀に宋の時代というのがあります。宋王朝ですが、その時代に技術の面では、中国はおそらく世界の最先端を走っていました。

　ルネサンスの3大発明といわれている、火薬と羅針盤と印刷術。これが中国の発明であるというのは歴史上有名な話ですが、活字印刷も既に宋の時代に中国では発明されております。グーテンベルクが発明したのではありません。また、製鉄、あるいは暖房、料理のためにコークスを使うというのが普及しておりました。そういうふうな面で、宋という時代までに中国というのは、科学や技術がどんなに発展、発達していたのかについては、イギリスのジョゼフ・ニーダムという先生が、まだ未完ですが、『中国の科学と文明』という叢書をつくりまして、そこで明らかにしているところでございます。

　また、宋の時代の文学ですが、その前の、よく皆さんもご存じの唐の時代の文学作品と比べますと、私には宋の時代の文学作品の方がしっくりきます。それは宋の時代の知識人たちの生活意識や生活感情が、たぶん現代の私たちの方に近いからだと思います。中国というのは、宋の時代に至って、新しい時代に転換をする準備ができていたのではないかなというふうに思うんですが、実際のところ結局、中国では近代的な科学と技術を発達させることはありませんでしたし、産業革命も資本主義も起こりませんでした。

　古い中国の指導階層を形成したのは、いわゆる官僚たちです。彼らは、ただし官僚といっても、行政官僚と政治家を兼ねた官僚政治家といわれるものです。その上に彼らは思想家であり、歴史家であり、文学者でもあったということです。例えば、宋の時代の王安石は、詩や文章をつくっても一流でした。ところが、政治改革を断行しましたので、政治家、あるいは思想家といわれるこ

との方が多いといえます。もう一人、蘇軾（そしょく）という人ですが、この人は地方長官としては非常に優れた政策を実行したりしているのですが、政治動向を左右するほどまでの存在ではなかったので、どちらかというと詩人と呼ばれることが多かったというのが一つの例でございます。

　こうした官僚政治家の存在が科学の発達を妨げ、資本主義を産み出さなかった原因なんだというふうに言われることがあります。しかし、例えば、沈括（しんかつ）という人ですが、この人は中央や地方で活躍した官僚政治家です。その一方で、数学や物理、化学、天文などの多くの科学や技術を百科全書的に書きました随筆集『夢渓筆談（むけいひつだん）』は非常に有名です。そういうふうに、必ずしも彼らの存在自体が科学や技術の発展を妨げていたわけではないと思うのですが、この問題は今日の問題から離れますので、いまは置いておきます。

　一方、日本は明治維新後、アヘン戦争で列強欧米に敗れた中国の轍は踏まないということで、科学のなかでも産業に直結する分野を重視したといわれています。その代表が工学ですね。大学で世界で初めて工学部をつくったのは、日本の大学というふうに聞いています。これが、もしかしたら日本における科学技術優位の下地をつくったようには思われるんですが、ただ、科学技術が社会においても圧倒的な地位を占めて、そして、私たちも、それを当然のことであるというふうに考えるようになったのは、おそらく第2次世界大戦後のことだと思います。それは、ちょうど東西冷戦と日本の高度経済成長の時期に重なります。

　1959年ですが、イギリスのC. P. スノーは文学者でもあったのですが、その著書『二つの文化と科学革命』で、文学と科学というのを対比させまして、科学文明の方が優れているんだというふうにして、科学革命こそが三つの脅威、水爆戦と、人口過剰と、貧富の格差から逃れる唯一の方法だと言ったのですが、これは日本でも1967年、10年たたないうちに翻訳出版されて（みすず書房）、かなり読まれて影響もあったそうなんですが、現在の状況を見ますと、私たちが核戦争からも、人口過剰からも、それから、貧富の差からも逃れてはいないというのは明確なことだと思います。スノーのような考え方は、あまり

に楽観的で、現代社会の科学技術優位というのを、そう簡単に手放しに肯定はできないのですが、ただし、こうした状況が科学技術に従事する人々だけがもたらしたものであるかというと、そうではないようです。

　私たちが何気なく使います「科学的」という言葉は、すでにいまは誰もその内実を問わなくなっています。この言葉を使いますと、物事はほとんどプラスの価値観一色に染められます。例えば、「それは科学的じゃない」なんていうふうに言われますと、私でも一瞬びくっとして、ちょっとどう答えようかと思ったりするわけです。もう一つ、これと対になるのは、「客観的」という言葉です。客観的というのは、だいたい、その根拠になるのが数字ということになっております。私たちは数字を伴って説明をされますと、客観的だと思い込みがちです。世論調査や、いろいろな統計ですね。それから、GNPとか、GDPなどと言われると、実はそういう数字が出てくるまでの過程と内実をすっ飛ばしてしまって、その解釈を無批判に受け入れたり、あるいは、その数字を勝手に解釈して納得するということが割と多いような気が致します。近頃では、果物の甘さまで糖度という数字で表されます。糖度が高いのに、甘いと思わなかったら自分が悪いんじゃないかというふうに思う人が、これから出てきそうな気が致します。

　科学技術に依拠した現代社会というのは確かにそうなんですが、それをコントロールできていない。そして、こんにち色々な問題が起きてしまったのは、実は私たちがこういう安易な考え方、ある一つの言葉を無批判に受け入れて勝手に解釈するというようなのも一因にあって、もしかしたら科学にとっては非常に心外なことなのかもしれないということを自覚すべきだと思います。

　その昔、中国の支配階層を形成していたのは、先ほども申しましたように官僚政治家です。彼らは世襲ではありません。それ故に不断に優秀な人材が輩出したわけです。しかし彼らはエリートでありましたから、その地位と特権に安んじてしまって、社会が停滞したんだといわれます。一方、ヨーロッパで発達した科学や科学技術というのは、物質的な豊かさをもたらしてくれまして、人々を幸せにしたように見えましたけれども、こんにちでは、やはりそれも行

き詰まっていると考えざるを得ません。

　要するに、人文科学も、社会科学も、自然科学も、科学技術といわれるものも、私たちは自分たちの社会のために、うまく使いこなして来られなかったんだと言うべきではないかと思います。したがって、だからこそ、いまもう1回あらためて人間の社会ということを考えた上で、科学技術をいかに社会のために使うかということを考えなければならないんだと思います。ただし、社会のためという言葉も、きっちり内実を検討しながらというのが条件になると思います。

　さて、中国の官僚政治家たちの思想的バックボーンというのは、人間の世界を思考、思索の対象にする儒教というものです。その代表的思想家に孟子という人がおりまして、孟子の有名な言葉に、「恒産無くして恒心無し」という言葉があります。これは、恒産つまり安定した経済的基盤、それを与えなければ民は、恒心、安定した心を持ち得ない。だから何をしでかすか分からないという意味です。つまりこれは、本来は統治者側の言い分なのでありますが、ただ一般的には、人は安定した経済的な基盤がなければ、安定した心を持ち得ないんだという意味で理解されているのではないかと思います。また、同じ趣旨の、「衣食足りて礼節を知る」というのがありますが、その基になった言葉は、春秋時代の政治家、管仲という人がつくったといわれます『管子』という本にも見えています。

　こういうような考え方は、孟子の言う民が主権を持つようになっても、時代も国も超えて共有されているようでして、先ほど挙げたスノーの本のなかに、ドイツの劇作家のブレヒトの代表作ですが、『三文オペラ』という戯曲のなかから、「初めに食ありき、次いで道徳ありき」という言葉を引いて自説を補強しようとしています。趣旨としては同じですから、「恒産無くして恒心無し」というのは一見真理のように思えます。しかし、どうも、少なくとも20世紀後半からの日本では真理ではなくなっていたように思われます。

　1964年の東京オリンピック、それから、1970年の大阪万博に象徴されるのが日本の高度経済成長期と言っていいかもしれませんが、その時期に民である

私たちは、孟子流に言えば、恒産を手に入れたんですから、恒心を持つはずでした。しかし、私たちは恒産を手に入れる端から、またもう一つ恒産が欲しいというので、さらに恒産を欲しがる。従って恒心というのは、いつまでたっても自分のところには来ないというような状況になってしまったんだと思います。高度経済成長が終わった後、バブル、それからその崩壊、不況というふうに、この30年ほど続いておりますが、その途中に私たちは、自分たちが、もうすでに恒産は手に入れているんだということを自覚すべきだったのではないかと思っております。これを比喩的に言いますと、サラリーマンでいえば、「時々昇給があれば御の字で、ベースアップはなくてもいいか」というような心境になるべきだったんではないかと思います。
　こうしたことを誰も言わなかったわけではありません。一つ例を挙げれば、ほかでもない、高度経済成長政策をけん引したエコノミストの下村治です。彼は70年代の石油ショック以後、ゼロ成長を説き始め、80年代後半の日米貿易摩擦とバブル景気、そのときには、『日本は悪くない　悪いのはアメリカだ』という本を、いま文春文庫で読めますが、出しています。しかし、彼の意見は社会的に採り上げられなかった。そして私たちは意識が変わらないままに市場経済に身をまかせて、昨今では土地まで金融商品にされているわけです。
　「エコノミー」の訳であります「経済」というのは、中国の「経世済民」という言葉から取られたということになっていますが、中国には経済という言葉そのものが結構古くからあります。意味はどちらも変わらずに、国家の経営です。国家の経営といいますと、儒教の典拠に基づきます「修身斉家、治国平天下」というのがあります。身を修めれば、家が整って、家が整えば国が治まり、それぞれの国が治まれば世界は──「天下」は世界のことで、彼らにとって当時の「世界」というのは、中華の文化がおよぶところが「世界」で、それ以外は彼らの考慮の外でした──安定するということになります。
　これは個人としての在り方から始めるものですが、個人から家庭、家庭から国へ、国から世界へと広がっていく発想というのは、べつに中国特有のものではないんですね。「エコノミー」というのは、ギリシャ語で「家を治める方法」

という意味から来ているんだと聞いています。つまり、中国で「修身斉家、治国平天下」というものと、「エコノミー」も、国の経営を、家の経営のアナロジーとして見ているんだと思います。つまり、経済学というのは、お金によるものの売り買いだけを考えるものではないんじゃないかなと思ったりもしています。

さて、孟子の活動した紀元前4世紀というのは、いわゆる戦国時代です。当時の中国は幾つもの小さな国に分かれていました。国が小さいので、それなりの政治成果は期待できたと思います。当時の中国の総人口は3千万人ほどだと言われています。孔子の出身地であった魯の国というのがあるんですが、魯の国の人口は20万ほどだったろうと言われています。それから千年以上もたった後、先ほど言いました宋の時代の儒者たちは、「修身斉家、治国平天下」というのを強調したんですけれども、その宋の時代は孟子の時代と違って統一国家になっておりました。そして総人口も1億人近くまでになっていました。そうなりますと、修身斉家云々というなかの「国」は、「天下」とほとんど重なっていたということです。そして、たぶん私たちの視界のかなたの方にかすんでいたんじゃないかと思われます。

人間の意識で捉えることのできる世界は決して大きくないと思いますから、国土が広すぎる、人口が多すぎては、私たちの意識では捉えきれないと思います。そうした状況の下では、いわゆる民主主義というのは機能不全に陥る可能性がありますし、現に陥っていると思います。いま私たちは、孟子とは逆に、「恒心なくして恒産なし」とすべき転換点に立っているのではないかと思います。また、肥大した国と家との間に橋渡しをする、何か機構なりをきっちりつくらなければならないんじゃないかなと思います。

次に、少し角度を変えて、私たちの言語能力が貧弱になっているのではないかというお話を致します。言語というのは、人間が人間たるゆえんの一つだと言われています。例の有名なヘレン・ケラーが自分の手が触れている物質を、水という言葉によって初めて認識できたというのが、彼女の自伝に書いてありますが、私たちは言語によって世界を認識しています。コミュニケーションは

基本的に言語によらなければ不可能だと思います。ただし、言語はデジタルです。アナログのかたちで存在している世界を認識しまして、それを仲間に伝えるには、人は言語で世界を切り取るしかなかったのだと思います。コンピューターを動かすプログラミング言語とか、あるいは数字や数式というのは切り取り方や記述の仕方は違いますけれど、一種の言語だと思います。

　私たちが世界を、あるがままに認識して、あるがままに伝えるというのは不可能だと思います。言語はデジタルですから、当然切り捨てる部分があります。それから、その種類によって切り取り方に違いがあります。同じ単語で切り取っても、人によって認識のずれがあり得るということがあります。

　詩人というのは、言語がデジタルであるということを知っているが故に、それを乗り越えて世界を表現しようというふうに、そのやり方を追求した人だと思います。少なくとも私は、中国の詩人たちはそうであったと認識しています。

　では、私たちの言語能力が貧弱になっているのではないかというのは、どういうことかと言いますと、これは詩とか小説とか、そういう文学作品を念頭に置いているわけではございません。そんな文学作品なんかなくても、直ちには影響はありません。問題は、生活の中での言語能力です。科学技術によりまして生活がやたらに便利になった。そのおかげで、私たちは体を動かしながら物を考えるというのをやめてしまっているのではないか。世界を把握する能力、言い換えれば、言語能力が、だんだん貧弱になってきたのではないかなということです。私たちは小さなときから机の上で得た知識にばかり頼っています。体を使って生活する中で得た知恵というのを軽んじるようになってしまっているのではないでしょうか。

　例えば永六輔さんの『職人』（岩波新書）とか塩野米松さんの『失われた手仕事の思想』（中公文庫）とか、職人さんたちからの聞き書きがあります。それを読みますと、仕事を通してものを考える、思索する力を得た人の言葉は、机の上ばかりで思索している人間の言葉を超えていると思います。一つ例を挙げますと、ある漁師さんが息子に仕事を継がせなかったのですが、この理

由というのは、「頭の悪いやつには漁師はできません。海も風も魚も、同じときに同じものなんてないからね。それを判断して、対応して、その上、自分の思うところに、思うように針を流せるのは、ばかではできません。だから息子は会社員にしました。言われたことぐらいはできるでしょう」というものでした。また、お寺を建てる宮大工の集団、鵤工舎（いかるがこうしゃ）というのを率いる小川三夫さんの『不揃いの木を組む』（文春文庫）という本があるのですが、その中には、人間と教育についての深い洞察力を見ることができると思います。

さらに、最近中国で話題になりました、倪萍（ニイピン）の『姥姥語録（おばあちゃんの残した言葉）』（邦訳なし）には、農村の生活を通して人生と人間について思索をおのずから身に付けた人の、珠玉のような素晴らしい言葉が記録されています。これも一つ例を挙げますと、「人さまに1杯のご飯をあげて、自分はおなかをすかしているのが人助け。鍋の中に余ったご飯を1杯、人さまにあげるのは、助けてもらっているのだ」という言葉があります。これは富める者が貧しい者を潤すとする最近はやりのトリクルダウンという、私に言わせれば不遜な考え方の対極に立った考え方だと思います。

私たちは、この種の言葉を発することができなくなりかけているように思います。自分で体を動かして、獲得した言葉というのを再認識しなければならないだろうと思います。机の上で得た言葉は、ややもすると上滑りになります。自分で体験的に獲得した常識を大切にするべきではないかと思います。例えば、原発は壊れてもすぐにフタを開けて見ることさえできませんから、ほとんど魔術的世界だと思います。そんな壊れても開けられないものなんていうのは、まともな機械だとは私に思えない。それが私の常識です。

また、特に私が昨年の3月11日に起こったことで思ったのは、あれは大都会、大都市に生活する者への警告なんだということです。大都市は非常に便利です。そして、何でもできます。ところが、生活に必要なものは全部外部に依存していると言っていいと思います。都市生活者は、ただそれを享受しているだけということになります。『石巻日日（ひび）新聞』というのは、震災直後に手書きの壁新聞を出したことで有名な新聞です。その社長さんは、震災に対する行政

の対応について、市町村合併のせいで行政区画が、あまりにも広くなりすぎていたと言っていますし、地域情報がすぐに届かないような範囲を行政が本当にカバーできるのかということもおっしゃっています（『自由報道協会が追った3.11』）。

　私は、北海道の小樽と四国の高知に、しばらく住んだことがあります。小樽は1985年当時、人口が17万人、高知は県庁所在地ですが32万人しかありませんでした。どちらも小さな都市で、東京や京都、大阪に比べると不便でした。しかし、とても心の安らぐ豊かな暮らしができたと思っています。

　現在、小樽は13万人まで減りました。お隣の札幌は150万人から190万人に増えています。高知は微増ですが34万人。当時、85万人ほどだった仙台は、いま100万人を優に超えています。つまり、大都市への人口集中というのは、とどまるところを知らないということです。地方が過疎化するばかりなわけです。そのおかげで、言ってみれば人間の経済活動と生物の多様性との巧みな妥協の典型である、里とか里山というのが、人手が入らない森に戻っていこうとしています。これは地球という惑星にとっては、どうでもいいことなのですが、人間にとっては生きる上で非常に重要なことだと思います。このままいけば日本列島はやがて一部の大都市地域と、人を受け入れることのない深い森の地域との二極に分化していくに違いない、と植物遺伝学者の佐藤洋一郎さんが『生物多様性はなぜ大切か？』（昭和堂）の中でおっしゃっています。これは実質的に国土の喪失を意味すると思います。

　以上のことを考えまして、これからのどうやって生きたらいいかなということを考えたのですが、それは哲学とか思想といったものでなくて、もう少し具体的な方向で考えたいと思います。いろいろあるのですが、一つそのきっかけにしたいというのが、アメリカの生態学者で環境倫理学の父といわれているアルド・レオポルドという人の考えた「土地倫理」という考え方です。

　要するに、土地というのは人間を含めた全ての構成員からできている、動物も植物も皆そうだ、土もそうだという考え方です。したがって、人間の価値観だけで土地に働き掛けてはいけないということになると思います。日本で例え

ば戦後にスギとヒノキばかりを山に植えて、花粉症は出るわ、水は山に保って もらえなくなるということが起きたと言われています。それぞれの土地に、土 地土地の倫理というものがあって、そこで一つの共同体がつくれているのだと いうことを頭に入れていなければ、そういうことになってしまうのではないか と思います。

人間は、太古から自然や生態系に対して人為的な改変というのは加えてきた わけですが、どうも20世紀の後半は、あまりにもその人為的な改変が無遠慮 で、大規模で、あまりにも早すぎたと思います。そういうことではなくて、そ れぞれの土地が持つ倫理に従った生活ができたら、もうちょっと豊かな言語生 活を取り戻せるのではないかなと思ったりもします。

もう一つ、ついでに考えたのは、「一票の格差」とよく言われますが、これ もそういうことを考えれば、要するに全体に対する視点がない。各論としては 正しいかもしれませんが、私には単なる機械的な平等主義だと思えます。それ では、人口はますます都市に集中します。なぜ一票の格差が出たのかを考える べきだと思います。このままいけば、いわゆる限界集落は、それはまだまだ豊 かな生活をしているらしいのですが（山下祐介『限界集落の真実』）、もし後継 者がいなければ完全に消滅すると思います。となれば、先ほど言いました佐藤 洋一郎さんの「都市と森しかない日本」になると思います。そういうことをこ のまま続けていっていいのかという問題が起きてきます。都市集中というのは 全世界的な傾向ですから、あとでどこかに「助けてくれ」などと言うのは、無 理な相談だと思います。

私たちは都市生活者なのですから、ただ、原発も都市の人間が使っていたん だという反省を口にするのではなくて、応分の負担をすべきだと思います、そ れがなくなるまでは。一票の格差も当然ながら負担すべきものだと私は思って います。都市が人口集中を肯定したままでしたら、東北では、たぶん若者は仙 台へ、さらには東京に出るしかないわけです。そうではないものをうまく作っ ていけたらな思います。幸いに、Uターンとか I ターンというように、考え 方や認識を変えて行動を起される人も確実に出ています。そして、先ほどの

植田先生のお話にありましたけれども、再生可能エネルギーというのは、こういう土地倫理に割と親和性があるのではないかなとも思っています。レオポルドの本（邦題『野生のうたが聞こえる』、講談社学術文庫）が出されたのが1949年です。あれから、もう50年以上たっているのですから、私たちは、そろそろ土地倫理を、倫理と言っても倫理学とかそういうものではない、「生活感情」あるいは「生活倫理」として実感できるのではないかなと思っています。

　最後に、人間は、想像することができる動物だそうですので（松沢哲郎『想像するちから—チンパンジーが教えてくれた人間の心』）、未来を構想するというのは人間だけができるものだと思います。それを肝に銘じたら、何か変化を起こせるのではないかと思います。少し長くなってしまいましたが、この辺で終わらせていただきます。

　　　　　　　　　　　　　　　　　（なかはら　けんじ　佛教大学文学部長）

● 第3報告 ●

新しい社会の姿をどう描き、どう実現するか
― 大震災が示唆する文明の転換 ―

内 藤 正 明

　本来、私が前座を務める予定になっていたのですけれども、私の事情で、ぎりぎりで駆け付けて、前のことを十分聞かないままに話をし、また討論会というようなことになってしまいました。

　こういう登場の仕方は、植田和弘先生が得意とされております。私は司会者をすることが多いので、先生大丈夫かと言っているときちっと来られるというのが通例だったのですが、本日は私がそのお株を奪ってしまい、逆に植田先生に前座を務めさせてしまいました。

　余計なことを言っている時間はないので、本日いただいた命題、"震災がどんなことをしたか、これからの社会にどう反映させるか"ということをお話をさせていただこうと思います。震災のずっと以前から、環境やエネルギーをやっている者としては、この文明というのは、そう長くはないと思うと言っていたのですが、さて、どこで終わりを迎えるのかが問題です。

石油生産量は減少に向かう！

　1つは、石油ピークということです。石油は、2004年とか2007年のところで生産量がピークを越えて、いまや減少期に入っているというわけですから、石油文明といわれる時代はもう終わりであると考えた方がいい。従って、それに備えた、新しい文明の姿を描かないといけないと、ずっと言ってきたわけです。

図1

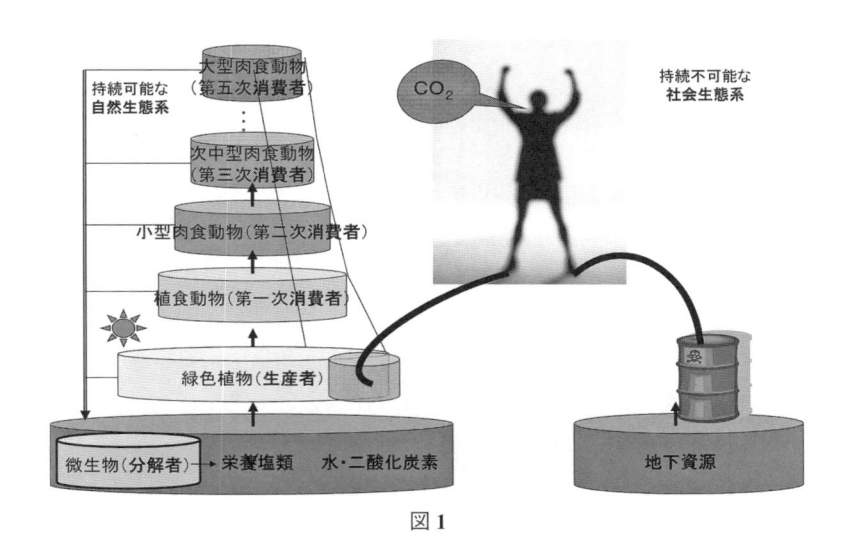

人類持続の危機？

　この絵（図1）のように、石油をふんだんに使いながら、さらに自然生態系からも思いっきり資源・エネルギーを収奪している。だいたい全ての1次生産の3分の1ぐらいを人間という1種が横取りをしていると聞いています。従って、この部分に乗っかっている生態系というのは、明らかに存在していけないわけです。だから、いま1日に200種類の生き物が絶滅しているというようなデータもありますが、そういうことは当然起こるべくして起こった。

　いまや石油がピークを越えて急激に枯渇する。一方で生物の絶滅といわれるように、これ以上、人間が生態系サービスなるものを収奪するのも限界を越えている。両方の足場が崩れつつある状況の中で、われわれはどう生きるのか。

　ところが、このデータ（図2）ですが、こんなに人口を増やしてしまっているわけです。ですから、いかにこれをソフトランディングさせるかということはとてもむつかしい。

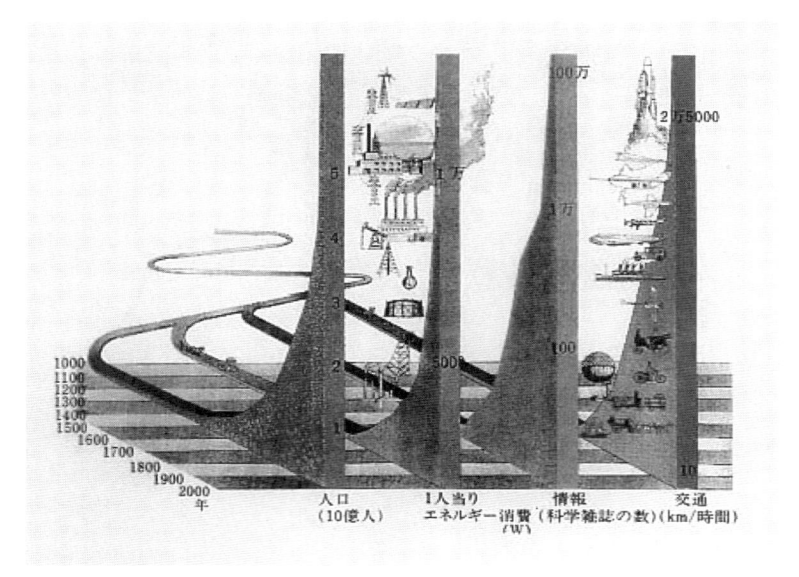

図2

　これは最近、旭化成の出した本ですが（図3）、"いよいよお金をたべて生きていけないということに気が付かないと"というようなことを言っているわけです。持続可能性というのは、地球環境問題を契機に議論が始まったわけですが、いまや生態系全体が崩壊の危機にあるということです。

　資源に関しては、さっきの石油ピークですが、並行して、水資源、希少金属の高騰ということがある。一方、経済、社会の方でも、巨大な投機マネーが世界経済を崩壊させるのではないかとか、それの裏返しとして地方経済は数千の限界集落が生まれて、衰退の一途です。

　このままいけば、あと10年もしたら間違いなく消滅するという、このようなところが日本中にあって、それをこのまま手をこまねいて、日本という国はあり得るのか。このことは当然、地方の文化や伝統というものを全て崩壊させてしまうということであります。こういうことが全部、石油文明という、この世紀の文明の結果として必然的に起こってきたと考えるべき。

第6部 3.11以後を考える「新しい社会の構想力」　　351

図3

「いま人類が持続不可能な状況」

1）地球環境問題　・異常気象（温暖化）　―PONR 20年―
　　　　　　　　・生態系の崩壊（生物多様性の減少）

2）資源枯渇　　　・石油ピーク　　　―peakout 2004―
　　　　　　　　・水資源枯渇、希少金属の高騰

3）経済の崩壊　　・巨大な投機マネー　―PONR 4年―
　　　　　　　　・地方経済の崩壊

4）社会の崩壊　　・社会経済格差の拡大
　　　　　　　　・伝統や地域文化の崩壊

これらはすべて連動している

図4

図5　地球環境問題をめぐる7つの思想（シナリオ）
(Stockholm Environment Institute)

		素性と来歴	哲学	モットー	社会を荒波にもまれる船に例えるならば・・・
伝統的思想	①市場にまかせよ派	スミス	市場に働く見えざる手が環境問題も解決する	気に病むことないよ人類は幸せになれる	「前進！」客船の店もカジノも閉店する必要なし
	②政策で解決派	ケインズ	よき政策で解決する	成長・環境・公平をよりよき科学技術とマネージメントで実現	航海のシステムを改良するために集会を開け！
終末的思想	③地球崩壊派	マルサス	地球の存在そのものへの憂うつ；人口爆発、資源枯渇そして破局	終末近し！	「タイタニック」の惨事を思い出せ！我々は急激に沈みつつある
	④砦に閉じこもれ派	ホッブズ	社会的混沌；人間性悪説	強力な指導者によって秩序を	「おお船長、船長よ。船内の反乱に用心せよ。一等船室の安全を確保せよ」
エコ変革的思想	⑤環境コミュニティー派	シューマッハと社会ユートピア・グループ	牧歌的ロマンシチズム；人間は性善なるもの、悪いのは産業・工業主義だ	小さきことこそ美しい (Small is beautiful)	船を捨てろ。小船に乗り移りどこか静かな入り江に行こう
	⑥持続可能な開発派	Rio+5の参加者の主流	地球社会を前向きに進化させ、環境保全しつつ、持続的開発を	人類の協調と団結、新しい価値観と生活の術の開発を	よりよき海への航路を見つけよう。もしそういう海があるなら・・・
	⑦無関心派	巷の人々	地球環境問題？何の事やらワケがわからん	ケ・セラ・セラ (Que sera sera)	何か起こったら、その時は起こしてちょうだい

　石油だけがもたらしたのか、グローバルな経済システムというようなことと一体になったのだろうと思いますが、そういうセットで出来上がったこの石油文明が限界に突当っている（図4）。

新たな文明の模索

　だから、これを改めるというのは、実は20世紀の文明の姿そのものを大転換しないといけないので大変難しい。でも、このようなことに関して面白い整理を、これは20年も前だと思いますが、ストックホルム環境研究所がしています（図5）。
　いまようやく、こういうことを日本でも少し議論できる余地が出てきた。この中で、われわれはどういう立場を取るのか。本当に、この3つの立場の、どれかしか選びようがないのだろうと思います。ただし、⑦番目の「無関心派」

第 6 部　3.11 以後を考える「新しい社会の構想力」

図 6 の説明:

持続可能な社会へ…
Toward a Sustainable Society

A：先端技術型社会　Technology Oriented Type
- 活力
- 都市型 / 個人を大事に
- 集中生産・リサイクル
- 大規模な先端技術
  （燃料電池車，原子力，核融合，二酸化炭素隔離…）
- より便利で快適な社会を目指す

B：自然共生型社会　Harmony-with-Nature Type
- ゆとり
- 分散・自立型 / コミュニティ重視
- 適量生産・もったいない
- 自然の生産力を高度に活かす適正技術とライフスタイル
  （小型風力発電，自転車，地産地消，共住…）
- 社会・文化的価値を尊ぶ

AとB、二つの社会、どこに軸足を置くのか？

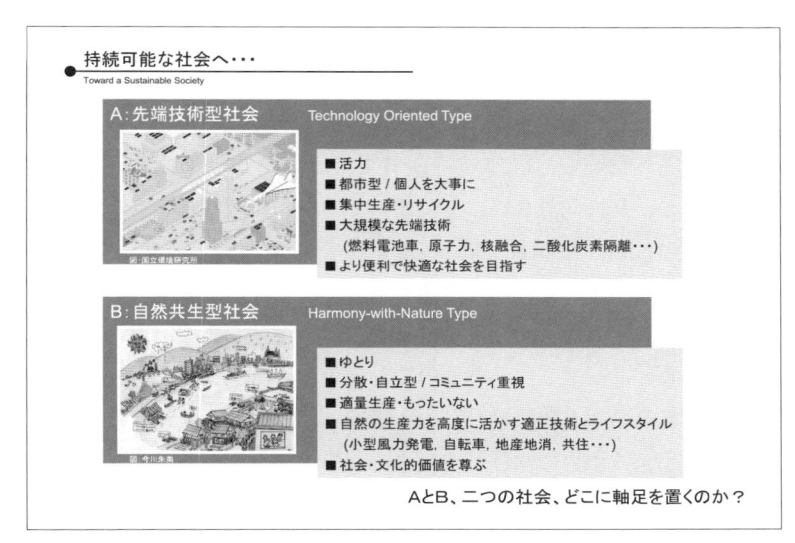

図 6

というのが実は一番多いのだろうと思いますが……。

　では、これからどういう手段で、どういう社会をつくっていくのかということになると、日本の国というのは、やっぱり技術に依存するということです。先端技術をどんどん開発して、世界に冠たる技術力で、問題を克服すると言ってきたわけです。それができたか、できるかどうか、というのは、私はかなり懐疑的ではありますけれども。

　そこで私は、それに対するアンチテーゼとして、技術だけに依存してできることは限りがある。そうではなくて、自然と共生するような社会へ、もう一度戻らないといけない（図6）。それができるのは地方の社会しかない。東京で、そんなことを言っても無理なことですから、彼らは行き着くところまで、科学技術の力で行ってもらって、駄目だったら、それは自己責任ですね。

　この間も東京で話をする機会があって、そういうふうに言った後で、何か反論がありますかと尋ねたら、反論がなかったです。それで、「どう考えているのですか。何とかできると思っているのですか。」ときくと、「いや、もう駄目

かもしれない」と言う人が多いので、駄目で東京にいてどうするんですかと言うと、「いま、急にどうしろと言われても困るんですよね」と言って、みんなどうにもしようがないから東京にいるみたいな人が多いようですね。マンションを買ってしまったから、「このローンを払うまで、実は動けないんだよ」と言っている人が、私の知り合いにもいるので、かわいそうというか。でもそういう社会経済の仕組みを日本は築いてきたんですね。

　私は、自然に回帰する新しい社会像を描こうということで、いろいろなところを検討対象としてきました。最初は京都ぐらいがどうかなと思っていたのですが、京都もなかなか難しいそうなので、滋賀なら、もうちょっと何とか。なかなかそれも難しいなと思うけれども。最近は、とうとう淡路島の端っこまで落ち延びて、平家みたいですけど、そこから捲土重来ということで、もう1回攻め上ろうと、いまやっております。

　とうとう淡路島に農学部を来年4月からつくろうと。そうしたら、直後に龍谷大学が農学部と言われたので、これはえらいこっちゃなと思っていたら、いまいろいろ議論が起こっているようですね。

　ということで、これから「技術依存」でいくか、「自然共生」に戻るかという2つのシナリオを、どういうふうに日本が選び取るかというのが、最大の課題であると思います。その決断を迫るように起こったのが、実は今回の災害だったと思います。私の言ってきたようなことに対して、今回の災害がとても大きな後押しになって、いままでおよそ声の掛からなかった東京などからも、ちょっと話に来いと言われたりしました。私は箱根から向こうの人に、このようなことが通じるとは思えないし、仮に理解したとしても、そんなことはやれないのだから聞くだけ無駄ですよ言い続けていたのですが、まあいいから、しゃべりに来いという時代になりました。

　その大きな動機は、やっぱり大震災ですね。それでいろんな議論が起こっているわけですが、この辺は植田先生の一番のご専門ですが。自然エネルギーというものの特性を考えてみたら分かることですが、これはエネルギー密度が極めて低いという特徴を持っている。エネルギー密度というのは、エネルギーが

社会の姿を決めるものであることを考えれば決定的ですから。石炭というエネルギー密度で動くのは船ぐらいまでです。ですが、それがハイオクのガソリンになって、ジェット機が飛ぶようになったという、全てエネルギー密度。つまり質の問題です。

　量よりも質が、文明の姿を変えるという意味では、極めてエネルギー密度が低い自然エネルギーに依存するとしたら、ソーラー発電でトヨタの車が100万台できますなんて、誰も思わないと思います。そういう先端的な大企業が自然エネルギーで支えられるとは思いにくい。ということになると、小規模分散型のシステムになる。従って、結果的には技術もローカル化して、身の丈に合った適正技術とか、代替技術、中間技術とかに代わっていく。少なくともハイテクの巨大な先端技術というのは、自然エネルギーでは難しい。そういう社会や技術になっていく。

　裏返せば、貴重な石油エネルギーは、大事にそういうハイテク産業のために取っておく必要があるということだと思いますが。大半の日常生活のエネルギーは、雨が降ったら、もう寝て暮らすみたいな生活を覚悟して、人々の暮らしは、そういうことでまかなってということになる。

　産業も軽装備化して、さらにそれで言えば金融なんかもメガバンクが支えるような大資本の工場ばかりではなくて、地元の信用銀行が調達できるような資金で、各地に小規模の産業というか、事業がこれから起こっていくだろうと考えられるわけです。

　私は、最初、下水道をやってきたわけですが、流域下水道という、でかい下水道を日本は全国につくりました。そもそもの最初は、おまえがやったんだといううわさも飛び交っていますが、私はちょっとお手伝いをしたのは事実ですが、すぐ反省して（？）やめました。それがなぜ駄目かということが今回の震災で誰にも明らかになりました。

　震災で崩壊し、当分これは修復困難です（図7）。これは東北、仙台近辺の流域下水道ですが、これだけ壊れたら、たぶん3年や4年で修復することは困難です。何十キロという配管が大規模につながっているわけですから、これを

図 7

再生することは技術的にも、財政的にも困難だと思います。

　そもそも震災以前にも言われていましたが、流域下水道が、いずれ寿命が来る。私が計算したときには、15 年で機械ものは駄目だという計算をしていましたから、とっくに駄目なはずなのですけれども、それにしてはよくもっています。それでも、もう寿命が早晩来るとして、そのやり直すための財源は、国にも、地方自治体にもない。それをいったいどうするのか。いまの下水道や上水道、道路も含めて、社会インフラは、ほとんどそういう巨大な投資によって出来上がっていますので、これをどう再生するのだという財源的な目途は、ほとんど立っていないのではないかと思います。

　一方で、こういう小規模施設です。これは下水道ではなくて、バイオガスといいますか、ごみからエネルギーを取るということですね。日本の場合、私は前から批判していたのは、ごみから、ちょろとメタンガスを取るだけで、なぜこんなにハイテクにしないといけないのか。こうした方が産業界がもうかるか

らかもしれませんが…。

　こんなことで取った質も量も不十分なメタンガスをどうするんだというと、また燃料電池によって電気に変えて、それで電気自動車に充電するなんていう、シナリオが出来上がるのです。そこには日本のハイテク産業がみんな関与する仕組みになっている。しかし、そんなものは、マーケットには絶対乗らないから、それは全部国の補助金でつくり上げるわけです。そして、金の切れ目が縁の切れ目ということで、3年もたって補助金が切れたら、これは全部スクラップになって、日本中にこの種のスクラップがいっぱいあります。

　喜んだのが、それに群がった業界です。いまや各地でいっぱいこういう負債を抱えて、これを始末するのに困っている。これには、国は金を出さないのです。よくこれだけたくさんやって日本の国が破綻せずにきたなと…。まあ後世に付け回しているんですけれども。

　そういう仕組みでいまやってきているから、何百兆円かの負債が、赤字国債になっていたって、ちっとも不思議はないと思います。私が知る範囲でも、こんなことが山ほどあります。

　一方で雲南省の山奥でやっている、同じ仕組みで、豚糞や家庭の残渣をエネルギーに使って、それでちゃんと煮炊きができて、肥料にも使えてというようなことになっているわけです（図8）。こういうことが本当に市民のため、国民のための技術ではないのか。これを国民のための技術と言うなら、日本のは産業界のための「産業技術」と呼んだらいいかもしれません。市民技術、ないしは「社会技術」という言葉も最近使われますが、社会のためになるようなことを目指した技術開発というのは、いままで日本がやってきた技術開発の方向とは少し違うということですね（図9）。

　そもそもそういうことが起こって、よしとされた背景には、いったい自然や環境というのをどう捉えるかということ。これは日本だけが悪かったのではなくて、世界がそうしてきた。資源と環境も無限だと考えた世界観の下では、いまみたいに成長して、お互いに取れるものは取って、競争して豊かになったらいいんだというシナリオはあり得るわけです。ところが、これが有限であると

対策手段の選択（バイオガス利用の場合…）

（プラント型メタン発酵装置） ⇔ （戸別バイオガス発酵槽）

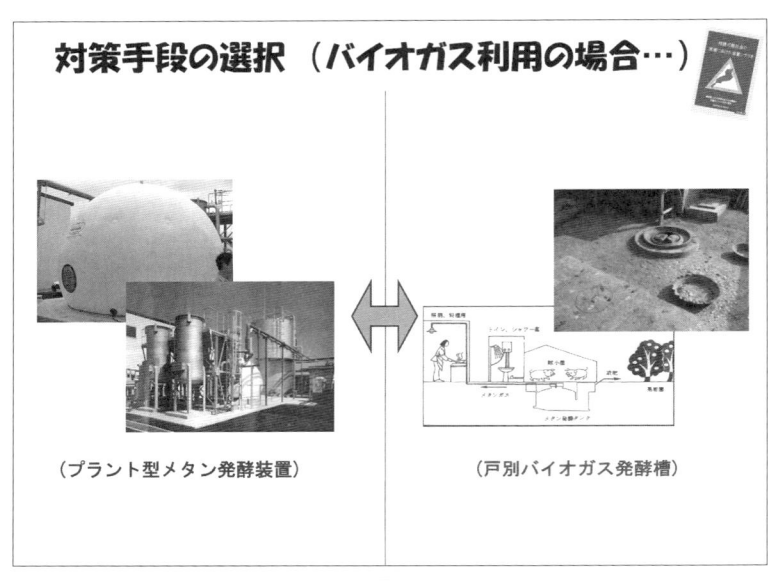

図 8

図 9 社会変革のキーワード

	これまでの社会	これからの社会
技　術	規格／大量生産 　・時間効率 　・枯渇資源 　・世界共通 　・工業的生産 消費社会 　・供給側主導 　・使い捨て 　・物の所有消費 一過的廃棄 　・非再生的 　・非分解的	適量／多様生産 　・資源効率 　・再生性資源 　・地域固有 　・工芸的生産 市民社会 　・利用側主導 　・高品質長寿命 　・サービスの利用／レンタル 循環・再生 　・再生的 　・自然還元的
都　市	大規模工業化 大都市化 グローバル化	農工商のバランス 都市と農村の融合 地域自立
価値観	経済効率（GDP）	人々の豊かさ（GNH？）

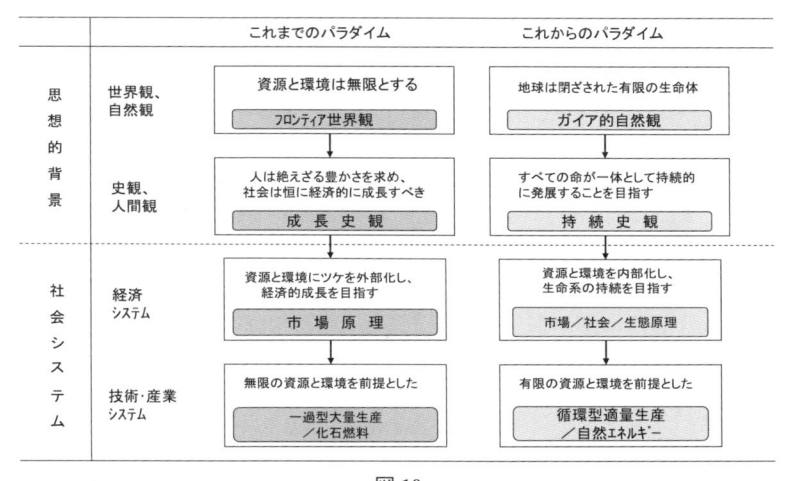

第6部　3.11以後を考える「新しい社会の構想力」　　359

		これまでのパラダイム	これからのパラダイム
思想的背景	世界観、自然観	資源と環境は無限とする **フロンティア世界観**	地球は閉ざされた有限の生命体 **ガイア的自然観**
	史観、人間観	人は絶えざる豊かさを求め、社会は恒に経済的に成長すべき **成長史観**	すべての命が一体として持続的に発展することを目指す **持続史観**
社会システム	経済システム	資源と環境にツケを外部化し、経済的成長を目指す **市場原理**	資源と環境を内部化し、生命系の持続を目指す **市場／社会／生態原理**
	技術・産業システム	無限の資源と環境を前提とした **一過型大量生産／化石燃料**	有限の資源と環境を前提とした **循環型適量生産／自然エネルギー**

図10

考えた途端に、誰かが成長して取れば、それはほかの人のマイナスになるわけです。そこで競争社会になって取り合いになる。

　しかし、無限のフロンティアがあるのだったら、頑張って取るというのは、それはその人の努力であって、人の迷惑にはならない。そういうフロンティア世界観というのが、いままでよしとされてきた（図10）。

　アメリカは、たぶんいまでもそういうことなのでしょうか。それを、十分認識はしていないか、知らないふりをしてやっているのか、その辺はよく分かりませんが。

　もし本当に有限世界だと考えたら、それはもうあり得ない話だと思います。これは倫理的にもです。ここから先は倫理の問題で、科学的な真か、社会的な善か、はたまた美かという、「真、善、美」で言えば、この辺は分けて議論しなければいけないかもしれません。ということで価値観というものも変わっていく。その中でGDPが伸びることが国の豊かさだということと、国民の幸せということとは乖離している。

　さっき中原先生もおっしゃったとおりで、1970年ごろに毎年やってきた国

民意識調査で逆転していますね。経済の豊かさと心の豊かさというものが逆転して、そこからどんどん乖離して、心の豊かさを望む人が増えているにもかかわらず、経済優先できた。今回の原発事故で、原子力村の筆頭のある偉い方が、新聞に一番に書いていましたね。原発がもしなくなったら、日本の経済はどうなる。産業界はどうなる。株主利益はどうなるというのを…。

あの人は何も悪びれていない。被害を受けた人のことに言及はなく、堂々と株主利益はどうなるとおっしゃったのです。株主利益、産業が豊かになることそのものが、日本の国の国是であるからして、これを何ら恥じることはない。大学人も同類で、みんな学生に勉強していい会社へ入って出世しろということで、育ててきたのではないか。

佛教大学は、そんなことは必ずしもなかったと思いますけれども、京都大学なんか、私もそういうふうに言って育てられた覚えは、植田先生もありますよね。前は本当に「国家公務員試験上級甲をトップで通って、国へ行って天下国

表4. 倫理観の転換

＊大震災は日本人の行動規範を世界に見せる機会となった。

→ 「これほどの思い遣りを持ち、これほど社会秩序を保てるのか、との世界中からの賞賛の声が」

＊大震災直前のアラブ系のドキュメンタリー番組で、イスラム教の聖職者は、

→ 「日本人の行動規範こそイスラム教が教えてきたこと。なぜそれが日本人に受け継がれているのか。」

＊関東大震災の後にも、フランスの駐日大使ポール・クローデルは、パリでのスピーチで、

→ 「私がどうしても滅びてほしくない一つの民族がある。それは日本人だ」、「古くから文明を積み上げてきた民族・・彼らは貧しい。しかし高貴だ。」

図11

家に号令するんだ」と言われて試験を受けたけど、2桁台だったから、「これでは、あかん。やめておけ」ということで、京都大学で拾ってもらった。

　最後は、佛教大学に拾っていただいたのですが、もうちょっと頑張って成績がよかったら、国家公務員で活躍。もうとっくに終わっていますけど、霞ヶ関で君臨していたかもしれません。そういうことをわれわれが育てられ、育ててきたんですね。産業戦士を育て産業国家を支えてきた。この国の国是をそろそろ変えるのか、変えないのかというのは、われわれにいま課せられている課題だと思います。

　昔は富国強兵で軍事大国を目指し、戦後になって次は産業復興を目指して企業戦士となった。われわれもそうやって育てられた。だいたいいまの大学を見ていたら、戦士の養成だなとつくづく思いますね、教育の仕組みも。

　そんなことを今回の震災があらためて問い掛けています。

　現地の人は、私も何度か行って、向こうでセミナーなどやりましたから、本当に実感されていると思ったのですが、つい最近、東北へ行ってみたら、大量の国からの金が降ってきて、国はどういう復興、どういう社会づくりを目指しているかというのは、さっきから言ってきたとおりであります。これを使って、コンクリートと鉄のまちをつくって、そこに最新技術を導入したら、東北は豊かに、幸せになるんだ。そこで東北人は産業戦士として、もう一遍頑張れというような方向に見えます。

　そのアイデアを出しているのは、金で引き受けた東京の大手コンサルで、地元はその下請け、孫請けなどで、廃棄物処理なんかに関わっているというような構造で、どこまで行っても東京の一極支配と、その理念の下に日本をつくりあげていこう。方針はそれほど変わらないようにみえます。

　これだけ揺さぶられて、今度は違う発展の方向、まちづくりを目指すのかと期待したのですが、残念ながら、やっぱり金を出す東京はそういうことは考えていなかったという気がして、今回、仙台へ行って絶望的になって帰ってまいりました。

　どうしたら、この国が違う国に、"まともな"というのは価値判断になりま

すから、何がまともだと言われたら大変困りますが、少なくとも中原先生のお話を聞いていたら、私と共通した国の在り方とか、人間の生き方というのを示唆され、もし、その方向に国民の価値観、したがって国是までが変わるなら、希望が持てるでしょう。

　そういう国に変えるのが1つの大事な選択肢だと思う人が、日本にたくさんいるのだったら、そのために何をしたらいいかというのを真剣に考えるときでしょう。ここで紙つぶてを投げているだけでは、もうこの10年同じことの繰り返しです。金と力を握っている中央の人は自分から手放そうとしませんから。その内部に飛び込んで一石を投じ、中で頑張っておられるのが植田和弘先生で、あらためて拍手喝采しているのです。私は申し上げたように、壇ノ浦から攻め上る側に回ります。以上ですが、どうも過激な話を申し上げまして失礼致しました。

（ないとう　まさあき　滋賀県琵琶湖環境研究センター長）

●パネルディスカッション●

●司会（辰巳）　では、パネルディスカッションの司会は、私、辰巳が進めさせていただきます。それでは、よろしくお願い致します。

　まず、私の方からシンポジストの方々にお伺いしたいと思います。

　植田先生からお願いしたいのですけれども、原発比率の議論についてですが、確かに国民が電力を自由に選べるということを前提にすれば、いわば市場がそれを決めるということになります。

　ところが、いまは自由に電力が買えることはなくて、一方的に電力会社から垂れ流されているものを使わざるを得ないという状況の中で、原発そのものの、例えば具体的な話なのですが、再稼働の問題とか、あるいは、即時原発を廃棄せよ、廃炉にする決定をすべきだという意見もあるわけです。

　大飯原発は実際、いま地下の活断層が問題になっているわけですけれども、即時、原発はやめるべきである。廃炉を決定すべきである。従って、再稼働すべきではないというような主張に対して、どのようなお考えでしょうか。

●植田　その問題に関連して、まず原発比率の問題ですが、この比率は2030年時点の比率であって、現在の原発比率ではない。2030年に比率をどうするかということだから本当は、議論をするときに、現時点からどういうふうに動いていくのか、移行経路を併せて議論しないといけなかった。

　そうすると、今の質問と関わるのですが、現在動いている原発は2基のみですが、その2基も来年9月には止まります。原発というのは13カ月動かすと、点検のために止めないといけない。つまり、活断層が出てこなくても止めないといけないのです。

　ですから、2基動いている状態から来年9月で止まりますので、そのままずっとゼロで行くというようなことか、あるいは、おっしゃられたように再稼働してからゼロに行くとか、15%に行くとか、いろいろなシナリオがあるはず

なので、2030年のゼロ％、15％、20〜25％というのは、実はその経路をどうするのかということとセットでないと、本当は意味が明確ではなかったのだと思います。

2030年ゼロという意味が、直ちにゼロにしたいということなのか、当面は動かしてもいいけど、2030年にゼロにしたいのか。やはり両者は違う。

ですから、本当の意味で国民的議論のための正確な選択肢、私は、ああいう比率を出すこと自体が問題だと思いましたが、それでも、あのやり方でやるとしても、議論のための情報が十分でないということがあったと思います。

その上で、再稼働をどうするかということですが、現在、大阪府市エネルギー戦略会議の座長をしておりまして、そこで再稼働8条件を提示しました。

ところが、その時の官房長官は、8条件というのは無理難題を言っているといってまったく議論してくれなかったのです。そういうところは決め方の問題と関わって非常に問題があったと考えています。具体的な8条件に関して安全性の問題がいろいろあるということだと思いますが、実際に野田首相が最終決断して再稼働を決めたときの論理は、私は問題があったと思っています。それは8条件に照らして十分ではないということです。

野田首相の判断は暫定安定基準に基づいています。安全基準は暫定です。ご存じのように福島の事故が起こって、いままでの基準では駄目だとなったわけで、新しい規制基準は新しい規制組織でつくるということでした。ところが当時原子力規制委員会はまだできていなかった。

私は、そういう意味では再稼働する条件はつくられていなかったと思います。その上で、それでも、なぜ再稼働すると判断したかというと、安全、国民生活を守るためという理由でした。停電のリスクがあるという言い方で言ったということです。電力需給の検証を私自身も関与しましたけれども、委員会報告書もそういう結論だと理解できますが、私自身も再稼働をする必要性はなかったと思います。でも、そこを国民的に確認しないといけない。

ですから、再稼働するか、しないかというのは、大飯の場合は停電リスクと関わっているのだというので、関西広域連合の首長さんたちも最終的には認め

第6部　3.11以後を考える「新しい社会の構想力」

てしまっているというところがあるわけです。いま申し上げたような、基準、条件について、より厳密な議論をしていくための情報をみんなが持って議論を積み重ねる。そういうプロセスが不十分だったことが非常に問題だと思います。

　だから、再稼働するか、しないかは、最終的には、そのプロセスを経た国民の判断ということになるというのが私の考えです。私個人は、条件を満たしていないと思いますけれども。以上です。

●辰巳　ありがとうございます。
　パブリックコメントを政府が求めたときに、30年後ではなくて、即時ゼロだというようなコメント、意見というのも少なからずあったと聞いております。いまのお話をお聞きしていると、やっぱり植田先生ご自身は、いま即、すぐにゼロにしろというお立場ではないわけですね。

●植田　原発は現在2基しか動いていないのです。そして、その2基だけで電力需給は十分に成り立っている。しかも私の意見は、再稼働する条件を満たしていなかったということですから。まして、国民生活を守るためにという言い方を仮に認めるとしても、それはもう夏が終わったら必要ないのでしょう。それを、暫定的な安全基準でなぜ動かしているのですか。おかしくありませんか。私は現時点では止めるべきだという意見です。

●辰巳　ありがとうございました。
　ちょっと我田引水になりますが、私の問題提起のところで、一番目、経済成長についての考え方が1つの大きな論点になるだろうと申し上げましたが、「縮小社会」云々というような議論もあります。
　あるいは、これは特に内藤先生にお伺いしたいところなのですが、持続可能は発展、あるいは開発という概念でもって今後の社会の在り方、新しい社会を考えていいのかどうなのかということを、ちょっとお聞きしたいのですけれど

も。要するに、経済成長と両立するような環境の保護の仕方、地球にやさしい経済成長のような考え方でいいのか否かというところをお聞かせいただけますか。

●内藤　私は、そもそもいまのGDPで測られるような経済成長というのは、したくてもできない。それは地球の環境の問題というよりも、資源エネルギーの方からできないと考える方がいいというのが1つあります。

　それと、少なくとも日本なんかの豊かというのは、まったく違う方向に向いている。いまのGDPの経済成長を望んでいるのは産業界、経済界であって、国民は決してそうではないということも、いろんな関わりでやってくる中で、結構私も実感して。実感が必要だと中原先生がしきりに言われた。本当に草の根でいろいろやってみたら、そんなことを望んでいない。

　石油大量消費はもうできない。では原発がないと生き残れない、それに依存するしかないような産業は、もう早晩退場しないといけない。産業構造が変わらないといけない。

　本当に原発のエネルギーを必要としているのは、やっぱり巨大な産業界と巨大電力企業でしょう。一般市民は、「いや、私ら原発なくても何とかします。」と言っている人は多いですよ。現に今年1年に太陽エネルギーで原発2基分ぐらいの、量だけですが、質は、さっきから言っているように全然違うけれども、量だけでいえば2基分の太陽発電はできるようになっている。これを10年もやったら20基分ぐらいできるというのは不可能でない、量的にはね。

　それが産業に役に立つかと言われたら、量だけあっても大きな産業はソーラーでは動かないだろうなという気がします。そういうことで産業をどうするかなんですよ。

　産業がもたらす既存のGDP、GNPというような豊かさに、やっぱり日本国民はどうしても依存しないといけないのかどうかを、いま本気で問い掛けたいと思っています。

●辰巳　ということは、サスティナブル・ディベロプメントという概念をまったく捨て去る。そういうものは使うべきではないということではなくて、新たな産業構造の下でのサスティナブル・ディベロプメントということになるのでしょうか。

●内藤　そういうことですね。産業構造の転換は、日本の歴史の中でいっぱいやってきていますよ。繊維産業があかんとなったらつぶして、ほかにどんどん変えた時代があったのに、なぜいま車屋さんにあれだけ奉仕して、補助金を出して。あのエコ替えなんていうのは車産業助成金ですよ。そんなことをして車産業を支えに支える。あれをやめたら、途端にがっと落ちるでしょう。国民は、もうそんなに車を欲していないし、それが地球に悪いということが分かった。いまも植田先生が言われたけど。

　もう中国が日本並みの車社会になったら、温暖化防止だとか、日本の省エネなんて、そんなものはくそ食らえですよと、昔から数字の上では言っていたけど、もうそれは現実になってきたわけでしょう。そうしたら、もうみんなそれを言わないです。言ってもせんないから。

　だから、私は今日も午前中、温暖化防止の集まりで言っていたけど、もうやめましょうと。そんなことをやったってへの突っ張りにもなりまへんでという話をして。それだったらどうするのですかというと、もう温暖化ないしは異常気象が起こることを前提に、自分らだけはサスティナブルではなくサバイバルシナリオをつくりましょうよと。そこでは違う豊かさの社会を、われわれだけ納得してつくったらいい。いずれ東京から入れてくれといってやってくるから、そのときは入れてやらないでおきましょうというぐらいの自立的な社会をつくりましょう。

　東京を全部受け入れるだけのキャパは地方にはないですよ。だから、それぐらいの覚悟でシナリオをつくろうと、仕掛けをしていますけどね。ちょっと過激すぎますかね。

●辰巳　どうもありがとうございました。
　中原先生にお伺いしたいのですけれども。レジュメの「科学技術とアジア」というところにあるのが、自然科学の問題です。このようにお書きになっておられます。「人間や社会に思いをめぐらす人文科学的、社会科学的思考と連携した科学と科学技術が必要なのではないか」と。
　そういう人文科学とか社会科学的思考と連携する科学というのが、具体的にどういう科学なのかというのがちょっとイメージできないので、お話しできれば、お願いします。

●中原　これはもともと抽象的な言い方なのですが、要するに私の思っているのは、人文科学も社会科学も自然科学も、単なる一分野にすぎない。だから、人文科学と社会科学が社会をリードしていくのだとか、自然科学がリードしていくのだとか。それが全部、もう失敗してしまったじゃないですか。古い時代は人文系が完全に社会を牛耳っていました。ヨーロッパもそうだと思いますが、中国はそれがものすごく発展していましたから。
　そうではなくて、何で連携した科学と科学技術なのか。いまの現状を考えると、科学と科学技術が圧倒的な優位を持っているので、人文的、社会的なものと、これを結び付けない限り、たぶん抜け出す道はどこにもないだろうなと思っています。
　それでこういう表現をしたので、どれか１つで社会が、そういう考え方で、思考でやっていけるという時代は、もう終わっている。何とかそれをコントロールできる考え方が必要ではないか。
　というのができないと、内藤先生がおっしゃるように、僕らは、あとは崖から落ちるしかないとは思わざるを得ない面がありますので、そういう意味で、いまちょっと言ったということで。

●辰巳　ありがとうございます。
　私の問題提起３の中で、最後にドイツの脱原発に至ったプロセスということ

をちょっと冒頭にお話ししましたけれども、おそらくは自然科学者の多くは、社会科学、人文科学なんてばかにしていると思います。疑似科学だと思っている人が多いと思います。だから、社会科学や人文科学と連携する可能性は、自然科学側からすると、ほとんどないと私は思うのです。

さっきのドイツの脱原発のプロセスに関して言えば、倫理委員会の中には社会学者とか哲学者が入っていた。べつに専門家として入っていて、自然科学と対峙しているということではなくて、公共的な、それこそ公共圏の問題としてそれをとらえるべきではないでしょうか。

科学対公共圏の問題で、科学あるいは科学者、専門家が暴走して、いわば一方的に上でもって意思決定するというようなところに対して、制御する力として公共圏があって、その中に社会科学者とか人文科学者も入っているというイメージなのですけど、そうではないのでしょうか。

●中原　基本的には同じかもしれないです。

要するに、私が考えたのは、この3分野のどの分野の人にも決定権がないということです。決定するのは私たちだと。要するに、普通の人間がそれを聞いて、自分の持っている力で判断するしかないのだと。

だから、各分野の専門家が何を言っているかを聞いて、自分の持っている能力で判断するしかないでしょうという意味で、ドイツの倫理委員会は、ベックなんかが入っていましたけれども、そういう人たちの結論と、もう1つ、技術方面も確かあったと思います。そちら人たちの意見を両方聞いて最終的に判断するのは、私たちしかないかたちにもなっているだと思います。

その判断の基準を、ちゃんと判断してもらいたかったら専門家は一般の私たちに分かる言葉遣いで伝えなさいと。自分たちの業界用語だけで言って、それが分からないから、おまえらはあほだというようなものを、逆にばかにできるような社会になりたいなと思います。

●内藤　一言だけよろしいですか。いまの話は、今回の原発でも、原発の是非

や議論があるときに、数字とか安全性とか、そういうことがまず表に出てきて、つまり、科学的真理のことがまず判断根拠になる。日本もずっとそういうことが重視されてきましたけれども。

だけど、株主利益をどうするんだ、日本の経済をどうしてくれるんだという人たちの意見が結構支配的なのです。それはべつに科学的な真実ではなくて、まさに社会科学的に、善とは何かということです。利益は誰に行って、被害は誰に行くのかということが裏にあるわけです。

国民が大きな負担をしていて、一握りの人が多大な利益を得てきたということは、今回はっきりしたんですよね。そのことの方が、むしろ問題で、国民は原発の利益はもういいですと言えるのかどうかですね。そこの社会的正義（善）の問題をどう考えるかと言い出すと、これはもう中原先生がおっしゃったとおりのことが起こってくると。そういう議論にも持っていかないといけないでしょう。

●辰巳　ありがとうございました。

先ほども申し上げましたように、質問の紙をいただいたのですが、私の能力不足で読解できなかったもので、直接これは聞きたい、おっしゃりたいということがあれば、どの方にお聞きしたいかということを明らかにしていただいた上で、あまり時間もございませんのでコンパクトにお願いできませんでしょうか。

●会場1　どうもありがとうございます。仔細からお話を聞かせていただいて。3.11を本当に客観的な認識というものを持てているのか。本当に学習して教訓にできているから、いま2年目に入って問われているのではないか。いろいろ、梅原猛さんも哲学を教えに向こうに行った。ほかの人も、瀬戸内さんも岩手で初めてお寺を持たれたから二戸へ行った。山折哲雄さんも、自分が岩手出身、花巻か、宮沢賢治の塔へ思いながら行った。『遠野物語』やら、柳田邦夫と。

そういうふうな、いまから源流をさがのぼって原点に回帰する、その都度そこに出合うことの一期一会と温故知新という言葉、この2つは源流をさかのぼっているところに出くわすのではないか。それを集めれば、未来へのグランドビジョン、デザインができるんじゃないか。

現在、過去、未来が順序であるということぐらいは、時空間として踏まえておかないと、雑多な話になって、断片的な話になる。液状化するんじゃないかと私は思うんですね。いろんなところの新聞や、あるいはシンポジウムをしているのを見ても。

ということから、やはりわれわれの本当の生き方が求められている。そして、あらゆるものがリンクしていると。原発をやめたら、それでおしまいという、短絡的、単細胞、単一思考で終わっている人が多いんですね。

やはり会社がなければ働くところがない。働かなければ自分は飯を食えない。家族を養えない。まあ、やっぱり関西電力、東京電力の職員はそう思っているでしょう。下請けも、もう逃げられるんです。

この間、ちょっと訴訟しようかと思って下請けのやつ、われわればかり被ばくさせられてと。全てがリンクしていると思わなければ、何か1つを捉えて。

●辰巳　すみません。どなたに対する、どういう質問ですか。

●会場1　ご発表の先生方に、やはり私の思うのは、その哲学というものを踏まえてながら、これからの明確なポリシーというものがなければいけない。本当に森の中心に人間性、ヒューマニズムがあるのか。その上に、先ほど言った確かな歴史観という、この4本柱を1つに統合した本当の日本、京都なら京都、アイデンティティーというもの、本当のものが、いまかたちづくり、構築され、確立していかなければいけない。もっと根幹的な問題ではないかと思うのですが、いかがでしょう。

●辰巳　お答えなさる方はおられますか。

●内藤　すごく幅の広い議論が必要になるのですが、最後の部分だけ、私が考えていること。つまり、一番哲学と言っていいのか、私の書いた13ページの一番最後に、今回の地震で、世界からすごい共感があったと言うことは報道されて、われわれ知っているのですが、それが何だったのかということなのです。

それを集約して、例の熱血講義のサンデルさんがいいことを言ってくれているのですが、「このたびの巨大な災害に対する日本人の行動、さらにそれを見た世界中の人たちの反応は、人が他者にどれほどの共感、憐憫の情を持てるかを試した大きな実験であり、もしかしたら、これが人類にとっての新たな倫理観の形成につながるかもしれない」というようなことを言ってくれているのです。

私は、それを受けて最後に、昔、関東大震災の後でフランス大使が言った有名な言葉がありますよね。「彼らは貧しい、しかし高貴である」ということを日本人に言ってくれていて、もし世界中の民族が滅びても、この国民だけは残

表4．倫理観の転換

＊大震災は日本人の行動規範を世界に見せる機会となった。
　→「これほどの思い遣りを持ち、これほど社会秩序を保てるのか、との世界中からの賞賛の声が」

＊大震災直前のアラブ系のドキュメンタリー番組で、イスラム教の聖職者は、
　→「日本人の行動規範こそイスラム教が教えてきたこと。なぜそれが日本人に受け継がれているのか。」

＊関東大震災の後にも、フランスの駐日大使ポール・クローデルは、パリでのスピーチで、
　→「私がどうしても滅びてほしくない一つの民族がある。それは日本人だ」、「古くから文明を積み上げてきた民族‥彼らは貧しい。しかし高貴だ。」

してほしいと、フランスの大使が言ってくれた（表4）。
　そういう国になれれば、そんな末梢的なことは、もういいではないか。外国と武力で何かするというのではなくて、貧しいけれども高貴で、世界中の人類の中で、この人類だけは生き残ってほしいと言われるような、日本人にはもともとそういうものがあったのだと聞いて、とてもうれしい思いをしたわけです。
　ひょっとしたら、これこそが、これからの日本が世界に発信できる最大の価値ではないかと思い定めたら、ここから後どんな社会にするかは、帰納的に展開できるでしょう。

●辰巳　ありがとうございます。
　時間もございませんので、ほかの手を挙げておられる方、どうぞ。では、後ろの方。

●会場2　それでは、簡単にお伺いします。内藤先生、植田先生で結構です。
　私はいま京都に来て7カ月ぐらいです。仙台なんですよ。仙台で全て体験してしまいました。ただ、これをしゃべっていると時間がありませんので省略させてもらいますが。
　経済界の方、例えば関電さんなんかが、もう少し大飯原発なんかに相当なお金を使って、どんな地震が起きても。戦後、間もなくのときに、福井でだいぶ強い地震があったそうですけど、そういうことをすれば、私は引き続きやった方がいいのではないかというのが1つ、この考え方を持っています。
　ですから、単純な質問なんですけど、そのとき相当なお金を使って、絶対つくり替え、漏れても大丈夫なんだということはできないのでしょうか。単純な疑問です。経済界というのは、お金もうけの話になると思うのですが、よろしくお願い致します。

●辰巳　つまり、莫大なコストを投資すると安全な原発ができるのではないか

ということですか。

●**会場2** そうなっても大した問題は起きないのではないかと。

●**辰巳** ああ、そうですか。技術的に解決可能だという。どうでしょうか。

●**植田** 廃棄物の問題は残るのではないでしょうか。もう1つは、事故リスクはゼロにはできないということでもあります。従って、事故が起こった場合にどうするかということを、いままでは体制をつくっていなかったので、新たに体制をつくる必要が出てきています。これは50キロ圏で各自治体が防災訓練をやったり、まさに膨大なコストが掛かってきています。

　私の今日の発表は、原発はそもそも経済性がないという発表ですけれども、仮に政府の支援の下で、いまのようなことをやっていく。それ自体としても、とてもじゃないけど経済的な優位性はなくなってしまったということなので、何のためにやるのでしょうかということがあると思います。

●**辰巳** 内藤先生、どうですか。

●**内藤** 特に、いまはありません。

●**辰巳** 分かりました。ほかの。はい、前の方、どうぞ。

●**会場3** 2点ありまして、まず1点目は、植田先生にお伺いしたいのですけれども。

　福島で被災された方の慰めと、核廃棄物の問題から考えて、私は即刻原発はなしにすべきだと思っています。そうすると、即座に廃棄物の処分場という問題が出てきますけれども、その場所を選定する合意形成をどうしたらいいだろうかと考えます。

これは福島の方には誠に申し訳ないのですけれども、もう除染とかは考えないで、お金を注ぎまして、福島の方は戻らないで、あそこの地点を最終処分場にするとか、そういうことを考えたらいいのではないだろうかと考えます。そういう観点から、植田先生はどんなことをお考えになっているか。

　実際、道路とか新幹線とかをつくるときには、人はどかされるわけですから、そういうことから考えたら、強制的というか、半ば強制的、十分なお金が付くことで、そういう消線ということも可能ではないかなと思っています。それが1点目です。

　2点目に、内藤先生と中原先生にお伺いしたいのですけれども、縮小社会ということを考えたときに、まず、どういう産業が残るのか。どういう職業生活になるのか。個人として享受できる楽しみとかは、どういうものなんだろう。どういうレベルになるんだろうかというのがイメージできないと思うのです。そういうのが、まずイメージできたら、たぶんこんな産業に固執する必要はないなというのが出てくると思うのです。

　これから、『アリとキリギリス』ではないのですけれども、技術が発展したのだから、むしろアリにならずにキリギリスがたくさんいてもいいのかもしれないし、晴耕雨読という言葉がありますし、人間として、どういうライフスタイルがこれからあり得るのだろうか。それがまずあれば、産業とか、過度の強迫性な必要性みたいなものもなくなっていくのではないかなと思うのですが、その点どうでしょうか。すみません。長くなってしまいました。

●辰巳　結構大きな問題なのかもしれませんが、植田先生から。

●植田　とても大事な問題だと思います。おっしゃられたように、原発を即時ゼロにしても蓄積した廃棄物の問題が残っているわけです。ですから、原発をどうするかということも、影響を私は与えると思います――ゼロにした方が廃棄物問題は議論しやすい、合意形成をしやすいとは思います――けれども、それでも難しい問題です。

現状は、ご存じのとおり、核燃料サイクルで再処理するという建前の話が一方であって、もう一方は2000年につくられた法律の上では直接処分を地層処分ですすめるとなっています。
　どちらも動いていない。再処理工場は動いておりません。それから、「最終処分法」といわれる2000年につくった法律が、各自治体に公募で、自分のところで埋めてもいいと応募してくださいと公募しましたが、まだ1件も応募がありません。10年以上たっていますけれども。本当に地層処分して大丈夫か。実は、2つの点で大丈夫ではないとなってきた。つまり、2000年の法律をつくったときに、ここの土地は最終処分指定候補地になると決めたところが、白地なのですけれども、それは端的にいうと活断層がないという意味ですけれども、実際は、その後に、白く塗っているところの土地で地震が起こってしまった。つまり、活断層調査が十分ではなかった。これがはっきりした。
　2つ目は、大震災で地層のずれができて、地下水が継続的に出てくるということが起こって、もし地層処分したときにそんなことが起きていたら大変なことが起こるということが分かって、地層処分の二重のリスクが明らかになった。
　だから、現状は原子力発電所に積んでいるだけというか、ためているだけです。でも、もうすぐ満杯になるというような問題もあります。だからこそ動かせないという面もあると思います。
　どうするかということについて、私がいま一番、手掛かりとしているのは、9月に出ました日本学術会議の報告書です。この報告書は大事な問題提起をしています。暫定保管と総量管理。つまり、上記どちらの方式も採らないで、総量を管理することをはっきりさせた上で暫定保管ということをやりましょうという提言です。
　暫定保管というのは、現状は核の使用済み燃料がプールの中に入って危ないので、それをより安全にしたかたちで暫定的に保管をする。つまり直ちに最終処分をするのでないのです。暫定的に保管している間に国民的議論をする。
　国民的議論で1つは、最終的な方法と場所をどうするかという問題を議論す

第6部　3.11以後を考える「新しい社会の構想力」

るということ。どういう可能性、調査、それから核変換技術がどの程度有効か分かりませんが、要するに半減期をもっと減らせないのかとか。そういうことをしながら国民的議論をするということになる。

　私は議論の出発点は、原発の電気を使ったところに廃棄物は管理してもらう。このことを前提にして出発したらどうでしょうか。そうすると、東京にたくさん置かないといけない。

●会場3　実は私もそう思っています。

●植田　そういうことを出発点にして議論しないといけないのではないでしょうか。どういうふうに負担を分かち合うかという話なので、どこかに押し付ける話ではない。

　実は、80年代には宇宙にごみを捨てたらいいと言われた。これはかなり真剣に議論された。1つはコストが高すぎて駄目ですが、もう1つは、86年、スペースシャトルが打ち上げに失敗しまして、「打ち上げに失敗したらどうするのですか」という決定的なリスクがはっきりしたということがありました。

　そういうことで国民的議論をどういうかたちで進めるかということを、それこそ直ちに考えていかないといけないようになったと思っています。

●辰巳　2点目の質問について、お答えいただけますでしょうか。

●中原　縮小社会とか、そういうことですが、これはいままで誰もやったことがないものです。だから、まともなイメージを持てる人は、ほとんどいないのではないかな。

　1つには、いまの原発ですけれども、原発をやめるというところから出発して考えざるを得ないのかなと思います。それを、私たちは割と、まあ日本人と言っていいのか分からないけど、割とそうなったらどういうふうにしてくれるんですか。ちゃんと、こういうふうにこうやって、こうやったらこうなるとい

うのを教えてくださいと言いがちなんですよね。

　でも、これまで、これは世界中たぶんどこもやったことのないことなのですけれども、内藤先生のお話もそうだったけど、やらざるを得ないところに来ていると、論理的な帰結がどう見てもそうだとなったら、例えば、いま具体的に原発はやめるというところから出発する。そうしたら、私たちはどうしたらいいんだとか考えるべきでしょう。

　それから、これは本当にだいぶ前から言われているのですが、中国人が全部自動車に乗ったらどうしようという話は、もう10億人ぐらいに人口がなったときに出ています。べつにこれは中国人が悪いのではないんですよ。10億の人口があるところが全員、私たちの同じように車に乗るようになったらどうするのだ。インドも同じように乗るようになったらどうするのだというようなところから考えたら、車を中心にする社会はもうやめざるを得ないだろう。じゃあ、どうしようかというのを誰かに教えてもらうというのが日本だったわけです。必ずそうやって、どうぞ教えてくださいという。

　ところが、もう1つだけ言うと、日本人は、僕はものすごく変わり身の早い民族だと思っています。戦争に負けて、1月前まで、あれだけ言っていたアメリカ人と仲良く暮らせる。これは野坂昭如さんがものすごく怒っています。彼は中学生でしたからね。「言っていることが違うやんか、大人は」と。それは、僕らは悪い意味だったらそうなるけど、うまくいけば変わってしまったら頑張れる。それがあるのではないかと思っています、精神的にはね。

●内藤　もうほんの一言。私は実は、さっきから誰もとかおっしゃったのですが、全国の田舎では、もう一遍、1周遅れのトップランナーで、新しい社会をつくってみようと。うちだったら、これしかないから、ちょうどよかったというところがいっぱいあるんですよ。私もそれでいろいろ協力していてね。

　例えば、技術屋だから、つい技術のことを言いますけど、自動車はもうあかんと、いま言われた。自動車に代わる何か乗り物がないと困るやないかと。田舎は特にそうですよ。それで電動自転車みたいなことが、それも新しいタイプ

の手づくり電動車みたいなのが、もうすでにつくられ始めているのです。それは、キットで安く買って、家族でつくったら、それで移動はできる。電動自動車がいいか悪いか、また次の議論がありますけれども、そういうこととか。

バイオマスを使うというのは、これは日本にとってはどうしてもやらないといけない。昔は炭を焼いて、まきを使っていた社会をどういうふうに、いまの知恵で安全便利な仕組みとしてつくるか。そうしたら、雇用がたくさん発生するのです。

非電化製品とかというのも、すでにつくっている方がいて、それなんかは面白いです。電気を使わないで電化製品というのは、まるっきり矛盾だけど、それももちろん。ここにこそ、技術者の夢が発揮できる先だと思います。もうわくわくするようなことがいっぱい、いま生まれかけているのです。

それを止めてきたのは巨大産業ですよ。そだから、そういう邪魔が、いままでは全部止めていたわけ。だから、自然エネルギーだってた、いま一気に花開いてきていますよ。つい去年まで、そんなものをやったってどうにもならんというのが定説だったのです。

京都府でも、京都市でも、そんな調査をして。「まあ京都で自然エネルギーやて、あほか」みたいな話だったのですが、急激に技術開発は起こる、システムは変わる。人々の気持ちが一気にブレークしていますからね。

みんなはそれをしようがなくやっているのではないのです。私たちでも発電できるんじゃないのと言って、わくわくしてみんなやっている。私は、新しい豊かさプラスエコでありというのを、小さくてもつくっていくべきと思っています。

(終了)

発表者紹介

(注) 収録順、＊印はコーディネーター

【第 1 部】

藤　堂　俊　英
　　とう　　どう　　とし　　ひで

佛教大学仏教学部長（2011 年度）．「生命と食－仏教食育論－」（『佛教大学国際学術研究叢書 1：生命論と霊性文化』思文閣出版，2009）

東海林　良　昌
しょうじ　　りょう　しょう

宮城県塩竈市・雲上寺副住職．日本思想史（浄土宗史）．「九条家の信仰世界（1）九条兼実－宿業と乱世と往生－」（『仏教文化研究』47・48 号，2003）

吉　水　幸　也
よし　　みず　　ゆき　　や

兵庫県神戸市・德本寺住職．NPO 法人・アーユス仏教国際協力ネットワーク理事　アーユス関西代表

山　極　伸　之
やま　　ぎわ　　のぶ　　ゆき

佛教大学長．博士（文学）．「比丘が定めた規定の行方－ウパセーナの因縁物語をめぐって－」（『印度学仏教学研究』51-1, 2002）

吉　澤　健　吉＊
よし　ざわ　　けん　きち

京都新聞総合研究所特別理事．『現代浄土教の可能性』（共著）（四恩社，1998）

【第 2 部】

渡　邊　忠　司＊
わた　なべ　　ただ　　し

佛教大学歴史学部長．博士（経済学）．『近世社会と百姓成立－構造論的研究－』（思文閣出版，2007）

今　堀　太　逸
いま　ほり　　た　　いつ

佛教大学歴史学部教授．博士（文学）．『本地垂迹信仰と念仏』（法蔵館，1999）

北原　糸子
立命館大学特任教授．『関東大震災の社会史』（朝日新聞出版，2011）（朝日選書；881）

植村　善博
佛教大学歴史学部教授．博士（文学）．『京都の治水と昭和大水害』（文理閣，2011）

【第3部】

原　　清治
佛教大学教育学部長．博士（学術）．『ネットいじめはなぜ「痛い」のか』（共著）（ミネルヴァ書房，2011）

村上　球男
元兵庫県立いなみ野特別支援学校長．「重度障害児とのからだを通したコミュニケーション」（寺下教育財団教育研究）

後上　鐵夫
大阪体育大学健康福祉学部教授．『乳幼児期からの一貫した軽度発達障害者支援体制の構築に関する研究－乳幼児期における発見・支援システムの実地調査を中心に』（独立行政法人国立特別支援教育総合研究所調査研究報告書，2007）

免田　賢
佛教大学教育学部准教授．『AD/HDをもつ子どものお母さんの学習室－肥前方式親訓練プログラム』（共著）（二瓶社，2005）

菅原　伸康
佛教大学教育学部准教授．『特別支援教育を学ぶ人へ－教育者の地平－』（編著）（ミネルヴァ書房，2011）

谷川　至孝＊
佛教大学教育学部教授．「福祉多元主義のもとでの英国教育政策の展開－ボランタリー・アンド・コミュニティ・セクターの活動－」（『日本教育行政学会年報』34，2008）

【第 4 部】

植田 章（うえだ あきら）
佛教大学社会福祉学部長．『知的障害者の加齢と福祉実践の課題』（高菅出版，2011）

井口 加代子（いぐち かよこ）
看護師．石巻医療圏 健康・生活復興協議会 RCI．PCAT（Primary Care for All Team）に従事．

伊藤 健哉（いとう けんや）
一般社団法人「チーム王冠」代表．ボランティアを受け入れ被災者のための支援を継続．

武内 一＊（たけうち はじめ）
医師．佛教大学社会福祉学部教授．3 シーズンにわたり学生と共にチーム王冠で活動．

【第 5 部】

藤川 孝満＊（ふじかわ たかみつ）
佛教大学保健医療技術学部長．博士（工学）．「中間支持関節等にかかる歩行時負荷強度の定量化」（共著）（"The Journal of Clinical Physical Therapy" 13, 2010）

庭山 昌明（にわやま まさあき）
医師．新潟県医師会理事．医学博士．著書『ちょうどよい人生』（2007）は NHK 新潟放送局ラジオ番組に 6 ヶ月間にわたり出演した原稿をまとめた．

坪田 朋子（つぼた ともこ）
理学療法士．仙台医健専門学校理学療法科．宮城県理学療法士会理事　地区担当局長．「職能団体としての組織的な理学療法・士の震災支援活動」（『理学療法ジャーナル』46-3, 2012）

石本 馨（いしもと かおる）
作業療法士・社会福祉士．JOCV リハビリテーションネットワーク．2011 年より JOCV リハビリテーションネットワークの一員として東日本大震災の支援活動に参加．

柴田 洋美（しばた ひろみ）
看護師・助産師．日本プライマリ・ケア連合学会　東日本大震災支援プロジェクト PCAT．「東日本大震災被災地での長期的な支援助産師の活動」（『助産雑誌』2012-6）

【第6部】

的場信樹
佛教大学社会学部長.「企業形態論からみた協同組合と株式会社－社会制度の進化についての一考察－」(『未来社会を展望する』大月書店, 2010)

植田和弘
京都大学大学院経済学研究科長. 博士（経済学）. 工学博士.『国民のためのエネルギー原論』（日本経済新聞出版社, 2011）

中原健二
佛教大学文学部長.『宋詞と言葉』（汲古書院, 2009）

内藤正明
京都大学名誉教授. 滋賀県琵琶湖環境研究センター長. 工学博士.『持続可能な社会システム』（岩波書店, 1998）

辰巳伸知＊
佛教大学社会学部准教授. マーサ・C・ヌスバウム他『国を愛するということ』（翻訳共同）（人文書院, 2000）

あとがき

　本書は佛教大学総合研究所が主体となり各学部がそれぞれの専門領域から企画し、2011年10月22日から2012年11月10日まで6回にわたり開催した東日本大震災シンポジウムをまとめたものです。最新の知見やご自身の体験に基づき発表されています。話し言葉で書かれていますので読みやすいものとなっています。

　東日本大震災のもたらした甚大な被害、また人間や社会に与えた深刻な影響を考えると、この連続シンポジウムの議論はこれまでの人々の暮らしや生き方、さらに社会の在り方などの全ての根本を問い直しているのではないかと思われます。

　プログラムの形式は最初に震災で犠牲になられた方々に黙祷を捧げた後、開会挨拶、趣旨説明、講演、パネルディスカッションという形を踏襲しました。

　第1回目となる仏教学部の「今問われる人間－智者のふるまいをせずして－」では、報告者の東海林良昌氏は宮城県塩竈市の雲上寺の副住職であり自らも被災者であります。避難所としての寺院の開放、支援作業中にもおこる津波の恐怖、精神の極限状態から乗り越えた大切な人を見送る宗教的な営みや地域や宗派を超えた支援活動から生じた連帯感、被災者同士の気遣いなどを通して、「それでも生きていく」という気づきへの転換が起こったことを述べておられます。

　次に吉水幸也氏は、阪神・淡路大震災の直後に、被災者・支援者の立場でネットワーク作りを行い、現在「NPO法人アーユス仏教国際協力ネットワーク」の理事・関西代表として尽力され、寺院を定点と位置づけ、ボランティアを救援の枝葉としてネットワークを組まれました。東日本大震災に対しては復興への経験を伝え、支援について報告されました。

　コーディネーターの吉澤健吉氏は、当時の地獄絵図のような被災地での状況

から精神面に焦点をあてた話題を切り口にしてマイクを向けられました。山極伸之氏は、学長として、教育研究領域を通じ佛教大学として果たすべき役割を、藤堂俊英氏は、仏教は苦痛を通して学ぶということが、人間をより高みへと成長させる助走路であるとされてきたので、震災を通して私たちが共に生きて行く課題を学び取れることを語られました。

歴史学部では「歴史学が語る日本人の災害観と地震災害」のテーマで、今堀太逸氏は、天変地異と称される自然災害は、神仏や怨霊の怒りだと信じられ災害から国家や民衆を守るために、神社や寺院が建立されたのであり、災害の歴史と神仏創出の歴史が密接につながっているとし、当時の災害と信仰の因果関係を紹介されました。

北原糸子氏は、幕末の安政東海地震と安政江戸地震、19世紀末、近代化途上に発生した震災の国家的な対応、世界的に衝撃を与えた首都の壊滅という事態を招いた関東大震災について、時代を隔てて発生した震災の国家や社会の対応の違い、東日本大震災の復興に直面する私たちにとって意味のあることは何かを歴史災害から考察されました。

植村善博氏は、1927年北丹後地震について、峰山町と網野町の復興プラン、実現された復興の事例を考察、東日本における町村の復興をどのように進めていくかということに対してさまざまな教訓を示唆されています。

コーディネーターの渡邊忠司氏は、後に残されるもののためにも現在進行中の情報やデータを確実に残していくことが重要であると提言されました。

教育学部では「被災地における特別支援教育の役割」のテーマで、村上球男氏は、阪神・淡路大震災当時の養護学校の取り組みから、いち早い本部体制の確立、現場のニーズに対応した取組、日常の危機管理、障害に応じた取り組み、家族支援、平時からの情報発信と繋がりが重要であることを提言されました。後上鐵夫氏は障害に応じた情報の公平性、避難先の確保、支援、心のケアの継続、医療サイドからの支援の必要性、これらの視点を具体的に解決させる

為には、特別支援学校の存在が非常に重要であると述べられました。

谷川至孝氏のコーディネートでパネリストを加えた議論が深められました。

免田賢氏は、強いストレス下にある人々への援助と特別支援で用いられる支援には共通性があり、明確な見通し、情報の整理、自分なりの力の発揮のしかたを伝えることが大事であることを述べられ、菅原伸康氏は、今回も支援を必要とする障害のある子どもを把握するまでに、長い時間が必要だったこと、「寄り添う」をキーワードに支援が必要であると語られました。

社会福祉学部「在宅避難世帯とコミュニティづくり」のテーマは、武内一氏が、学生を引率した石巻での出会いから生まれました。井口加代子氏は、仕事をやめ看護師として PCAT 活動に参加され、ボランティア活動、アセスメント調査等の実施報告をされました。伊藤健哉氏は、行政が把握していない種々の問題点を整理し一般社団法人チーム王冠を立ち上げ、石巻市や東松島市、女川町を中心に活動。延べ 5,000 人以上のボランティアが参加しています。

保健医療技術学部は「大規模災害時における保健・医療支援のありかた」のテーマで、庭山昌明氏が四度の大地震の経験から災害医療から単なる救急医療とは異なる組織戦であり、地元医師会、医療チーム、赤十字等の医療者同士が連携することの重要性、その時々の災害の状況によって必要な支援が全く異なってくるなかで、支援を行う医療者は自ら情報を取りに行き、ニーズに応じた支援を行うことの重要性などを指摘されました。

その後、理学療法士の坪田朋子氏、作業療法士の石本馨氏、看護師・助産師の柴田洋美氏よりそれぞれの立場からの活動報告がありました。

コーディネーター藤川孝満氏は結論として日頃からの多職種連携の必要性を指摘されました。

文学部・社会学部では「3.11 以後を考える〈新しい社会の構想力〉」で、締めくくりの回を担当されました。辰巳伸知氏は、3.11、とりわけ原発事故が、

経済成長至上主義、統治機構のありかた、人々の「科学・技術」との接し方に変化をもたらす可能性があるのではないかと問題提起されました。

　第1報告「エネルギー政策と日本社会」で植田和弘氏は、物質文明の根本にある問題として廃棄のない生産物はないこと、電力エネルギーの危機を新しい日本社会づくりへの機会にできるのか、社会の構想力が問われているとし、再生可能エネルギー活用の意義を考える中で、この問題に迫っていく提起をされました。

　第2報告で中原健二氏は、科学技術をコントロールできなかった反省から科学をいかに真に社会のために使うかということを考えなければならない、失敗を糧として未来を構想できるのは人間だけであり、それを肝に銘じ、人文・社会・自然の諸科学は、新しい共同作業を開始すべき時が来ていると主張されました。

　第3報告の内藤正明氏は、人類は地球環境問題、資源枯渇、経済の崩壊、社会の崩壊など、持続不可能な状況にあるとし、持続可能社会のビジョンとシナリオは、自然との付き合い方を根底から考え直すこと、たとえば、都市施設は大規模集中的な人工物から、小規模分散型で自然の力にできるだけ依存したものに変換していくことを提案されました。

　シンポジウム全体を通じて、この災害の多大な犠牲を無にしないために、また今後も起こりうる大災害に備え、文明そのものの転換の議論に及ばなければならないことを実感します。本書のタイトル『3.11 社会と人間に問われるもの』は、これからの日本社会だけでなく人類全体に問われていることを肝に銘じたいと思います。

佛教大学総合研究所参与　川崎　秀子

3.11 社会と人間に問われるもの
― 東日本大震災シンポジウム

2013 年 3 月 25 日　初版第 1 刷発行　（定価はカヴァーに表記してあります）

編　者　佛教大学総合研究所
発行者　中西健夫
発行所　株式会社ナカニシヤ出版
〒606-8161　京都市左京区一乗寺木ノ本町 15 番地
Telephone　075-723-0111
Facsimile　075-723-0095
Website　http : //www.nakanishiya.co.jp/
E-mail　iihon-ippai@nakanishiya.co.jp
郵便振替　01030-0-13128

装幀＝白沢　正／印刷＝協和印刷／製本＝兼文堂
Copyright©2013 by Bukkyodaigaku Sogo kenkyusho
Printed in Japan.
ISBN978-4-7795-0761-8

本書のコピー，スキャン，デジタル化等の無断複製は著作権法上での例外を除き禁じられています。本書を代行業者等の第三者に依頼してスキャンやデジタル化することはたとえ個人や家庭内の利用であっても著作権法上認められておりません。